與天使同行的幸福旅程

日常，藝術創作上與天使互動的真實紀錄

Sophia（沈佳蓉）著

國家圖書館出版品預行編目資料

與天使同行的幸福旅程／沈佳蓉著. --初版.--高
雄市：沈佳蓉，2020.8
　　面；　公分
ISBN 978-957-43-7595-0（平裝）
1.基督教 2.信仰
242.42　　　　　　　　　　　109004686

與天使同行的幸福旅程

作　　者　沈佳蓉

校　　對　沈佳蓉

出　　版　沈佳蓉
　　　　　Email: sophia71@gmail.com

設計編印　白象文化事業有限公司
　　　　　專案主編：林榮威　經紀人：徐錦淳

經銷代理　白象文化事業有限公司
　　　　　412台中市大里區科技路1號8樓之2（台中軟體園區）
　　　　　出版專線：（04）2496-5995　　傳真：（04）2496-9901
　　　　　401台中市東區和平街228巷44號（經銷部）
　　　　　購書專線：（04）2220-8589　　傳真：（04）2220-8505

印　　刷　基盛印刷工場

初版一刷　2020年8月

定　　價　480元

白象文化　印書小舖 PressStore出版平台　出版・經銷・宣傳・設計
www.ElephantWhite.com.tw　自費出版的領導者　購書 白象文化生活館

推薦序一

佳蓉是我任教歸仁國小的學生，教他們四年級自然科（他們都叫我自然老師，因為我也長得很自然），一周才四節課，沒想到師生緣如此之深。

2015年6月，接到她的私訊，想要請教一些寫書以及有關出版的相關事情，我有些驚訝！約好7月9日到我家討論，看她那麼認真的在談寫書、出書的事，站在師長的角色當然是鼓勵與讚賞。可是，站在曾經出版四本書的我，再環顧目前台灣出版業的現況，平實地告訴她，時機有些不對。

經過四年沒再聯繫，以為她聽了我的建言，打退了堂鼓。沒想到2019年5月，她私訊邀請我幫她寫序，真佩服她堅持的勇氣與信念，就如同書中的每字每句都充滿了正能量。

佳蓉的父親是我多年的好友，是個成功的企業家，熱心公益與教育，在我擔任校長16年當中幫助甚多。看了她的文章初稿，才將她旅居美國求學、工作的那段時間補齊。原本是父親的掌上明珠，在美國並沒想像中的美好順利，吃了那麼多的苦頭，讓人彷彿陪她走過那段艱辛的日子；然而在失去第一個寶寶的同時，又好像是上天早就安排好讓她藉此走進心靈探索之路。雖讓人心疼，但也為她慶幸。

雖然沒有特殊的信仰，但是讀她的文章猶如與天使的一場精彩對話，也讓自己充滿正能量，就像重讀了一遍《吸引力法則》。

在〈孩子的守護天使〉篇中，作者提到：接近天使後，完全改變了關心孩子的方法。身為父母，總是擔憂多於祝福。然而，過度的擔憂帶來的是內心的不平靜，並消耗無畏的精神，原有的煩惱或問題也沒有因擔憂而得到解決，甚至還會將負面的能量投射到他們的磁場。這值得家有青少年孩子的父母深思。

作者在〈為父母祈福〉篇中為父母禱告，充分展現了孝心。在〈珍愛自己〉篇中，作者表示：愛自己並不是自私的行為。唯有真正懂得照顧自

己，清楚自己的情緒或身體需求，讓自己身體維持舒適狀態、情緒平穩安定，才能以最佳狀態向外展現我們的能力、才華與特質，並以同理心去理解別人生理與心理的需求，照顧好身邊的人。所以，照顧別人之前要先照顧好自己。如此，受照顧者才能受惠啊！

每個人身邊都有守護天使。有一次到屏東市演講，先到某所學校拜訪校長，校長室有位修道的長者與校長正在泡茶、聊天。這位長者知道我來自台南，隨即告訴我，有兩位護法陪伴我從台南到屏東。當時半信半疑，看了作者〈旅遊天使隨行〉似乎得到了印證。

作者在日常生活中常會祈禱自己在身、心、靈上能獲得天使的照料，達到平衡舒放；或出遊時祈求平安順利（其實我每次出國也都會在祖先靈位或某些神明前祈求旅途平安順利，飛機不要遇到亂流等等。每每也都能夠應驗，兩者倒有異曲同工之妙），甚至連停車位的請求也都能夠應驗，真是神奇。

最近因退化性關節炎致膝關節疼痛，這對喜歡自助旅行的我，真是莫大的打擊。所以每天都在祈求上天與眾神明能夠讓我的膝關節好起來，可以到處趴趴走，至於天使能否幫得上忙？不得而知，但是心中還是充滿期待。

作者在陶品藝術方面也有很深厚的造詣，在創作上有她的堅持，風格上也有清新脫俗的表現，如此輕靈素雅的藝術表現，恰恰和她的心靈能量合而為一，也體現了她透過藝術創作來傳達天使之愛，達到一個空靈的境界。相信《與天使同行的幸福旅程》一書，亦能帶給讀者深具撫慰與療癒作用，是值得分享的一本好書，特弁數言，致力薦之。

退休校長、親職教育專業講師

清涼音、八方、精湛文化事業特約講師

謝水乾

2019.06.06

推薦序二

　　我是靈視體質，從小可以感知「看見」他人身上的「累世故事畫面」，也就是他人前世意識如同電影般在我腦海播放。自己曾為這天賦所苦，兒時經常被虔誠佛教徒的曾祖母告誡，凡是所感知到的一切都不可說出，所以常常壓抑著自己而造成過敏現象。直到西元2000年遇見許添盛醫師，在他帶領讀書會來閱讀及探討「靈魂永生」書籍內容，才啟蒙我靈性成長之路，並在許醫師的心理諮商下讓自己接受這天賦，進而轉為一位心靈治療師，用這靈視體質來進行「生命故事療癒」能量調整與陪伴個案。

　　佳蓉是我在高雄進行心靈能量工作時認識。猶記得當佳蓉一進房間，我就在她身上看見大天使麥可的能量，果真在相談過程中，她當時以天使主題在進行藝術創作。在今年初，我陸續收到佳蓉寫和天使有關的文章並準備出書，這讓我興奮不已，因為目前所閱讀到有關天使的書籍及資訊都是國外著作。或許有很多人仍質疑天使的存在，甚至神的存在，但至少目前有許多相關的科學論證及研究，都在投入探討地球，甚至宇宙有種超乎人類五官所能感知的能量在運作與存在。

　　佳蓉一直都和天使能量有連結，而天使們也經常協助她在生活各層面的疑慮，包括完成此書。在此書中她將天使的生活協助、如何請求天使、天使的介紹與顯化娓娓道來，最重要是天使傳遞的真善美心靈話語，可以讓想了解或想認識天使的人有完整的概念。

　　在我多年心靈療癒諮商的工作中，有時會「看見」亡靈來到個案旁傳遞重要訊息讓個案學習放下，尤其是未出世的嬰兒！這些嬰兒的靈體能量呈現都是如此純淨無暇和晶瑩剔透的光芒，都帶著滿滿愛的能量陪伴著傷心、愧疚的母親身邊，出現在我的眼前。然而，這些未能順利誕生在人間的靈體都傳達相同的訊息：感激媽媽那溫暖的子宮環境讓他們成長。嬰兒靈體完全接受自己未能順利出生的安排，因為完全明白這是他們出生前的靈魂計畫，並要我轉達給爸媽知道，他（她）一點都沒有怨恨，只有滿懷

感恩與愛，並一直用這溫暖的能量陪伴著父母。雖有不捨的情愫，但明瞭若有緣，他們一定會再次相見並完成與父母彼此的因緣。的確，有許多嬰兒也都能再次「依約而來」誕生在這地球。有些尚未出世的寶寶，也會以顏色氣場圍繞在母親身旁等待，若被我察覺並與之連結，這些未出世的寶寶天使們幾乎都會向我傳遞自己的性別、個性、習慣，還有如何教養他們方式等等，讓人不得不相信「生前靈魂計畫」的存在。

有許多人花大筆錢超渡「嬰靈」，甚至將生活一切不順遂的原因都歸咎在這些被墮胎或因意外流產的胎兒身上，這實屬錯誤觀念。這些胎兒靈體連道謝與展現自己愛的能量機會都來不及，怎會產生干擾或負向的力道來阻擾父母生活呢？在這裡，我要大聲呼籲，請有愧疚的父母們只要靜靜觀想這未能出世的孩子，在心中以愛的語氣誠實告知無法讓他們出生的原因，並且祈禱將之送往光中。尤其請記住給這孩子在家中出生排列的順位給予一個「位置」，請完全接納這短短生命周期胎兒的存在即可。如同這本書提及「我們從寶寶的角度去看待他們有自由意志，有決定權。假使你曾經失去過孩子，不要忘記，那小胎兒的靈魂選擇你做為他的母親或父親，在受精之前就已經選擇了你。那小靈魂不僅愛你，對於你能夠受孕更是充滿喜悅。如此就能減輕因流產或夭折而失去寶寶的這方面的自責、悲傷或罪惡感。」

有一位媽媽在兒子完成「生命故事療癒」個案後，她寫下了一段文字：

> 父母親的成長是為了孩子
> 為了傳遞愛
> 生命要做的只是這樣的單純與純粹
> 而治療師所經歷的
> 為了讓當父母與神的連結
> 讓愛傳遞給孩子

讓孩子憶起我們是愛的結晶

他們如何愛著父母

父母也愛著他們

　　輪迴，就像鏡子裡的那個人，早不知更換過多少次形體和面貌，就像手翻畫一樣，每頁看似靜態的單獨圖案，在時間的推移之下，實為一連串的動態展現。這才發現我們自己的生命與時間，以及他人的相遇越過了今生的框架，能追溯至更久遠之前。當我們在大自然中的靜謐時刻，才能進入一種意識拓展的狀態，而能接收超越一般人類經驗範圍的事物。我們身上都帶著「累世意識」與「細胞記憶」誕生在這地球，要將未學會的關係重新學習處理；因誤會而斷了愛的連結重新學會結合；未能展現的累世能力再次貢獻在這人間。

　　有人說：「神在創造天使時，一定是考量到我們的利益。神使用天使成為『我們在軟弱時的幫助』，來『加添我們的盼望或堅固我們的信心』。」「身在紅塵中，踏實紅塵路」，人之所以誕生在這地球都有其原因及使命，只是我們忘記而已，所以當我們不小心「迷路」，天使是老天派來的守護者。當然，也不要一直沉迷在尋找、請求、依賴天使，因為祂們的存在與顯化是我們自己的內在神聖！

「光之心靈花園」工作室負責人

燕雪Alice

自序

這本書要談的是改變我一生的信念——相信天使真實地存在。

相信天使並不是加入一個教派或宗教。天使是上帝的信使，祂們帶著上帝的光、無私的愛與智慧來到地球協助我們。無須上教會祈禱，或任何正式儀式，我們就能隨時隨地和祂們連結。

上帝賜予每個人一位忠心的守護天使，陪伴我們投胎到地球。當我們離世時，天使會溫柔地護送靈魂安全回到天國，有始有終，從來不曾離開過。

上帝還創造了許多力量強大的天使們，祂們各司其職，所以我們時時刻刻被有力量的、慈愛的天使們守護著。祂們在身邊協助我們經驗人生旅途，不論是大目標，或微不足道的小事。當我們向上帝祈禱時，禱告天使會陪在身旁一起禱告，並將我們的心願以光束傳送給上帝。天使們會將神的旨意傳達給我們，指引我們的一生，協助發展個人天賦，成為神當初創造我們的模樣。

赴美求學時，驚艷於美術館牆上一幅真人尺寸，精緻無比的天使油畫，從此開始了我與天使深刻的緣分。第一個寶寶，與我們的緣分太短暫，竟然在臨盆前，無聲無息地成了「小天使」回到天父身邊。為了獲得解答，走出這宛若世界末日的傷痛，我開始閱讀靈性書籍，探索生命的真相。慢慢的，我找到一些解答和真理，也開始親近天使，學習從靈性和靈魂觀點去看待真相。一如約爾牧師所說：**若那件事不能讓你受益，上帝就不會讓它發生。**

也明白了，指導靈及天使們曾經在天國與我一起計畫了我自己的「生命藍圖」，讓失去寶寶這個事件啓蒙我的靈性學習。從此，我才真正明瞭「事出必有因」（Things happen for reason）這句話，逐漸從這生命不可承受之輕的傷痛慢慢走出來。

原來，是親愛的寶寶以她成熟的自由意志，決定要以早逝的生命，帶

給未來的我一份珍貴無比的禮物。

因為第一個寶寶夭折的經歷，在探討生命的奧祕時，也有了投胎轉世的觀念，更親身體會到靈魂層次無私的愛。大女兒一歲多時，我意外懷孕了。我嘗試與寶寶的靈魂溝通，誠實告知「他」來的時機不妥當，很遺憾不能留下「他」。很奇妙的，寶寶接受了我的道歉，不為難我，隔天我便自動流產了。

另一神奇經驗，發生於回台定居前。第一個寶寶離世五年後，在她的忌日當天投胎重生到朋友家中。離開美國前，先生和我到朋友家中探望寶寶，也向她道別。當我抱著她時，她竟然對著我燦爛一笑，瞬間療癒也融化了我的心。寶寶甚至透過新媽媽的手織圍巾，向我們傳達真的是「她」重返人間的徵兆。

短短五年內，這些「返回天堂」或「來自天堂」的特殊經歷，讓我持續對天堂好奇，更希望透過了解天堂的實相，能在日後幫助長輩克服對死亡的恐懼。因為這些經歷，所以本書中也涵蓋了從靈魂的層次去看待流產，投胎轉世及天堂的概念。

我從自己的痛苦中有目標的學習，然後分享這些新發現的知識，同理那些失去孩子的人，希望能引導大家從靈魂的觀點重新看待生命的悲歡離合，而不是讓表面的痛苦擊倒我們，陷入無止盡的哀傷和內疚。

明白了每個靈魂都有成熟的自由意志，愛的深度遠遠超越我們能夠想像的。如果我們能理解這些隱含在生命中的禮物，都是為了試煉我們，去經驗不同層次的愛，經歷各式各樣的情境和感受，藉此培養出同情心和同理心，學習我們計劃要體驗的課題，那麼我們就能夠產生一份明白與勇氣，坦然面對過程中的不順遂與痛苦。

旅居美國14年後，不忍雙親日日夜夜的寂寞，決定遊子是該返鄉了。回台定居一年後，因先生在百貨公司的新工作，搬遷落腳於人生地不熟的高雄。當時兩個女兒年僅4歲和1歲多。除了適應新生活，我必須同時堅強獨立，承擔沒有援手的育兒生活，日子自此陷入忙亂及低潮。在層層壓力

下，憂鬱症終於找上我。喝過洋墨水的優越感，早已在撫育幼兒的忙碌日子裡慢慢消逝，最終蕩然無存。

　　這一切，慈愛的天父全看在眼裡。祂憐憫我的脆弱無助，開始賜予我許多恩典。祂派遣多位獨立又善良的好鄰居就近陪伴，幫忙照顧女兒們，當我在日常生活上需要協助時，能夠及時求助她們、依賴她們，也同時讓孩子們有伴一同玩耍。其中一位好朋友是虔誠的基督徒，她為我播下一顆希望的種子。我開始閱讀約爾牧師的書籍，在電視上聆聽他的講道，認識慈愛的上帝，以正向的觀念過日子，懷抱希望，明白低潮終究會過去，未來的人生將美好豐盛。

　　逐漸學會，當焦慮、低落來襲時，我該堅決的往光的方向走去，祈請上天的協助，而不是愁眉擔憂或是鑽牛角尖，讓負面情緒侵蝕我，讓自己成為負能量的大磁鐵。

　　閱讀英國天使夫人羅娜‧拜恩的著作後，我開始明白，上帝派遣天使們在身邊守護著我們，每個人自出生起便有位守護天使溫柔貼身的守護著。我們還可以召喚力量強大的大天使們協助日常，給予人生任務的指引、安全保護、病痛上的療癒等。網站上的勵志短語，持續不斷傳遞著上帝、天使們永恆不變的愛，提醒我是安全的，受到祝福的，是祂們永遠的摯愛。這些愛的信念和希望，時時刻刻溫暖我的心，知道我是值得被愛的，任何時刻都不是孤單的，上天的愛分分秒秒與我同在。

　　天使們先引領我找回內在的力量，然後從創作中發掘自己的潛能、才華和自我價值。孩子漸漸長大了，我將心思寄託在創作上，也終於戰勝憂鬱，放下自卑的心態，重新看見自己的優點，慢慢建立起自信心，並了解到我文靜怕吵的個性其實是個優勢。喜好安靜，讓我在靜默中、靜心聆聽內心的時刻，有較高的敏感度去接收到天使傳遞給我的訊息，或是查覺情緒上的轉化。天使協助我全面性地脫胎換骨，改變對生命的觀點和態度，從負面轉向正面。如今的我，很樂意分享天使之愛，也學著祝福他人和散播正能量。

太陽，家人和朋友給予的愛，是外在的光。上帝永恆的祝福與天使之愛，則是我內在的光和力量。

生命靈數是「9」，早已注定我的命格傾向靈性發展，願意嘗試靈性療法。從初識天使到親近天使，也曾經歷過一段懷疑的階段。但是，現在的我百分百的信任著天使。幾乎每一天，我都能感受到天使之愛。一次又一次的，因無助或煩惱而求助上帝天使，我經常感覺到祈禱應許了。一回又一回的，來自天使們真實可行的實際指引，解除了生活上大大小小的挫折，帶我走出困境。

軟弱、無助、恐懼逐漸消散了，取而代之的是平靜、希望、信任、期待，因為明白上帝是宇宙最強大的力量，祂絕不會袖手旁觀。有上帝和天使當靠山，我無須擔憂，祂們無條件的愛會以各種方式顯現，一切問題都在最恰當的時機點有解決之道。祂們總是撫慰我受傷的心、療癒我的疼痛，或是協助我轉換情緒及思想。我多次感覺到豁然開朗的瞬間，覺察念頭轉為正面，可以重新從另一個角度去思考事情，平靜、喜悅和感恩油然而生。於是，知道祂們形影不離地陪伴著我，指引著我，看顧我經歷所有的改變，因為僅僅靠我自己是做不到的。這些真實的天使經驗是充滿愛的、溫暖的、安全的，讓我願意生生世世的相信天使。

早在2014年，我不斷的抽到「創意書寫」這張天使卡。

創意書寫：騰出時間在日記中寫下你的想法，撰寫文章或一本書

在靈氣課上抽到的天使卡，更清晰的傳遞了我的生命任務。

Asla
你是光的工作者，上主需要你閃爍神聖之光，分享愛的光芒
這就像是天使一樣，居住在超越地球的空間，閃耀光亮

結合這2張天使卡，終於知道如何履行我的生命任務。身為一個「光行者」，我透過書寫和大家分享發生在自己身上的真實天使經驗。上帝、守護天使還有其他大天使，如何顯示祂們無所不在的關愛，以各種方式傳達訊息，鼓舞我的志氣，守護我的家人，療癒心靈或病痛。不論是任何時候，那些天使數字和徵兆總是讓我眼睛一亮，心頭湧起陣陣暖意，燃起希望並獲得力量。

學習陶瓷彩繪和陶藝創作的這幾年，天使不斷地向我顯現數字「933」。「933」的含意是：**我的藝術創作是具使命感的，是要與揚昇大師、天使們一起合作，以便在世界中產生正向的療癒與改變。**

開始創作天使商品後，我學著與加百列天使以及「美的天使」密切合作。這段時間，我真實感應到祂們捎來完美可行的創作靈感，也更明瞭我該扮演的角色。現在的我已從藝術創作中找到自我價值和自信心，並期許自己要善用這個可以感動他人的能力，在世界中產生正向的療癒能量，協助他人取得心靈祥和。

現今我的生活，早已少不了上帝與天使。我確確實實領受到祂們的無數祝福，明白上帝的恩典並不是遠在天邊，而是近在咫尺。天使們忠心守護著我和家人，也指引日常的每一刻，祂們走入了我生活的每一個層面。祂們純然的愛、指引、療癒、護佑是如此真實，值得信賴。因此，我更頻繁地向祂們求援，依賴、並期待祂們捎來訊息和神蹟顯現。我全然信任祂們的智慧，臣服祂們的帶領，明白祂們會在完美精確的時間和適當地點，讓貴人為我提供實質協助。我不是孤軍奮戰，可以安心、積極、專注創造自己的未來，發揮潛能，成就更好的自己，讓生命更美好、完整、豐盛。

期盼大家都能試著和自己的守護天使及大天使們連結，祈請祂們在生活上提供全面性協助，指引未來！在我們投胎前，祂們共同參與了我們的「生命藍圖計畫」，清楚知曉如何為我們指點迷津，邁向更美好豐盛的未來。請對天使有信心，因為祂們會在靈性法則下做所有可能的事。

「愛的法則」先存在於宇宙萬物中，來自宇宙的「天使之愛」，更是

「愛的法則」的最高點。祂們的慈悲與神力，奇蹟式的協助每件人、事、物和這個世界更平順和諧的運轉著。在此和大家分享我的生命故事，希望這些深深觸動我的宇宙之愛，也會柔軟你的心，讓愛再次自由流動。

在交稿前，閱讀了魏斯博士的著作《前世的因，今生的果》。許多個案的回溯經驗分享，整合並印證了所有我想和大家分享的觀點。

靈魂不死，我們每個人都輪迴多世，為了學習經驗不同的功課，讓人格更完美；相識的家人朋友會以不同的身分樣貌在地球上一再相聚，再次相伴一起學習不同的功課；靈魂離開身體後是平靜的。不論何種宗教（或是沒有）、種族，每一個人，在每個轉世之間都會回到天上的「家」。摯愛的親人們一定會喜悅地在天堂門口迎接我們；細胞是有記憶的，當我們回憶起其他世的事件或離世原因，某些自小就有的疤痕，或難以解釋的病痛可能會改善或消失。這些都來自於其他世，當我們明白原因，就能夠釋懷放下，也就療癒了細胞和情緒。

信義老師有一句強而有力的座右銘：「如果我就是愛，那還有什麼問題？」

書寫這本書的漫長過程中，發生大大小小的事件。內心的衝擊，多次因為「愛」而回歸平靜，找回理智。是的，我終於完完全全體會，愛是一切，愛能消彌恐懼，唯有愛才能療癒一切。愛也能穿越時空，讓摯愛重聚。是愛的本質，主導著生命的力量，影響我們的想法、決定和靈魂深處的選擇權。愛，一直都在。來自宇宙的愛一直都在，只要我們靜心聆聽就會感受到。靈魂深處對自己的愛，對他人的愛也都一直存在，靜待我們去覺察與付出。

前言：相信天使永恆守護的信念

宇宙一直是與我們緊緊相連的，藍天世界外的上帝、天使、聖靈、菩薩們，從不曾停止給予我們愛的指引。我們來自於那裡，絕不會因為生活在地球上而被遺忘了。上帝掌權，祂的愛超越一切。

天使是上帝的療癒師，祂們是愛、慈悲、憐憫與恩典的靈性存有。祂們具有高頻率能量，所以天使的出現會帶給我們心靈上、情緒、身體細胞上的轉化和療癒。

天使可以打開你的心門，灌注愛給你，讓愛的能量在你心房流動。除了保護你，祂們能在生活上各方面，如工作、經濟、婚姻指引你，也能夠提升你的能量，療癒你，家人和朋友的心靈及身體。因此，當上帝派遣天使們前來協助我們時，可以讓我們的生活順暢，減少不必要的焦慮，盡可能地遠離危險，甚至隨時讓奇蹟發生。

相信天使是一種信仰，是相信真理的存在，但是無關宗教。《媽媽必修的不完美學分》這本書中提到對信仰應有的認知：

「**在追求信仰時，我們必須打開雙眼和理智，還有我們的心。我們必須在閱讀、思考和感覺神的答案之間取得平衡。我們應該要尋找答案，然後在祂回答的時候，傾聽祂的答案。**」

「**信任神好像是是盲目而不理性的行為，但並非如此，真理經得起質疑和理性的推敲。質疑你所讀的，一再質疑它。如果你讀的是真的，時間久了你會知道。真理的美好在於，一但相信了，你就很難離開它。當我們遇見真理的時候就要懂得接受，而不因過於理性而把自己帶離開祂的道路。**」

這正是這幾年來我走過的心路歷程。一開始我也曾經質疑過，但時間久了，我親身「經歷」了一次次與天使交會的美好經驗。這些神蹟，讓我相信祂們的存在，祂們不再只是商業模式存在下的形象，而是親和現身於生活周遭中，真實的圍繞在我們身邊。日復一日，我不再抱有任何懷疑，

單純且堅定的信任著，願意更親近天使，然後再也離不開祂們。祂們真如我最親密的好朋友，懂我的悲與喜，時時刻刻帶來希望和陽光。最神奇的是，從靈乩紫絃口中得知，天使也知道我會一輩子和祂們在一起。

假以時日，我慢慢察覺出天使與我互動溝通有一定模式。在家時，我經常在不經意看手機的瞬間瞧見天使數字，或是以天使卡詢問特定問題時得到精準的回答。外出時，天使會以車牌、號碼牌、廣告招牌上的電話號碼、收據、購物總金額，或是找回的零錢數目等各種方式傳遞訊息。外出前，我會先請求天使保護我的行車安全，專心駕車，協助我順利找到停車位。然後，帶著一份期待和開放的心，等待天使傳達回應給我。

美國普林斯頓大學、康乃爾大學等名校所做的科學研究報告，都已有證據指出，每一個人都有潛藏的天分，可以「送出」與「接收」心靈感應的資訊。我們可以試著每天撥出一些時間獨處，暫時不要和外面的世界、人事物接軌。靜下心來，在忙碌生活中留白，只和自己在一起，和我們的內在更近一點。慢慢的，就能夠聽見來自靈魂的聲音，純粹的渴望也會清楚顯現，也會聽見神和天使的指引，感受到天使純然無私的愛。

並不是等到絕望或極端痛苦時，才請求協助，而是應該在有需要時就請求協助。「我希望天使能陪我度過我所經歷的一切。」這樣簡單的請求就能讓天使來協助我們。不管是每一天的日常，或是長遠的目標，天使們都很樂於助我們一臂之力。工作上遇到瓶頸，企劃案急需靈感，子女教養上的煩惱，或者只是個停車位，我們都應該有個想法：「對了，我可以請求天使的協助。」唯一的條件是，你必須在心中提出請求，允許天使介入幫助你。

不分24小時地，祂們隨時等候我們的召喚。上帝的天使網是無窮盡的，守護天使會允許最合適的天使前來祝福、療癒、指引、守護我們。如同偉恩・戴爾博士在《夢想顯化的藝術》書中提到：「**展開雙臂迎向天使這個高層無形界的生命，要知道，你可以向早就住在這裡的生命祈求指引。**」

如果，你的信仰告訴你只能向上帝或耶穌祈求幫助，那麼依心而行，尊崇你的信仰。你依然可以請求上帝派遣《聖經》中提到的大天使麥可和加百列給你。祂們一樣會前來守護你，給予你我一樣的協助，因為我們每個人都是上帝摯愛的子女，祂一視同仁。我們無須成為完美，零缺點的好人才有資格請求天使們的協助。天使是上帝愛的禮物，不受限制的存有，就像耶穌一樣，能陪伴每一個真誠召喚祂們的人。我曾隨媽媽皈依佛教，後來親近上帝，只在電視上聽牧師講道，但不上教堂或有受洗的意願，這些完完全全不影響天使前來協助我。

召喚天使並不衝突，也不會褻瀆上帝

哥羅西書第二章十八節說：「我們不要崇拜天使，或是使他們變得比上帝重要。」上帝和天使其實不必二選一，兩者並不違背。相信天使並不是將上帝放在次要的地位，上帝依然是至高無上的創物者。

我深知這一點，知曉上帝是一切的源頭。每回禱告，我一定先以「親愛的上帝、天使」開頭，而不會以「親愛的天使」開始禱告詞，除非在那當下，我明確知道應該尋求哪位大天使的協助。一樣的，信仰你相信的神，或是與你有緣分的諸神菩薩，並不會與信任天使相衝突。神明與天使都是愛我們的，願意協助我們解決難題或達成心願。

我的朋友珍，在天使諮商時得知，她的守護神是中西合併，有關公和大天使麥可。

珍的家中奉侍關公，有祂的護佑是理所當然的。珍的個性相當獨立，是位勇敢堅強的單親媽媽，獨自撫育年幼的小女兒。上帝指派英勇，男性能量的大天使麥可在身邊守護她們，賜予她勇氣和陽剛的能量真是再恰當不過了。

我們必須相信自己是有能力，有才華的個體。上帝會以祂崇高的智慧領導我們，補足不足的部分。上帝掌權也是我們的靠山，信任祂隨時可以派遣天使依據我們的生命藍圖來一步步給出建議，協助我們發覺自己的天

賦及人生任務。讓天使參與我們的生命，與祂們合作，祂們看顧著我們經歷所有的改變。當我們害怕、憂傷、恐懼、絕望時，上帝會派遣天使或人間天使賜予我們勇氣，陪伴我們度過難關。

遇上阻礙或困境時，除了灌注解決困境的靈感，上帝的恩典會讓我們在對的時間到達對的地點，在最完美時機，讓正確又有力量的貴人拉拔我們一把，晉升到更高層次。只要持續地遵循指引，按部就班完成，一步步踏實往前走，契而不捨，全力以赴的專注發展我們的天賦，適時做出正向改變，勇敢挑戰，我們就能找到方式積極創造自己的命運，讓自己更接近上帝當初創造我們的模樣。

實踐目標無須超之過急，因為一切都依神聖秩序進行著。當事情不如預定的時間進展時，仍要保有對上帝的信仰，相信祂必定會成就美事。耐心等待時機成熟，堅定信任上帝與天使的愛與祝福會翻轉我們的生命。信仰讓內在更有力量了，提升我們的勇氣、智慧、和信心，也讓我們活得更有意義、快樂，並自在的享受人生，離夢想也越來越近，屬於你的豐盛和成功終將水到渠成。

信義老師曾說：「**相信才會產生力量，放手建立於相信。聽話照做，才能證實訊息是正確的。信心是透過實踐，印證而來的。**」

對這一連串的關聯性，我的解釋是：當我們願意相信天使，才會默禱祈求天使協助。當我們明白指引是來自於慈愛的天父，就能夠交託擔憂進而付諸行動。最終，我們才能由正向的結果證實，天使的訊息是正確可靠的。一次次的，難題解決了，對自己更有信心了，也百分百信任我們永遠會得到來自宇宙的愛與協助。

我親身經歷過無數次這些關聯性，才會有此書的誕生和大家分享。由我的生命故事和成長，你可以相信上帝天使的指引是正確可信的，因為光靠我自己是絕對做不到的。

很幸運的，身旁的朋友願意和我分享所見所聞，有實例證實，我們自出生到離世都有天使永恆守護的觀念。《聖經》中提到，加百列大天使會

在嬰兒出生時到場監督。陶藝老師和我分享,當女兒出生時,他也注意到4:44分的暗號出現了。444即是天使在周圍每一處的訊息。健檢時,醫護人員和我分享,她的朋友曾見過一整列的天使們,護送棺木到教堂舉行告別式。

衷心期盼大家也能領受到天使的指引,對未來保持希望。只要我們願意敞開心房,傾聽內心的感覺,留意身邊的徵兆,必會發現祂們捎來的訊息。

我深深相信,在任何時刻,當你抬頭仰望藍天裡的白雲,銀河系裡的星星,和宇宙分享你的喜與憂,天父和天使們都會帶著慈愛的微笑回應你。

目次

3 天使溝通的方式

4 天使介紹和生活小故事

5 天使陪我們面對死亡

守護天使帶我們返回天堂、墓園裡的靈魂與天使

已逝親友眷顧

2001年，我眼中的春天是黑白的

1
―
我
的
生
命
故
事

1.1 失去寶寶

第一個寶寶夭折

五專畢業後，同年赴美留學。先到德州聖安東尼奧市（San Antonio）的天主教學校Our Lady of the Lake University讀語言後，再轉往舊金山藝術大學攻讀平面設計。畢業後順理成章的留下來工作，結婚生子。

2000年回台舉辦婚禮，短暫停留後便回到舊金山，繼續在海邊小鎮「半月灣」（Half Moon Bay）的音樂公司上班。我的老闆是位吉他音樂家。設計部門還有其他2位亞洲女孩，我們一起負責為老闆及其他音樂家設計CD封面包裝。小鎮上民風純樸，同事們都非常和氣親切。在那工作非常愉快，步調不會太緊湊或壓力太大。

「半月灣」位於舊金山南邊，沿著1號濱海公路和蜿蜒曲折的山路，約40分鐘車程可抵達。雖然路程有點遙遠但景色宜人，我非常享受上下班時海天一色的絕美風景。

一回生二回熟，我很快熟悉了每個彎處，何時減速，何時該踩油門加把勁才能順利過彎。較膽戰心驚的是，冬天傍晚海岸邊飄來濃密白霧，視線能見度約只有2公尺。下班回家時，每當前方有車輛出現時，我學會了緊緊跟好前方車輛，依賴它後車燈的光源，藉此目測車身與路邊的距離。這段車程無疑大大提升了我的膽量和開車技術。

萬聖節前，路邊空曠的田野全變成了一片橘紅的南瓜田。小鎮上會舉辦最大南瓜比賽吸引大量遊客前來，整個小鎮熱鬧極了。山坡上種植了許

多翠綠的小聖誕樹，可愛極了。從遠處望去，卻又有一種數大便是美的景象。在「半月灣」上班的日子是愉悅的，在我心中留下很美好的回憶。

婚後幾個月後我便懷孕了。然而，沒有姙娠保險的焦慮，沖淡了我們的喜悅。在美國看診費用十分昂貴，收費分得很細，醫院會向保險公司申請整個醫生團隊的費用。幸好，公寓的主任告知初出社會的我們，符合申請「低收入姙娠保險」資格，心裡的大石頭這才放下來。我清楚記得，收到保險信函那天下午，打開信箱那瞬間，時間正好停留在4點44分。那是第一次，我深刻感受到上帝聽見我們無助著急的祈禱。祂派遣天使在公寓主任耳邊低語，請她告訴我們有此方案，好讓我們儘快去申請。

444：天使在你周圍的每一處！你完全的受到天上許多神聖存有所愛、支持與指引，你無須畏懼任何事。

胎教照片是個有雙翅膀的美麗小天使

懷孕4個月時，考慮需要更多空間，因此搬遷到舊金山市郊的Daly City。公寓距離海邊僅約10分鐘路程。每到周末，我們常常在海邊散步，眺望海景。依偎著高大的先生，感覺著他溫暖貼心地呵護，和簡單的幸福愜意。看著外國人背著滑翔翼在坡道上奮力奔跑，起飛，然後像鳥兒般自在飛翔，在太平洋上空盤旋。那海天一色，美麗的海灣弧線至今仍會在我心眼浮現。

自從知道懷著小女生後，我開始找尋胎教的照片。某天，一張照片吸引了我的目光。那是個美麗的西方小女孩，五官精緻，有一頭金色短捲髮和一雙碧藍眼睛，身著白色上衣，背後還有一對潔白的翅膀。

她真是個美麗的「小天使」。

然而，沒有人知道，宇宙中，冥冥之中有一些事正悄悄蘊釀著。

就在此時，音樂公司被收購，與其他公司合併擴大規模，從小鎮搬遷到舊金山市區。隨著肚子越來越大，我也不宜獨自遠程駕車。這對我來說是個好的變動，從此開始搭捷運上班的日子。年輕時的我非常纖細清瘦，

雖有孕在身，但在格子長襯衫，背心裙的掩飾下並不明顯，依然像是大學生模樣。下班回家的捷運上，特別感激那些願意讓座給我的陌生人。（現在想來才明白，也許是因為他們聆聽了守護天使的耳邊低語，特別留意我，讓座給我吧！）

懷孕後期時，夜裡常常因小腿痙攣無法再入睡。在寂靜夜裡，我起身編織毯子，當作是給寶寶的見面禮。眼睛累了，便放下毛線歇會，輕撫肚子和寶寶聊天。我告訴寶寶，她的名字是Madeline。公園裡的花朵美極了，等她呱呱落地時，正是百花齊綻放的春天。隔著薄薄的皮膚，我甚至可以感覺到倚著我腰間的小小手。我和寶寶打勾勾：「期待陪妳去賞花唷！」

葬儀社頻繁出現是宇宙的提示

接近孕期8個月左右，宇宙開始不斷地給予我們提示，某件事的發生讓我們感覺很不對勁也不舒服。美國地如此廣，但是不論我們在舊金山郊區開車，或是到南灣其他城市，總會路經葬儀社。開車路經各式各樣的商店，很奇怪的，我總是會瞄到葬儀社。一開始是我先發現，後來連先生也開始注意到了，機率實在過於頻繁，無法忽視。我們心裡發毛，擔憂著是否遠在台灣的長輩身體不適，即將離開人世。但每個星期致電回家，並沒有聽聞哪個長輩臥病在床。

Baby已胎死腹中

預產期前幾天，疼愛我的婆婆，帶著超級大尺寸的皮箱，裝著滿滿的補品，飛行迢迢千里地準備幫我坐月子。

3月6號，我們外出作最後採購。

「好像很久沒感覺到baby的胎動了耶！」沉重的肚子讓我感覺非常吃力疲憊，我告訴先生我的疑慮。當晚開始陣痛，我們馬上趕往醫院。

躺在急診室床上，值班護士先為我做超音波掃描。螢幕上灰濛濛一片，我非常疑惑為何沒如往常產檢般看見Baby的清晰身影？正納悶時，護

士放下儀器鎮定地對我說：「妳先休息一下，我出去找醫生來。」一會兒後，醫師走進來，一臉沉重地向我們宣布了一個晴天霹靂的壞消息：「I am very sorry! 你的baby已經沒有心跳了，所以你感覺不到她的胎動。你的子宮很緊繃，所以她提早解胎便，自己吃到胎便無法呼吸。羊水裡混雜著胎便很濁，因此在螢幕上看不到baby。」

我們三人全愣住了。幾分鐘後，我和先生相擁放聲大哭。我哭得上氣不接下氣，也轉身對身旁的婆婆道歉：「媽媽，對不起！」同理她失去長孫女的傷心。恍惚中聽見醫生說，沒必要剖腹將寶寶取出，會幫我打一劑催生劑，自然產下寶寶。

那個長夜無比漫長，眼淚更是無止盡，我疲憊至極但無法闔眼入睡。左想右想，怎麼也想不透，產檢時一切正常，幾天後就是預產期了，寶寶怎麼會突然沒了心跳。我自責的猜測，是不是接機及商場採購，都是人群較多也吵雜的地方，站立的時間也比平日長。這些因素，都沒讓我在第一時間察覺出Baby沒有胎動？躺在身旁陪伴我的婆婆不時傳來啜泣聲，我不知道，獨自回家的先生如何熬過那悲傷孤單的一夜。

自然產下寶寶

在3月8號婦女節那天，寶寶離開我的身體。自然產的劇痛就不必多描述。我覺得最痛的時刻，倒是醫生拉出胎盤的那瞬間。

所有自然產婦的「痛」都在寶寶出生那一刻結束，然而我的「痛」卻才剛剛開始。

寶寶安靜無比的躺在護士懷中。年輕的我，完全不知如何面對在我體內發生的死亡。我不敢抱她，一個安靜到沒有呼吸的嬰兒。

強忍悲傷，我們屏息端詳Madeline。她有我的濃眉，遺傳到先生修長的手指，和想像中娟秀的五官。當護士憐惜又心疼地輕聲說：「She is beautiful. She looks like you.」那一刻，我徹徹底底的崩潰了。

拭淚之餘，從眼角看到，婆婆從護士手中接過寶寶，走到產房的角

落，輕聲對她說：「要找個好人家投胎喔！」（這是婆婆日後告訴我的）我一直十分內疚當時沒有抱抱Madeline，還好有婆婆代替我們抱抱她。我們期盼與Madeline共譜一首悠揚的生命樂曲，但她的離開，畫下了一個匆促的休止符，令人不知所措。

那一年美國經濟不景氣，許多公司開始一波裁員潮。失去寶寶後沒幾天，我也被資遣了。兩個重大打擊在同一星期接踵而來，我宛如面臨世界末日，跌進深邃的黑洞裡。然而，從另一個角度來看待資遣，這無疑是最佳安排，我得以好好療傷調養身體，無任何後顧之憂。

坐月子期間，每當婆婆和先生外出採購食材時，悲傷便如水壩洩洪般決堤。我一個人在家，面對寂靜無比的空間，滿室等不到小主人的嬰兒用品，怎麼也無法理解這是怎麼一回事。

我們在玩具店買了一只木製玩具箱，當成寶寶的小棺木，並刻意把箱子上的鎖拿走，不希望她有被關在箱子裡的感覺。把親手編織的毯子交給醫院，請他們蓋在寶寶冰冷的身體上。為Madeline挑選了半月灣附近，依山傍海，風景優美的山丘墓園。根據東方習俗，晚輩下葬時長輩不宜相送，因此寶寶的最後一段路程，全權委託給葬儀社處理。

命格中生產需特別注意

婆婆事後吐露，其實在懷孕中期她曾去為我算命。很不幸的，算命師當時早已預知，寶寶和我們沒有緣分。算命事件帶給我相當兩極化的反應及影響。知道不是我的錯，舒坦了我的心，也讓我提早走出傷痛，不再自責沒提早發現寶寶沒有胎動。我的子宮容易緊繃，造成寶寶有壓力，提早解胎便，因此羊水混濁，寶寶吸進胎便無法呼吸只不過是病理原因。

我也恍然大悟，原來慈愛的天父不捨我們沒有心理準備，早已給出具體暗示。不斷地經過葬儀社，即是警告我們即將失去寶寶。原來，我會選擇那張「小天使」的照片不是沒有原因的。背上有雙潔白翅膀的美麗金髮小女生，也是徵兆之一。這張照片，早已向我預告寶寶會成為小天使回到

天上。

　　但是，最讓我百思不得其解的是，寶寶尚未誕生，為什麼她的命運已能夠被預知？為什麼？為什麼？

天使之愛短詩

　　舊金山的冬日多雨，太平洋岸邊飄來的霧氣，瀰漫著重回2人世界的小公寓。沉浸於靈性書籍裡，我找到了步出悲傷遺憾的答案。傷痛慢慢療癒了，也驚嘆著生命的奧祕。淚珠終於不再無時無刻潰堤，我提筆寫下對Madeline的思念與祝福，珍藏在心房最深的角落裡。

　　天使之愛

　　我猜想 妳在柔軟白雲賴床
　　誰陪妳 自由自在快樂飛翔
　　是不是 還在上帝懷裡撒嬌
　　好想妳 我最親愛的小天使

　　每一秒 都幻想看見妳的笑臉
　　每一天 都期待一起迎接春天
　　那瞬間 徹底幻滅和悲傷崩潰

　　失去妳 彷彿失去了整個世界
　　9個月 期盼初遇不該我流淚
　　不知道 何處尋找我要的答案
　　他們說 註定的悲劇無法阻止

妳選擇 曇花一現我的水晶球
不怪誰 只試著慢慢擦去眼淚
靜靜的 珍藏回憶和沉澱心碎
才知道 妳的終點是我的重生
每一天 被愛陽光和希望包圍

天使之愛永遠不會停止
天使之愛永遠不被替代
一天天 答案出現終於告別眼淚
他們說 天堂的山水比地球還美
望著天 閉上眼夢想我們一起飛

天使之愛一直如影相隨
天使之愛一直真心珍貴
在夢中 妳說看見我的傷心無助
在天堂 無憂無慮為我真心祝福
妳還說 為妳編織的毛毯好溫暖
沒錯過 春天每一朵嬌美的花蕾

1.2 生命的真相

由靈性書籍探討生命真相

當你問「為什麼」某件事會發生，這時你會產生一股強大的能量，將你尋求的答案吸引到你身邊來。這股能量具有非常深厚的療癒作用。在問了為什麼之後，就放手把問題交給宇宙去處理。當你問為什麼，宇宙就會回應。

羅伯特·舒華茲（Robert Schwartz）《靈魂的出生前計畫》

某一天，當我走進書店，書櫃上的《Return from Heaven》吸引了我的目光。讀著書中的字字句句，我訝異於生命的奧祕和真相，也逐漸釋懷走出傷痛，不再自責，或不明白這樣的事會發生在我身上。這才領悟，在寶寶離世後，宇宙依然持續與我溝通，最常出現的方式是引導我去閱讀需要的書籍。

原來，每個靈魂都有自由意志，由他自己決定是否誕生在這一世，或是因其他因素導致決定不出世，直接返回天國。而選擇不誕生的原因眾多：**不喜歡目前的性別，等到父母的狀況改善，胎兒健康上有缺陷不願意拖累父母親**，或者重新調整與另一個人碰面的時間（這個人已經在地球上或尚未出生）等等。

也許，真的是因為寶寶深愛著我，不忍心出生後，我為她的健康擔心（因吸入胎便造成肺永久性傷害），長痛不如短痛，所以決定在臨盆前回

到天國。這是寶寶回饋我對她付出的愛。也許,寶寶的自由意志只是來體驗被愛的感覺,並不打算久留。

原來,**每個人在一生有五次機會中決定何時回到天堂。**

而寶寶決定選擇在第一次機會就回到「光」中。但是,寶寶並不孤單,靈魂永生不死,她只是再次回到那個她來自的地方,充滿了上帝的愛、天使和摯愛親人的「天家」。

擬定生命藍圖概念

在此,我想先提一下有關我們自己擬定「出生前計畫」的概念。

我們一再投胎轉世就是為了體驗和學習各種經驗,因為天堂如此完美,唯有在人世間才能經驗某些負面現象,進而釋懷原諒,或寬恕而更慈悲。

《靈魂的出生前計畫》這本書告訴我們,在天堂,當我們的靈魂渴望以另一個新的肉身和人格再次投胎轉世時,會有個計劃小組,和多位指導靈協助我們擬定一份專屬的「出生前計畫」。

睿智慈愛的指導靈們,會向靈魂解釋接下來這一世的人生目的,將經歷哪些挑戰,有任何疑慮或感受,我們都可以提出來或做修改。祂們會確認我們的計畫是靈魂能夠負荷的,直到我們的自由意志同意,這份勇敢的計畫才能成立。

所以換言之,每一件我們在人世間經歷的事,包括遇到的阻礙、困難和死亡時刻,都是由我們自己選擇。

靈魂會結伴一起投胎,因此在做計劃時,這些家人或朋友的靈魂,也會現身計劃小組一起討論協商,以什麼身分、樣貌現身,將在何時一同經歷哪些事件,發生什麼事件,目的在於協助我們學習不同的課題。好讓我們的靈魂藉由這些「發生」體會慈悲、學會寬恕或是不再批判等等經驗。

因此,我們有可能在人世間遇見這些靈魂時會有熟悉感,或有良好的互動。我們會選擇支援我們的家庭成員讓計畫順利進行,或是持反對意見

的家人進而產生激勵力量。或是遇見那些志同道合的朋友或貴人，支持我們的觀點，相互提攜為我們打氣。這些全視我們想要體驗哪些經驗。

根據靈媒蘇菲亞^(註)在《天堂之旅》中的說法：

生命藍圖的概要包含「主要、次要的生命主題，選擇線和出口」。

我們選擇其中一個領域作為此生主修的功課，要努力的領域，並且得付出特別多。主要的生命主題，是我們人生的基本目標，次要的生命主題則是想要克服的衝突。

選擇線有7種：健康、靈性、愛情、社交生活、財務、事業、家庭。

我們也會仔細地計畫每一個「組成元素」，自己選擇這些人、事、物、地點，好讓我們有最大的機會成功實現生命任務。（會遇到那些人？重要人物會有誰？）

我們還自己選擇以下這些要素：

．父母、伴侶和兄弟姊妹，戀人、配偶、小孩、老闆、和寵物

．自己外貌的細節，體型和高度

．出生地、時間、日期

．居住的城市和要居住的房子

別擔心，這只是擬好計畫大綱。誕生後，我們依然擁有自由意志和決定權應對一切的發生。蘇菲亞向我們強調：「**一個規劃好的人生絕不是沒有選項的人生。它更證明了生命的價值並不受制於我們所面對的事件，而是我們如何處理。**」

衛斯博士在著作《前世的因，今生的果》中清楚說明：「命運會把你安排在某些特定的情境中，規定你在某個時間點將遇到哪個人，可能還會指定地點。命運安排你見到的人，通常是曾在前世與你共同生活過的人。他們甚至可能是你的靈魂伴侶，激勵你朝更偉大的心靈成長邁進。一旦你與這些人相遇，就會開始運用自己的自由意志：要留嗎？要走嗎？是要在荊棘叢中砍出一條自己的路，或是牽住對自己伸出，主動提供幫助的那隻手？你可能會選擇愛這些人，也可能會拒絕他們。這些是你自己的選擇，

也是你學習的方法。萬事萬物都是靈魂成長的一部分。」

我的選擇

以我自己為例：我的主要生命主題是「靈性」，依據生日算出的「生命靈數」是數字「9」，同樣的代表我的人生任務偏向「靈性」。

最明顯的是我選擇了在「愛」與「經濟」上，雙方面都能全力協助我的父母和婆家。我來自一個善良，充滿愛的小康家庭。父親是溫文儒雅的生意人，熱衷教育和慈善。母親聰慧能幹，協助父親白手起家，對美學頗有概念。

父母親喜愛旅遊，母親從世界各地帶給我的禮物，總是美麗小巧的紀念品或是精美文具，因此深覺是母親啟蒙我的美感，她也願意支持我讀藝術學校。

我的公婆很開明慈愛，疼愛我如自己的女兒，也很照顧我的雙親。婆婆的娘家是地方上的望族，因此不管是結婚前，結婚後，我的家庭關係和經濟方面都算是一帆風順，比別人幸運很多。

如今回想起來，所有的一切都是最好的安排和助力。孩子年幼時，我配合先生服務業需要輪班的工作，成為全職媽媽專心照顧孩子。她們逐漸長大了，我則利用零碎時間閱讀、寫作、創作。有一回找通靈老師指點，我比較適合在家當Soho族創作並兼顧孩子，因此打消找工作的打算。

閱讀《內向心理學》這本書後才明白，Soho族的確是最適合我內向個性的工作方式。不必舟車勞頓，也不會吸收大量人事物的刺激造成身體太過疲憊，更不會因外向同事的干擾，有較高的專注力和生產力。

開始陶瓷彩繪和陶藝創作後，公公總是不吝於鼓勵我，讚美每件作品。看見我進步了，也勉勵我繼續努力，勿以小成望遠志，期待我有更大的成就。我無比感恩能在無憂無慮的環境下專心書寫創作，還能得到長輩的支持。

先生聰穎能力強，在美術方面的攝影、設計才華都高於我。工作上有美工方面的實務經驗，因此他也可以協助我。好幾件作品圖是由他掌鏡，書中還包含他的攝影作品，想來這也是最佳安排和助力。

再從自己選擇居住的房子來分析。從通靈老師那得知，我和婆婆都曾經是歐洲貴族。有一世，婆婆是我的伯爵媽媽，我是她的小兒子。我曾經多世身為歐洲人，因此這一世依然較喜歡西方文化，更偏愛洛可可的室內裝飾。巧合的是，這一世婆家的裝潢依然是歐式風格（這在30年前的南部是少有的），這樣的環境無疑讓我多點熟悉和舒適感。這一點，足以應證婆婆和我都是自己選擇居住的房子。

有了自己計畫「生命藍圖」，選擇父母親的概念，我們將會看懂生命中的福報和挑戰都是自己的安排，不再認為不順遂是被命運捉弄。雖然我們不明白許多事，但只要臣服上天與自己的藍圖，願意以正面態度去處理事情，我們必能看見事件背後隱藏的禮物。

接下來的章節，將和大家分享從書上讀到的知識，從靈魂的角度去看待流產、投胎轉世的觀念，以及孩童記憶中的天國。

註：蘇菲亞‧布朗（Sylvia Browne）是美國知名靈媒。她以傑出的通靈力和對超心理學的深入研究而享有卓越聲譽。自幼便展現超凡的心靈能力，畢生從事靈媒工作，幫助人們瞭解生命意義，並協助警方辦案。

五個出口

在天堂，我們為這即將展開的一生規畫出精密的生命藍圖。當我們投胎到地球時，依然保有「自由意志」和「選擇權」，做些微的調整或是選擇應對的方式。生命藍圖僅只是大綱，如何去處理面對這些事件，則視當時我們的心態。

因為理解到人間旅程是艱難的，於是我們在生命藍圖中寫進5個「出口」，作為5次逃脫人間，回到天堂那個美好世界的機會。如果你在藍圖裡寫進一個疾病，當它發生時，你可以決定要好好照顧自己，學會改變作息讓自己重拾健康，或是輕忽它，不好配合治療導致發展成攸關生死的大病，甚至用掉一次「出口」。如果你為自己計畫了車禍，當它發生時，可以僅是個無關生命危險的小擦撞或是一場嚴重的災難，全依事件發生時靈魂如何決定選擇。

美國著名靈媒蘇菲亞‧伯朗在《天堂之旅》這本書中說明：

「出口」是我們來到人間之前，就先安排好的足以造成生命結束的情況。如果我們選擇讓它們在那個時刻發生的話。我們一共設計了5個「出口」，但不必然要等到第5個才會離開人世。

我們可能在面臨第一次，第二次，第三或第四個出口時，決意我們已經完成了這次人間旅程所需做的事，因此把握住機會回「家」。

最明顯的「出口」包括重大疾病、嚴重意外、千鈞一髮，以及其他可以導致死亡的事件，只是到最後，我們都大難不死，以為所謂的「幸運」。我們有可能臨時不想赴約，在最後一分鐘更改旅行計畫，或是突然改變方向，不走熟悉的路線，這些都是潛意識決定，不要在特定時間使用這個「出口」的方式，藉由這些行為改變躲掉潛在的危險性。

蘇菲亞說：「**潛意識記得的「出口」偶爾會透過一再夢到特定地方、人物或情境來提示。**你對夢裡出現這些人事物並不熟悉，但它們會令你緊張或讓你感到恐懼，而後夢中的情形也真實在現實生活中上演。**這些是預知夢，他們是你的靈魂對你在「另一邊」設計的「出口」的記憶，而你的感覺是一種警示，意味它即將發生，而你將要做出選擇。**」

我的出口

我自己記憶中的第一個大難不死，發生於小時候全家到草嶺旅遊時。

我們搭乘的公車，緩慢驚險地，在狹窄的山路上和一輛滿載大石頭

的卡車會車。依照行進方向，公車沿著山壁邊行駛，卡車則是在懸崖那一邊。就在會車的那瞬間，大卡車的輪子忽然在山崖邊失去重心，往下翻落山谷。聽著一顆顆大石頭，咕嚕咕嚕地滾落山谷的聲音，公車上的乘客個個慘白著臉面面相覷，心情不約而同涼了半截，紛紛下車伸長了脖子探頭往山谷看。

　　幸好，幾分鐘後，山崖邊傳來卡車司機怒氣沖沖的咒罵聲。看見他攙扶有孕在身的太太慢慢走出來，大家鬆了一大口氣。原來是懸崖邊高聳的樹幹，阻擋了大卡車繼續往下翻滾，救了夫妻倆一命。所有乘客都心有戚戚焉，明白了就在幾分鐘前幾乎和死神擦身而過。

　　這件事深深烙印在我的記憶裡。令我訝異的是，天使在此刻貼心地提醒我，要記得清理殘留在細胞中的恐懼感。

　　五專時，主修服裝設計。某年寒假，媽媽報名了國內旅遊。聽說，整團加上爸媽和我3人一共是44人。當時媽媽覺得這數字不太吉祥。

　　就在旅遊前幾天，縫製衣服後，我忘記將針收好，針掉落並隱形於房間地毯上。當我赤腳踩上地毯時，針一腳扎進右腳大拇指，嚇壞我了。爸爸馬上帶著哭哭啼啼的我，飛車直奔台南市的醫院。至今還記得，醫生的說詞萬分嚇人：「妳很幸運，若是拖延久一點才送醫，那根針很有可能會隨著血管流進心臟。」

　　現今想起，那一根小小的針，是不是也是我的5個「出口」之一？回顧往事，相信天使的我不再對這個事件僅懷著心有餘悸的想法，還多了一份對天使的感恩。

　　我相信在那當下，天使們一定盡全力安撫著受到驚嚇的我，也全程守護爸爸的行車安全，並指引醫生盡快找到這根小小的針。

　　旅行前最後一刻計畫的改變，絕對是潛意識在提醒我們躲開出口的方法。此時，可別忽視直覺或心中任何的疑慮，一念之差，就有天壤之別，攸關生死。

　　爸媽年輕時十分熱愛旅行，足跡踏遍多國。那是小港機場尚未蓋好，

也沒有高鐵的年代，出國都得經由桃園機場出入境，然後再搭乘巴士返回南部。

有一回，媽媽原本決定參加某個旅行社的日本行程，但最後，因旅行社沒有提供接送服務而另擇其他旅行社，沒想到也因此逃過一大劫數。爸媽回國後，正巧瞧見電視上報導著日本某飯店著火，不幸遇難的還包括了台灣某旅行社的團員。只見媽媽臉色蒼白地告訴我們，那正是她取消參加的那一團，全家莫不嚇得目瞪口呆，萬分慶幸爸媽躲過一大劫數。

2017年的暑假親子旅遊，出發前一天，先生突然決定取消開車出遊要改搭高鐵。措手不及的我趕快購買高鐵票，也納悶先生為何突然改變交通工具。直到他告訴我，近來頻繁看見輪椅出現在眼前，他其實有點擔心。我們同時都明瞭，那極有可能是上天傳遞給他的危險徵兆，因而產生了警戒心。

沒想到出發後，上天依舊持續地傳遞訊息，我竟然親眼見到先生瞧見的徵兆。

第一天下午，我們在台中國家劇院的大廳歇息小憩。突然間，先生以眼神示意，要我留意正前方坐輪椅的男士。就在那刻，那位殘障人士緩緩往我們的方向移動，然後在我的右方停駐。一陣雞皮疙瘩馬上洶湧而上，不安的感覺席捲我全身，也百分百的理解先生的複雜感受。

就在旅途結束後沒幾天，謎底終於揭曉。新聞播報著逢甲夜市氣爆事件（逢甲夜市也在我們行程中）。斗大的頭條新聞令人膽顫心驚，這才明白慈愛的上天事先警告我們外出旅遊時該注意小心。

曾在書中讀過一個例子。有位男士因車禍失憶，他想了解車禍的詳細情況，於是請靈媒蘇菲亞為他催眠，回到發生意外的當下。他不但憶起所有細節，並且還記得在救護車上恢復意識時，有個聲音輕聲在耳邊說：「那是第四個。」經過蘇菲亞的解釋後，原本對「出口」並無概念的朋友，認同了這次車禍已經是「第四個出口」的事實。而那聲音，正是來自時時刻刻陪伴著他的守護天使或指導靈。

女兒名字的徵兆

> 亞特蘭提斯人很清楚，姓名的震動對生命具有深刻的意義，能與靈魂所選擇要表達的天賦產生共鳴。因此，正要降臨的靈魂會選擇自己的名字，接著再以心電感應的方式傳達給父母。
>
> ——黛安娜‧庫柏《發現亞特蘭提斯》

舊金山藝術大學畢業，短暫進入職場一年後就結婚生子。我的命格得特別注意「生產」，果真3次生產經驗都有緊急狀況，讓我吃了不少苦頭。第一胎在臨盆前么折腹中，2個女兒都是臨時剖腹，提早報到的早產兒。

為女兒取英文名字時，除了好記，另一首要條件是發音簡單，長輩才唸得出口。從靈媒蘇菲亞的節目上得知，胎兒的靈魂並不是一直待在子宮內，會進進出出，也知曉父母親周遭狀況。因此我們決定各選2個名字，告訴寶寶我們的選擇，希望由她們自己挑選「她」喜歡的名字。

幫大女兒想名字時，其中一個名字是「Lillian」，可簡稱「Lily」，好念也好記。

在7個半月例行產檢時，因子宮疑似開始收縮，我被留院安胎一周。此時，心細的先生發現了一個「巧合」，值班醫師白袍上的名牌寫著「Dr. Lily Tan」，竟然和我們為女兒想的其中一個名字一模一樣。

然而，大女兒已迫不急待要出世。就在「Dr. Lily」准許我回家的隔天清晨，大女兒的心跳不穩，竟然大幅下降多次，急得醫護人員火速將我推進手術室剖腹，將寶寶送進保溫箱。幸好她在第33周出生，剛剛好肺部發展成熟，可以自己呼吸了，因此只在保溫室待一星期後就獲准回家。僅有7個半月大的Lily，小小的身體非常迷你，我們還得特地去買早產兒穿的迷你小衣服。

懷妹妹Katie時，我和先生是湯姆‧克魯斯前妻Katie Holmes（凱蒂‧荷姆斯）的忠實影迷（當時她還是個甜美可人的青少年，演出不少電視影

集），因此我們將「Katie」這個名字列入考慮。我也很喜歡「Kathrine」（凱瑟琳）這個帶點皇族貴氣的名字，但一想到還得捲舌，長輩可能唸不來而猶豫不決。

Katie的狀況是，和家人上餐廳慶祝母親節後，我因食物中毒不斷腹瀉。脫水導致羊水不足，胎動異常，因此半夜還上醫院打點滴補充水分。10天後，我察覺開始規律陣痛了，趕緊回醫院檢查。

沒想到，「巧合」以同樣方式再次出現了。我雖緊張但也注意到，為寶寶監測心跳的護士，她的名牌上寫著「Nurse Katie」。於是我們知道，字母少好幾個字的「Katie」獲勝，寶寶喜歡「Katie」這個名字。

護士告訴我時間還未到，先讓我回家休息。當天下午，我們再次回醫院檢查，主治醫師判斷是時候了，決定趕快剖腹以降低風險。幸好，Katie已經足8個月大，發育完整可以出世了。

如今回想起來，我才完全明白，寶寶在出生前的確已具有成熟意志。2個女兒的靈魂，知道我們選擇的名字後，都在出生前的「關鍵時刻」，透過顯而易見的「Dr. Lily」和「Nurse Katie」名牌，認同「Lily」和「Katie」是她們選擇的名字。這樣的方法實在很聰明，也太神奇了。

換言之，她們的靈魂，指定了和她們喜歡的名字同名的醫護人員來照顧我，藉此傳達她們想選擇「那個」特定名字。（這應該還需她們守護天使的協助，在護理人員耳邊低語，派遣同名的醫師護士過來照顧我。）

直到日後，經驗更多天使的協助後，我才領悟到一個不變的原則——**宇宙、天使傳遞的徵兆會與你目前的狀況相關，好讓你能夠在當下就清楚立即見到，輕易明白。**

註：黛安娜・庫柏（Diana Cooper）
　　是一位臨床醫學家、治療者，在生命低谷時接收到天使的協助，開啟靈性視野，並持續接收到揚升大師及天使的訊息，並有許多獨特靈性體驗。透過著作、占卜卡、工作坊與治療工作幫助人們實現生命目的

個性與星座

> 每個生命出生的時間與地點，會賦予個體獨特的特質、技能與挑戰。
>
> ——黛安娜・庫柏《發現亞特蘭提斯》

我自己和2個女兒都是早產兒。曾經認為，早產兒的個性是否較不像出生時的星座，而是較像預產期時的星座。當我閱讀《發現亞特蘭提斯》這本書時，發現關於星座有較不同的解析——**每個生命出生的時間與地點，會賦予個體獨特的特質、技能與挑戰。**

在靈媒蘇菲亞的著作《天堂之旅》中也讀到相同理論。

我們精確地選擇出生地點、時間、日期，這表示我們選擇了個人星相圖上所有細節及其影響。

直到從書上看見全家人星座的個性特質，再依據對女兒們的觀察了解，發現她們的個性還真符合誕生時的星座。這才相信靈魂的個性的確和星座相關，會在所屬星座期間出生。

大女兒的金牛座特質相當明顯，一向慢條斯理，拒絕受我催促。金牛座人的優點是性格穩定，以堅持的毅力，默默面對困難，在逆境中也絕不動搖。我的陶藝老師僅教過大女兒一堂課，就發現她個性很內斂沉穩，不同於一般年輕人。

《發現亞特蘭提斯》書上寫道：「對雙子星座的人而言，生命的目標是讓自己和他人的生活更有趣、更美好。他們的表現是多方面的，通常是在實驗科學、藝術與文學的領域。他們持續前進，尋找新的心靈挑戰。他們較有可能在心智的成就或是藝術的表現中獲得成功，而且是兩者兼備。許多雙子座的人都具備2種生命目標，可以分別或同時進行。」

Katie是典型的雙子座，活潑外向又善變，和大女兒的內斂沉穩截然不同。幼稚園時期，亮麗的Katie就曾在百貨公司童裝走秀，表現得落落大方毫不怯場。從小，Katie對美和顏色就有獨特見解，知道自己適合甜美微華

麗的風格。才藝上她喜愛舞蹈繪畫，口才也不錯，完全符合雙子座多才多藝的特性。

國中時迷上化妝，會花很多時間研究彩妝的顏色和畫法，還時常給我化妝上的建議。看見她的心思不在功課上時，我必須提醒自己不隨便嘮叨，要允許她有時間發展她的天賦。等她長大，她的天賦便能夠讓自己和他人的生活更美好。如果能夠往造型設計這方面進修，應可以成為很棒的新娘祕書。

先生也是才華洋溢的雙子座，擅長電腦、攝影，喜歡多方面涉取各類知識。在家中是他最常分享新鮮事和美食。他喜歡變魔術這點，就符合讓他人的生活更有趣這項特質。在百貨公司的行銷部門任職多年，策畫不少小朋友活動，明星簽唱會，也參與跨年晚會，讓大家的周末節慶充滿歡樂時光。從這些就可看出，他從事的工作是適合他的個性的。這些決不是喜歡安靜，探索靈性的我做得來的。

自從知道雙子星座的生命目標是讓他人的生活更有趣、更美好，我開始修正自己的想法。當Katie和先生分享有趣的資訊時，我不再自以為是地認為他們花太多時間關注那些娛樂資訊。

一直認為我個性內向拘謹，真不像個性樂觀，嚮往自由射手座。直到看見書上這麼定義「射手座」，我才改觀也更認識自己。

「射手座的生命目標是要啟發人們去探索靈魂最深處，並且認識真正的自己。他們喜歡旅行，探索與其他心靈接觸-並且探究不熟悉的哲學、法律或神學系統等。他們喜歡探索事物的真相，也對人類的福利與教育由衷地感興趣。推動射手座的力量是對智慧的渴求，這讓他們決心要透過理性運作來尋找智慧。」

其實在小二時，我就曾早熟的思考過：「人死後會不會很無聊啊？」失去第一個寶寶後，我開始探索生命真相，試圖由靈魂層次去了解該學習的功課。這些年專注於天使療法與靈性學習，完全符合了射手座的特質啊！

我的靈性背景

我只是個平凡人，沒有任何特殊能力。雖上過幾堂簡單的靈性課程，但並無任何特別的長期訓練。臼井靈氣的課上，有接受點化，學習了傳送遠距能量的手勢。接受大天使祝福的天使課，僅有冥想和接受祝福，沒有任何課程培訓。大部分有關天使的知識，都是自己閱讀朵琳夫人、羅娜夫人及靈媒蘇菲亞及其他人的著作累積而來的。信義老師的線上課程，也僅是觀念性的靈性知識。較特別的靈性經驗是燕雪老師的靈魂記憶解讀，伊莉莎白老師的天使諮商，和寶治老師的脈輪修復。

整合多位靈性老師的說法，原來我其他世的身分曾是亞特蘭提斯的女祭司，多世身為歐洲人，曾經是修女，貴族年輕女孩，英國貴族小男孩和德國人（那一世的身分並不清楚）。這才明白與天使的連結多少和女祭司的身分相關。仔細思考後，我領悟到光是這幾個身分，就足以解釋個性中許多特質。

亞特蘭提斯的女祭司

燕雪老師為我做靈魂記憶解讀時，提起在祭司那一世，我就有自卑感，頗感壓力，但不是因為無法勝任祭司的職務。自卑的心態延續至今依然存在，我聽了點頭如搗蒜，完全一針見血。對於曾經是祭司這樣的高等身分，一開始我當然是半信半疑。直到有天，《發現亞特蘭提斯》這本書在完美時機來到我面前，解答了對亞特蘭提斯文化的好奇。這些描述讓我相信其可能性極大。

書上描述亞特蘭提斯人具有以下這些特質。

「他們能夠接觸到靈性領域，感覺到天使、獨角獸與其他靈性存有。他們也能由這些高等的生命那裡得到指導。除此之外，他們可以透過傳送圖像來彼此溝通。這就好像能夠在心靈之間以電子郵件傳送多媒體照片一樣。」

「在早期亞特蘭提斯，生活很簡單，人們會佩戴一顆微調好的水晶或寶石來提升自己的意識。珍貴的寶石提升佩戴者的『頻率』，促成與大天使的直接連結，藉此給予力量。」

不同於一般女孩，我很少購買或配戴飾品，但是懂得水晶具療癒功效後，幾乎只戴水晶項鍊和手鍊。我感覺到在水晶能量的輔助下，生活順暢了些，身邊的好朋友和貴人也變多了。自此便深信水晶會加強我的氣場，也會視情況選擇戴哪個水晶飾品。

較常戴的紫水晶屬於智慧型的磁場，可以開發智慧、提高直覺力、增加腦細胞的活力及腦袋的運轉，也有助於遇見貴人。自從發現戴黃水晶的確強化與大天使加百列的連結後，寫作或需要創作靈感，尤其是上陶藝課時，我一定配戴黃水晶。

農曆7月，或是得去負能量複雜的醫院、機場、大賣場，則會戴上驅邪擋煞的「黑曜石」手鍊。我也會請水晶專賣店的朋友幫我客製手鍊，搭配喜歡的顏色或是特定功能的水晶。或是依家人的生日客製手鍊，搭配適合的礦石或水晶，為身體補充不足的能量。

媽媽長年為憂鬱症所苦，躁症時情緒起伏很大，因此她的手鍊包含了可以調整情緒的海藍寶水晶。有一次，我將媽媽的手鍊帶回水晶店更換繩索，店家發現那幾顆海藍寶已經有破裂現象，顏色也較混濁，該更換新的水晶，我才明白水晶將它的療癒能量全灌注給媽媽了。

水晶協助我和有緣人相遇

朵琳夫人的著作《天使之藥》上有這段話：「當今會配戴水晶的是亞特蘭提斯人，這是你們之間的暗號，好讓你們認出彼此。」很神奇的，在2019年我開始覓尋新家時遇到這樣的情況。

聽多了房仲心機很深，難纏不好應對的例子，我祈求上天派遣一位個性溫和的房仲來協助我。於是，高雄的信義房屋篩選了台南分公司的同事後，介紹一位個性隨和的女同事筱耘來為我服務。

在筱耘細心篩選下，果然找到一個案子完全符合我的需求。於是，我和她分享一些找房的過程，例如向宇宙下訂單，還有天使的信仰如何幫助我心境轉換，在家人不支持下依然保持正向思考。筱耘不但想辦法在每個環節協助我解決難題，更貼心地陪我走過許多焦慮不安的心路歷程。善良的她非常用心，還到廟宇祈福，希望能協助我順利買下心儀的房子。我們越來越聊得來，話題也不再僅關於購屋。某天，筱耘突然提起她也配戴水晶項鍊，我心頭一顫，明白了我們的相遇果真是上天精心安排的。

關於亞特蘭提斯人「可以透過傳送圖像來彼此溝通」，我自己有親身經驗。在德州求學剛和先生交往時，每到用餐時刻，我就會玩起「心電感應」的遊戲。想到餐點後，就會將想法傳送給開車中的先生。通常幾分鐘後，他就會接到我的訊息，在停紅綠燈時轉頭問我：「要不要吃什麼？」大多時候，他都會準確收到我的意念，我總是很開心他讀到我的想法。那時候，我僅單純的以為是心靈相通或是默契十足。

直至今，我仍然在不知不覺中做這件事，只是並不如以往那麼刻意。先生喜愛美食，但如果沒有特定想吃什麼，通常會依我的意思，去方便好停車的地點。有天放假時，先生忙著聯繫公事，沒問我要吃什麼？我心中想著一家常去的餛飩店，但沒說出口，因為知道先生很不喜歡去那個動線極差的停車場。出乎我意料外，出門後，他直接往那家餛飩店的方向行進，最後也是在那用餐。我才明白，無意間我又使用意念和他溝通了。

多世身為歐洲人，我也察覺到，自己明顯受到西方文化的影響多於東方文化。例如：不喜歡配戴玉手鐲，較喜歡典雅的珍珠。對念佛經完全不感興趣。個性一板一眼，喜歡規律的生活，並不容易放鬆或隨興點，想來是深受德國那一世的影響。記得大學時期上過西方藝術史那堂課後，我很喜愛洛可可風格的繁複裝飾。學習陶瓷彩繪時，不僅喜歡欣賞貴氣鑲金邊的杯盤，也經常在自己的創作上添加金色顏料。學習陶藝時，大家的作品都趨向溫潤樸拙的手感，但我依然喜歡將作品盡可能修飾得高雅精緻，這些特質很明顯地和我曾是貴族身分相關。

在穿著方面，大多以端莊規矩造型為主，我猜是和貴族及修女那二世息息相關。

喜歡白色上衣和長裙，很明顯的可以連結到祭司及修女的白色長袍。風格上，簡單舒適為主，但是偏愛長度至手肘的7分袖，公主袖或蕾絲材質，則應該是受到貴族服飾繁複細節的影響。這些過去世的身分，為今生的我立下一些準則。儘管是炎夏，我的服飾也絕不隨便或是過於休閒，性感更不在我的字典裡。我不穿拖鞋或夾腳拖出門，以我自己的標準來說，那是很不雅觀的。

每一世的生活經驗或喜好，累積為這一世的我們。如果有機會透由靈魂記憶解讀或是催眠回溯，明白過去世的自己經歷些什麼，絕對可以更深入認識現今的自己。

1.3 由靈魂角度理解生命

從胎兒的角度看待流產

來自《靈魂的出生前計畫》這段話，合理解釋了為什麼不宜在懷孕初期就對外宣布喜訊。

在很多狀況裡，懷孕的前三個月，靈魂根本完全沒有進入胎兒中。通常，母親和孩子的靈魂會在懷孕的前三個月裡，在「出生前計畫規畫區」碰面，以敲定最後的一些細節安排和雙方的認同;若是這些在之前的計畫中都已經確定了，這個階段裡就會進行最終的確認。這樣的過程實在太常見了，幾乎已經是標準程序了。

胎兒的靈魂，並不是一直待在子宮內的。他們會進進出出，因此有被父母親呵護的胎內記憶。不在子宮內，黏在媽媽身邊時，會看見周遭發生的事件、環境，甚至記得媽媽的情緒反應或是穿著等等。敏感的媽媽甚至會感覺到，懷孕期間被一股能量跟隨著。

一直到生產過程前，靈魂才會完全進入胎兒體內。此時，靈魂與神經緊密結合，好讓神經系統操控身體，配合媽媽的推擠奮力來到人世間。

《Retrun from Heaven》這本書中提到，一位有30多年經驗的婦產科醫師，嘗試加入靈性療法，建議考慮墮胎的青少女或媽媽，不妨先和寶寶的靈魂溝通，傾聽寶寶的想法後再做最後決定。不論是禱告，請求夢中指示，或是寫下無法留下寶寶的原因都可以。

有些媽媽決定留住寶寶，有些則依然決定中止懷孕，安排手術。醫生

從這些個案中，驚奇地發現了一些巧合性。好幾位媽媽在與寶寶溝通後的隔天，或是在手術前就自然流產了。醫生認為這些寶寶的靈魂理解了媽媽的為難，也接受道歉，自願離去回到天堂。所以媽媽的身心靈無須經歷手術的傷害、疼痛，或是難以撫平的傷心、終生揮之不去的內咎。

寶寶有自由意志決定是否出世

當我們從寶寶的角度去看待他們擁有自由意志，也有決定權時，就能減輕因流產或夭折而失去寶寶的自責、悲傷或罪惡感。假使你曾經失去過孩子，不要忘記，那小胎兒的靈魂選擇你做為他的母親或父親，在受精之前就已經選擇了你。那小靈魂不僅愛你，對於你能夠受孕，對他付出全心全意的愛是充滿歡喜感激的。《Memory of Heaven》書中有許多例子，告訴我們這些年幼靈魂的寬容與貼心，深愛著他所選擇的媽媽。不管是流產或墮胎，他們的靈魂都目睹母親當時的情況，也理解到或許不是最佳時機。

一位4歲小女孩明白她來的時機不恰當。

「媽咪，上一次我在你肚子裡的時候只長到4寸長。但是，你和爸爸還沒準備好要結婚，所以我就先離開了。」這個墮胎的祕密，除了她的爸媽和醫生，沒有人知道。

另一位小女孩說：「媽咪，幾年前我在你肚子裡的時候，你經常背痛，身體不好，所以我回到天上去。一直等到你身體好一點才回來你肚子裡。」

羅娜在《我一直看到天使》中描述她的哥哥對媽媽永恆的愛，帶給我很大的撫慰。

羅娜的哥哥在十周大時夭折。哥哥的靈魂經常回來陪伴媽媽，有時依偎在媽媽懷中，有時和羅娜一起玩耍。哥哥告訴羅娜，他只會待在屋子裡，絕不到外面庭院去。因為，一旦照射到陽光，他與媽媽的珍貴記憶就會消失，那是他不願意的。他想永遠珍藏著從媽媽那裡感受到的母愛。此刻，陪在媽媽身邊是要回饋他對媽媽的愛，幫助她，直到媽媽可以放手。

被墮胎的小孩並不怨恨，他們的靈魂依舊完整無缺

這世間有太多墮胎事件，但我們必須記得，即使一位母親或年輕未婚的女孩選擇必須墮胎，寶寶的小靈魂也早已知道可能會這麼做，而且在知道後，仍然選擇她作為母親，就算這意味他只能受精成形，不會被生下來。小靈魂選擇了她，而且無論如何永遠愛著她，那是一種無條件的愛。

從以下這個例子，我們可以清楚看見胎兒作了一個愛的抉擇。

《靈氣觸療的治癒奇蹟》這本書中描述「靈氣療癒師」和一位尚未出生，但已檢查出頭部發育畸形的女嬰的靈魂對話，可以看出在尚未出生前，靈魂已具成熟的自由意志，並表現出對母親的愛。

療癒師感應到小女嬰的靈魂是非常冷靜的，因為問題只存在於身體層次。

女嬰的靈魂表示：「**我正在做決定，到底是要留下來，還是要回去**」。

療癒師說：「她給我看了一條長廊，長廊兩端有明亮的入口。我明白她要表達的意思：沒有「對」或「錯」，只有選擇。」

小女嬰如此平靜，最後她自己做了「回到光中」的決定，對她的媽媽來說是極大的寬慰。小女嬰的媽媽先決定不堅持生下寶寶，但知道寶寶靈魂的決定後，內心的罪惡感也一掃而空。此刻，媽媽的心情是快樂、平靜、感恩，**希望寶寶會在上方看顧他們，不是看到他們還在傷痛，而是看到她為每個人的生命帶來禮物。**

看過這個故事後，我非常認同《靈魂的出生前計畫》上的這段話。

從肉身有限的觀點來看，我們經常只專注於事件引起的痛苦，但回歸到靈魂之中，就會很高興的發現我們打開了自己的心，也拓展了自己的靈魂。在靈魂的層次上，我們尋求理解，因此我們會想去經歷各式各樣的狀況和感受，藉此培養出同情心和同理心。

朵琳夫人分享了她的通靈經驗：「我時常與在流產或墮胎後，仍和他們的母親在一起的小孩靈魂說話。這些小孩是快樂的而且適應良好，只是

想要與他們的母親在一起，幫助與引導她。如果他們的母親再度懷孕，他們可以有優先權進入新的身體，以一個健康的嬰兒被生出來。另外，被墮胎的小孩並不怨恨，他們的靈魂依舊完整無缺。」

《靈魂的出生前計畫》向我們解釋，為什麼靈魂會願意將自己的能量與一個已經知道會被拿掉的胎兒連結呢？

對某些靈魂來說，經歷短暫的懷孕期有點像是在做櫥窗購物一樣：透過櫥窗來看看另一邊有些什麼，自己可能會挑選哪些東西，對某些靈魂來說就夠了。無論時間多麼短暫，只要單純四處看看，稍微有點概念，知道所謂的連結是什麼感覺就可以了。要記得，祇有人類會做出與時間相關的各種評價。對靈魂來說，並沒有用時間長短來衡量經驗重要與否的價值觀。存在過的就是存在。

用更開闊的覺知來看待這件事，知道其實這只不過是提供了另一個機會給這孩子的靈魂，無論他之後是否還會由同一個母親誕生。我們想要母親們看見，她們並沒有對孩子造成任何傷害;她們並沒有殺死任何靈魂。靈魂會繼續存在，而他準備好的時候，就會將自己的一部分放入肉身之中。他會依照自己想要的經歷和成長，來選擇最適合的父母。和人一樣，靈魂也可以改變心意。所以當靈魂選好一個家庭，然後母親也懷孕了，這時候如果胎兒的肉身無法存活而小產了，或者這個母親選擇拿掉孩子，那麼這個孩子的靈魂可能就會選擇等等看這位母親還會不會再懷孕，或者選擇其他的經歷。

《Memories of Heaven》是世界級心理學大師偉恩・戴爾博士[註] （DR Wayne W. Dyer）的著作。是一本集合許多讀者信件，紀錄家中幼童突然開口談起和上帝天使一同在天堂生活的記憶。在天上挑選現在的父母投胎，或是回憶起前世的故事。以下這些小故事，希望可以更進一步讓大家知道這些因流產或墮胎的小小靈魂們，並不是孤單無依靠的在天堂，它們依然是家族中的一分子。

在這本書中，一位女孩轉述她未出生的姐姐在天堂的經驗。

小女孩出生前，她母親曾有過兩次流產。她在3歲時告訴媽媽，她曾經在天堂和其他兩個姐姐一起玩耍，她很難過她們不能在地球上再次擁有這種快樂時光。小女孩告訴媽媽：「兩個未出生的姐姐在天堂很快樂喔！」

另一個例子是來自著名精神科醫師布萊恩‧衛斯（Brian. Weiss, M.D）工作坊。一位婦女告訴她的搭檔：「我看到一位小男孩，他要我轉告你，他很好、很快樂，別為他傷心。」這位搭檔含淚道謝，明白這個小男孩就是她不得已墮胎拿掉的小生命（她當時直覺寶寶是個小男孩）。

由這麼多例子可以印證，寶寶的靈魂是深愛著他在天堂精挑細選的媽媽，無論如何永遠愛著她，那是一種無條件的愛。這樣純粹又貼心的愛令我深深感動，也在心中植入一份平靜。（建議大家翻到推薦序二，再次看看燕雪老師感應到胎兒靈魂到那一段。）

但願這些觀念能減輕媽媽們的內疚，也絕對沒有必要做超渡嬰靈的儀式，讓神棍藉此斂財。在失去Madeline後，媽媽曾轉述某位師姐的話，我必須抄寫經文幾百遍以消除失去寶寶的業障。我當然是不認同，也沒有照做。我們永遠要記得一點，寶寶們回到天上後，依舊快樂地和上帝天使們生活在一起，這是孩子們親口說出的。

註：偉恩‧戴爾博士（DR Wayne W. Dyer），是美國靈性導師，世界級心理學大師，被稱為「激勵之父」，也是自我啟發領域的作家和演說家。

和未出世寶寶的靈魂溝通

2004年家族旅遊後，發現我再度懷孕了。當時大女兒年僅一歲3個月大，正值活潑好動，忙著到處探索的年紀。一想到子宮容易緊繃的體質，我其實非常擔心如果留下寶寶，我的忙碌作息有可能再次導致寶寶早產，甚至比大女兒更早出生，這不僅很危險也太不公平了。在美獨自撫育幼兒

非常辛苦，完全沒有家人支援，也不曾托育保母。我非常清楚，若是再添一名成員，先生和我是招架不住的。

此時我已明白，在天堂時，每個小寶寶的靈魂都是帶著愛，精挑細選過父母親的。在出生前已擁有自由意志，貼心又具智慧的考量父母親當時的感情狀態、健康、經濟因素等，決定是否真的要投胎到人世間，或是回到天堂等待更好的時機再投胎。不論是否能夠順利被生下來，小寶寶的靈魂絕對能夠理解，因為他們來自天堂，那個充滿著上帝，天使全然純粹的愛的「天家」。如果不能誕生為「地球人」，靈魂不死，還是會回到天上那個充滿愛的「家」。

在《靈魂的出生前計畫》，我讀到我們該和寶寶誠心溝通的觀念。

不論是墮胎或自然流產，都經過胎兒靈魂的同意。有時候，母親這個部分得做一些解釋或者去說服。一旦了解這是最好的決定之後，無論如何，孩子的靈魂都一定會同意。

這個新奇的觀念植入腦海中後，沒想到有一天竟派上用場。

幾經思考，我決定試著和肚子裡的寶寶溝通。某個夜深人靜的晚上，我輕撫著肚子，靜默且真誠地以意念和寶寶溝通，對於現在並不是迎接他來到這個家庭的好時機，深深感到抱歉，希望他能理解並體諒我的為難。

「親愛的寶寶，非常抱歉，姊姊還小，需要我全心照顧。你來的時機點不太恰當，我會忙不過來，無法好好照顧你。」

沒想到隔天清晨我開始出血。腹部越來越痛，強度不同於往常的經痛，讓我十分緊張。察覺血量增多，我馬上衝往浴室。接踵而來的是更劇烈的下腹痛，然後，一個比經期時大一倍的血塊掉出來。那一刻，我直覺地知道我流產了。看著馬桶裡的血塊，一陣淡淡的哀傷向我襲來。情緒無比複雜，然而感激卻多於傷感。無比感謝小生命的靈魂，接受我的溝通及道歉，達成協議回到天上，讓我免除任何多餘的擔憂或是安排手術。

虛弱的喚來先生，我們隨即前往醫院檢查。超音波下的子宮，乾乾淨淨，並無任何寶寶的微小影像。

"I am very sorry! You just lost your baby." 醫生一臉遺憾的證實我剛剛經歷了流産。 "It's ok, really."

孩童天堂記憶

《Memories of Heaven》這本書的動機啟發於作者的同事，基於好奇下，在用餐時刻詢問只會説寥寥字語的2歲幼兒。

「你是從哪兒來的？」小男孩放下手上的叉子，望向天空，高高舉起雙臂指向天空。

「**上帝長什麼樣子呢？**」

「祂是光。」小男孩手指向天空，以天使般的聲音回答。

《Memories of Heaven》是所有靈性藏書中我最喜愛的一本。沒有抽象難懂的辭彙，只有孩童出自內心的純真回答，這些充滿愛的對話一次次融化我的心。

由數千個年幼孩子口說出關於上帝、天堂、天使、靈魂轉世的真相，更讓我相信「天堂」的存在，不僅眼界大開並深感震撼。

閱讀此書之前，我已拜讀過羅娜的《我一直看見天使》，以及美國著名靈媒蘇菲亞・布朗的《天堂之旅》。對羅娜和蘇菲亞因瀕死親眼看見天堂，或是由指導靈轉述的天堂世界已有初步概念。這本書不僅應證了許多靈性書籍提及的上帝、天使的概念，和羅娜看見的天堂相符合，更和約爾牧師的説法一致。例如：上帝是純粹的愛（pure Love）；我們是由自己選擇父母親的；流産或墮胎的靈魂是平靜快樂的，並不會怨恨母親，他們在天堂和其他家族成員在一起，並不是因為未出世就孤單一人。

羅娜告訴我們，嬰幼兒都能看見天使和靈體，他們對天堂的記憶是鮮明且清晰的。但是大約在學説話年紀，就會被告知什麼是真實、什麼是虛假。幼小的孩子因此受到制約，失去觀看和體驗的能力。

選擇父母親

我們在天上和指導靈、天使一起計畫來世後，還會選擇適合我們的父母親。也許是他們從事的職業，個人才智或基因與我們的天賦或將學習的功課相關。或是合宜的家庭教養，可以提供相關資源或相輔相成。

戴爾博士在書中記錄了一段他與小女兒有關選擇父母親的可愛對話。他聰穎的小女兒，經常抱怨父親管教她的方式不恰當。

女兒說：「你管教我的方式是不對的。」

博士回答：「我知道該怎麼做，我已經盡最好的方式教導你。如果，你覺得我不夠資格當你的父親，你應該責怪你自己，因為是你自己挑選我當你的父親的。」戴爾博士冷靜的提醒他的小女兒。

「什麼？是我自己挑選的？那麼我一定是在匆忙中下決定的。」小女孩手插在腰上，氣呼呼的回答。

戴爾博士身為一名靈性導師，他觀察到他的子女在靈性層面上也特別敏銳，甚至有預知能力。有一回，一位年輕女孩到家中作客，小女兒竟指著女孩的肚子語出驚人：「有個死掉的寶寶在肚子裡。」幾天後，他們驚訝得知，女孩檢查出因被強暴而懷孕了，即將進行墮胎手術。

許多年幼未上學的孩子，在日常生活對話中，突然一本正經地，以有限的詞語告訴父母親，如何在天堂選擇他們作為他的雙親，常令無數父母親動容無比，眼眶濕潤。

「媽咪，我在天上就決定要選擇你成為我的母親。」

「在一整排的媽咪裡，我看見了你。我一眼就知道你是我的媽咪……」

「我還記得出生的時候，你抱著我微笑，我好開心！因為我選擇你當我的媽咪。」

「我記得和上帝坐在一起，我選擇了妳當我的媽咪。我是你的禮物。」

「媽咪，你知道我等了多久才等到你嗎？」

「我只有零歲的時候，我和上帝一起站在白雲上。祂要我做出選擇，誰來當我這一世的媽媽。我往下一看，看到了許多的媽咪，她們全朝我伸出手臂，要我選擇她們。然後我看到了妳，妳看起來很孤單又悲傷，找不到妳的小男孩。我打從心底感覺到我愛你，你也會愛我。所以我告訴上帝，我要你當我的媽媽。」這位媽媽當時單身，唯一的兒子因生病離開她了。她向外顯現的情緒，正如她另一個孩子在天上看見的模樣相符合。

孩子也提到在天堂見到未曾於地球上謀面的祖父母們。小男孩認出家庭合照中，他未曾謀面的爺爺：「喔！這是爺爺啊？我認得他。我在天上和他說過話。」

另一位小男孩跟父母親提起，他和祖父常在夜間走過一座橋，和一對夫婦一起釣魚。他必須離開的時間來到時，祖父會給他一把糖果，然後他就啓程走過那座橋回來。某一天，小男孩和媽媽上超市時，小男孩興奮的指著某一品牌的糖果說：「這就是我去釣魚時得到的糖果。」媽媽確認了小男孩夢中見到的是他的爺爺，因為他生前最喜愛的休閒活動就是釣魚，那種糖果也是爺爺的最愛。

他們對媽媽肚子裡的新生命並不陌生，已有熟悉感，因為他們早在天堂和手足相遇過。

「你肚子裡的寶寶是弟弟，不是妹妹。我在天上早就見過弟弟了。」

家中若有早逝的孩子，通常不會被悲傷的父母親提起。然而，排行較後面的孩子，卻認得未曾謀面的年長手足。原因是，他們曾在天堂相見過。經歷過流產或胎死腹中的媽媽，聽到這樣的述說，停止了自責或懊悔的情緒，也獲得永遠的平靜。

「那是我的大姊姊貝斯！在我還沒出生前，我就在天堂見過她了」

「媽咪，沒有從你肚子出生的小姊姊，也在天上和爺爺奶奶在一起喔！我和她們一起在天上玩耍。」

一位媽媽在孩子房間外聽見他們之間的對話。

「你還記得出生之前的事嗎？」

「記得啊！我還記得我選擇爸爸、媽媽、妹妹還有你。我可以在天上看到你們和爺爺奶奶。」

8歲的小詩人朱爾，寫過一首《挑媽媽》的詩：

你問我出生前在做什麼

我答

我在天上挑媽媽

看見你了

覺得你特別好

想做你的兒子

又覺得自己可能沒那個運氣

沒想到第2天一早

我已經在你肚子裡

關於上帝的回憶

在《Memoories of Heaven》這本書中，一位來自紐澤西的小男孩，描述上帝如何把祂的一部分給了我們每一個人。

"God is sparking white and before babies are born, He puts a bright light inside them, which is always there."

上帝全身閃爍著白色光芒。在寶寶出生前，祂會放一道閃亮的藍色光在他們身體裡，那道光將會永遠留在他的身體中。

我很高興小男孩的說詞證實了約爾牧師的講道。

約爾牧師說：「上帝是我們天上的父親。上帝愛我們每一個人，每個人都是祂摯愛的子女，身上流著祂尊貴的皇家血統。我們都是上帝的一部分，我們個性中的神性、智慧，皆來自於上帝那一道閃亮的藍色光芒。那一道光芒，是上帝的一部分，代表著上帝的愛、期盼。每一分每一秒，祂都與我們同在，不曾離開過我們。是那一道光芒，讓我們和宇宙緊密連結著，隨時保持聯繫。」

有些靈性大師會將這道光比喻為神性。所以我們都必須了解，我們身上也有神一般的特質，例如：慈悲、大愛、無私、善良等等。

有一個男孩和媽媽外出時，趴在窗邊，對著車窗外的天空喃喃自語。

「你在和誰說話？」媽媽問小男孩。

「我和上帝說話，我好想念祂。從前，我們可以在一起，但現在只能跟他說話。」

個性較為敏感的孩子，不易適應地球上的生活時，會哭喊著要「回家」。這時意指回到「天堂」，天上那個家。

「我想回家。」

「回家？你現在就在家啊！」

「和上帝在一起就像回到家一樣，你可以盡情的玩，不會有不好的事情發生。」

來自澳洲的一位母親，不知如何向年僅4歲的女兒解釋奶奶的死訊。

「Grandma去哪了？」

「她過世了，到天堂去了。」

「所以她和上帝天使在一起囉?!」

「是啊！」

「那你為什麼還要悲傷呢？」

這經常讓沒有概念的父母親感到茫然不解。父母親不妨把握機會，問問學齡前孩了，見過上帝嗎？天上的家有哪些成員？祖父母？親戚？家中寵物？

天使的回憶

羅娜夫人曾親眼見過天堂裡充滿了天使，以下這些孩子也都有天使的回憶。

一位媽媽唸有關天使的故事給5歲兒子聽。

「你看過天使嗎？」

「當然有啦！我時常看見祂們。祂們經常在半夜裡來看我。」

「到了半夜，有一個天使會來帶我飛越天空，抵達天堂。我看到爺爺在那裡，他住在一棟房子裡，還幫奶奶種了她心愛的黃玫瑰（奶奶還在世）。但是當鐘聲響起時，我們就必須離開了。」

經常和守護天使聊天的小男孩說：「天使告訴我，他們即將要護送寶寶到我們的朋友家中。」幾周後，媽媽得知好幾位朋友剛剛懷孕的好消息。

一位自小懂得脈輪，會和他的指導靈互動的小男孩，向媽媽形容天使的模樣。

「我常常和天使一起玩。祂們有時候是紫色，有時候有更多顏色。當妳準備好迎接我的到來時，天使因為我將離開祂們而傷心的哭了。祂們只在會在寶寶離開時哭泣，但是祂們很高興我選擇了妳。」

接下來這篇小故事，是位美麗的小女孩親口告訴我的。

小女孩的天堂記憶

閱讀《Memories of Heaven》一篇篇令人感動的小故事之後，我苦苦思索誰會是最佳人選，允許我提問關於天堂的記憶而不覺得突兀？

麗華阿姨是媽媽的知心朋友，陪伴媽媽走過躁鬱症許多年。偶然中，得知她曾閱讀奧修的書籍。當她知道我觸及靈修這一塊時，也替我感到高興。我靈機一動，心想她該是最適當人選，不會對我的提問感到奇怪。她有個4歲小孫女，也許我可以問問小女孩，她是否還記得天堂的事？上帝是什麼樣子呢？有如光一般耀眼明亮嗎？是不是在天上時，早已選擇好這一世的父母親？

我央求麗華阿姨幫我問問孫女，她答應我等孫女放學後問問她。很快的，阿姨傳來她也感到欣喜的答覆，我非常開心問對人了。以下是我得到

的答案。

「我很喜歡阿嬤，所以來當她的孫女。」

「以前就認識現在的爸爸媽媽了。」

很幸運的，幾天後，我有機會在媽媽家中親自問小女孩這幾個問題。她是個聰明伶俐又甜美的美麗小女生。初次見面，我們請她表演一小段舞蹈化解陌生，才慢慢切入正題。

「以前就認識現在的爸爸媽媽嗎？在哪裡認識的？」我小心翼翼，以輕柔的語氣提問。

「以前就認識他們了，但是我不記得在哪裡耶！」她笑臉盈盈回答。

「那什麼時候認識的？」她豪不遲疑的說：「大概2歲的時候。」

「那妳在天上有見過上帝嗎？」

「有啊！上帝長得很高喔！」

我永遠記得美麗小女孩閃閃發亮的神情，和燦爛無比的甜美笑容瞬間提升了客廳的能量，並注入一股蓬勃朝氣和喜悅。我非常滿意得到的答案和書中的知識相符合。

有次在心靈課程工作坊上，一位媽媽告訴我，她的小女兒曾提起喜歡和鄰居小男孩玩，而且他們在天上時就認識了呢！如果你身邊有學齡前的幼兒，記得把握機會問問他們這些問題吧！

投胎轉世觀念

《Return from Heaven》是我閱讀的第一本靈性書籍，是由孩童投胎轉世的真實例子匯集而成。這本書對我影響非常深遠，不僅帶我走出喪子的傷痛，也從孩童的角度去認知靈魂輪迴的完整概念。作者卡羅爾鮑曼（Carol Bowman）是2個孩子的母親。在年幼時，2個孩子都曾詳細描述前世的記憶。好奇心驅使下，她開始收集案件以了解其他孩童的轉世，自此被視為

是輪迴研究的先驅。

選擇投胎回到同一個家庭的因素很多，但最主要是基於「愛」的本質和動力。為了有更多的時間和親人相處，了解對方，彌補上一世沒有時間陪伴的遺憾，或是角色對換，感恩對方的付出，或體驗如何被照顧。這也符合另一個觀念，我們會以不同身分輪迴多世，和同一個家庭的家人相聚，藉由不同的角色或身分互換，學習不同的課題。因為唯有親身體驗，因果業力關係才能真正達到平衡，心靈上才會得到療癒。作者和我們分享，她曾向研究輪迴的科學家教授請教，有哪些因素會讓靈魂想要再次投胎呢？她得到了一個很感性的答案：「愛是唯一的動機。」

書中告訴我們幾個重要觀念。

靈魂會在孕期的任何時間改變意願

靈魂決定改變路線的原因有很多：改變性別或出生順序，等待一個更合適的身體以達到靈魂的目的，等到父母的現況改善，也有可能是由於胎兒本身有健康上的缺陷，或者重新調整與另一個人碰面的時間（這個人已經在地球上或尚未出生）。

巧合性是協助我們辨別轉世投胎的徵兆

夭折或生病離世的寶寶，準備好再次投胎時，他的出生日期和死亡日期可能是同一天（這也是辨別我的第一個寶寶再次投胎的因素）。

胎記是前世受創留下的傷疤

細胞是有記憶的，所以會繼續將受損的細胞轉移到下一世的身軀。許多年幼孩童因生病早早離世，當他們決定再續前緣，投胎回到同一個家庭時，生理上的缺陷或是手術留下的疤痕都顯而易見，而且通常是在同一個位置（前世傷口的位置）。

剛出生時，他們的媽媽先依據這些巧合，敏感的聯想、猜測，是否是

同一個孩子回來了。日後親密照顧下，再從孩子的行為個性觀察出是否有更多相似性。

某些孩子還會表達他們的不捨，比如對媽媽說：「我生病了，很捨不得在那時離開你」。但是，一旦說出前世記憶後，某些自小就有，或難以解釋的病痛可能會改善或消失。

一位小男孩腦部動過手術，左眼半盲，小小年紀就離世了。當他再次投胎回到同一個媽媽身邊時，媽媽第一眼就察覺寶寶的生理狀態和離世的孩子一模一樣。頭部疤痕在相同位置，一樣是左眼半盲。直覺告訴她，是同一個孩子回來了。令她欣慰的是，當小男孩長大，也憶起前世的細節時，某天小男孩雀躍的告訴媽媽，半盲的那一眼開始看得見光影和模糊的影像。

這點讓我感到疑惑，於是請教擅長脈輪修復的寶治老師。老師這麼解釋：「這是因為**當他們說出來後，長期積壓的情緒被釋放了，所以也療癒了身體的細胞。**」

在衛斯博士的《前世的因，今生的果》這本書上，我找到更多的解答。研究前世回溯的衛斯博士認為：「**創傷引發的情緒在他們心靈烙下深深的印記，也隨著靈魂投胎。自我是可以治療的，理解就是療法，而愛是最終的療法**」。

前世回溯能產生身心靈的治療，不只能擺脫痛苦情緒、理解恐懼原因，也能讓疾病或生理症狀消失，修復受損生理機能。這是因為當個案理解到問題的核心後，所有的症狀就消失改善了。

年幼的孩子不需透過回溯來記起前世。但他們自己回想起前世時，道理是一樣的。在五歲以前，他們的前世記憶通常還很鮮明清晰。他們最容易在放鬆的遊戲時間，或是乘坐汽車時突然提起前世記憶。

當我們從寶寶的角度，明白他們的靈魂有成熟的自由意志和決定權時，就能減輕因流產或夭折而失去寶寶的傷痛或自責。書中有許多例子，當小朋友提起他以前曾經來過，但後來改變計畫，都明確的表態是「他」

自己改變心意。

這些回到天堂的靈魂，因為想要持續愛的連結，會在適當的時機再次回到人間。通常，他們先試著回到同一個家庭，原來那個媽媽是第一優先權，或是家族中其他女性成員——阿姨、嬸嬸皆有可能，全視這位女性成員是否有懷孕的可能。若沒有適當時機，有時候還會耐心等待到隔代。

隔代投胎

有位小女孩非常抗拒搬家，很擔心住附近的祖父母會以為她離世了。小女孩的爸爸不解她的分離焦慮如此嚴重，但仍耐心安撫小女孩，他們只是搬家，祖父母不會有此念頭。

小女孩這才告訴爸爸，其實她以前曾經選擇「祖父母」當她的父母親，但後來她改變主意，不想在那一世當「男生」而決定離開，回到天國去。

當爸爸疑惑地向家人求證，才驚訝得知他的母親確實曾經懷過男孩，但不幸夭折了。爸爸這才恍然大悟，在觀念上，為什麼小女孩一直搞不清「爸媽」和「祖父母」的差別。因為，在她的胎內記憶中，爺爺奶奶也曾經是她的爸爸媽媽呀！分離焦慮症也得到答案，因為她真的曾經在奶奶的腹中死亡過，不忍心再讓奶奶傷心難過一次。

選擇投胎到其他女性家族成員

有些靈魂會結伴一起投胎，但是，這些靈魂的自由意志若不相同（如同旅伴會有意見不同的時候），也會攸關到寶寶是否誕生。我讀過一則關於一對雙胞胎男孩投胎轉世到親戚家中的故事。這對兄弟曾在8個月大時，因臍帶繞頸死亡。10多年後，他們選擇先後投胎到親戚家中。等到會說話時，弟弟被哥哥逼問出，當年在最後一刻沒有出生，突然決定回到天上，是因為弟弟和哥哥的意願不同，想要選擇不同的父親。

「叔叔」是哥哥會說話後的第一個字。和叔叔嬸嬸見過一次面後，哥

哥就很喜歡他們，相處非常融洽。如果知道要去拜訪叔叔嬸嬸，就會異常興奮。一天到晚要求和他們住一起，彷彿叔叔嬸嬸才是他親愛的家人。哥哥曾向媽媽抱怨：為什麼你不能像嬸嬸這樣煮這道菜？以嬸嬸的方式做哪些事情？為什麼他們不能住在湖岸邊的小木屋？

某一天，兄弟倆和媽媽在房間裡談天。哥哥突然問媽媽：「你記得我和弟弟同時在你肚子裡嗎？」媽媽解釋說：「你和弟弟並沒有同時在我的肚子裡！你先出生，2年後弟弟才出生。」那瞬間，哥哥突然憶起胎內記憶：「喔！我想起來了，我們曾經是嬸嬸肚子裡的雙胞胎。這一次，我本來要再回到嬸嬸肚子裡，可是堂妹已經住進去了，我不能把她踢走，所以我就來到媽媽肚子裡。」然後，哥哥轉頭生氣地向一旁的弟弟咆嘯。

哥哥：「為什麼那時候你要把我拉出來？（指靈魂離開身體）我真的很想被生出來。」

弟弟：「我比較喜歡現在的爸爸，我想要他當爸爸。」

哥哥：「可是我想要叔叔當我的爸爸。」

這番對話讓媽媽目瞪口呆，難過的表示：「難道沒有人是為我而來？」哥哥這才恢復理智，挨近媽媽身邊表示他也愛媽媽。

弟弟雖僅有2歲，但對嬸嬸叔叔也有鮮明記憶。在家中看見叔叔的照片，卻立即稱呼他為「爹地」。嬸嬸生日時，媽媽詢問兄弟倆要在生日卡上寫下什麼祝賀詞。哥哥簡單扼要地說：「我想念你，我想見到你。」弟弟則很直接了當：「我是你的小男孩，我曾經是藍色的，現在我是紅色的。」（意旨他夭折時身體轉為藍色，現在是健康的膚色。）

當媽媽和嬸嬸將這些對話，以及生活中不尋常的現象拼湊一起後，一切終於真相大白。原來，這對兄弟真的曾是嬸嬸腹中的雙胞胎，在臨盆前幾天因臍帶繞頸死亡。就在兄弟夭折的3天前，叔叔嬸嬸才剛搬離湖岸邊的小木屋。

接近預產期時，媽媽邀請嬸嬸到醫院陪伴她。雖然媽媽和嬸嬸並不算親近，但是她也不知當時為何提出這個請求。媽媽：「請你在我生產的時

陪伴我好嗎？我的預產期是某月某日。」嬸嬸驚呼：「天啊！這正是我失去雙胞胎兄弟的那一天！」（夭折的寶寶再次投胎時，他的出生日期和死亡日期可能是同一天。）

嬸嬸恍然大悟，為什麼她也想要在兄弟誕生的時刻到場，因為她必須親眼看見他們誕生，撫平心中的遺憾啊！事實上，她也很疼愛這對兄弟，和他們相處非常融洽。

就在編輯這段時，心中突然浮現一個想法，也不由得起一陣雞皮疙瘩。我意識到一個可能性，既然寶寶有自由意志決定是否出生，那麼，那些因臍帶繞頸死亡的寶寶，是不是有可能是自己去拉扯臍帶繞在脖子上？或是在子宮內用力翻轉造成臍帶繞頸？

祖父母投胎回到同一家庭

《靈魂出生前計畫》告訴我們，往生後，靈魂選擇同一個家庭再次投胎的機會很大。祖父母投胎到同一家庭，成為自己的孫子孫女似乎是最常見的例子。

一位女兒同時照顧年幼的子女和患癌症的媽媽，心力交瘁到極點。離世前，媽媽告訴女兒：「我很快就會回來，我會再次見到你。」當時女兒並不清楚媽媽的意思，以為只是靈魂回來探望她。若干年後，女兒奇蹟式地懷孕了。她和家人一致認為新生兒的長相和逝去的母親非常像，一樣有酒窩，個性行為幾乎一模一樣，她才明白真的是母親投胎轉世了。

曾在電視節目上，聽聞一位靈媒對懷孕的媽媽說：「你的祖父將投胎成為你的兒子。」這位媽媽一直對投胎轉世很有興趣，因此一點都不驚訝，馬上詢問一旁親友是否該幫小孩命名為祖父的名字。

孩子的行為和祖父母外貌、喜好及個性的相似度，是辨別的方式。如果在小小年紀就對某項才藝表現突出，就更容易分辨了。他們甚至知道自己的身分，直接告訴你她曾經是你的媽媽，她照顧過你，所以現在你不可以無禮對待她。

最讓我信服的是他們的記憶力。他們會認得屬於他的東西。如果你不清楚家中某件物品的來龍去脈，可以問問他們，他們很有可能知道答案。

他有可能總是哼著老歌旋律，如果他可以完整唱完一首不屬於他的年紀，但家中長輩很喜歡的老歌，請不要太驚訝（尤其是家人並沒有在家中播放那音樂時）。你可以由此確認是哪個長輩投胎轉世了。（這些旋律早已深深烙印在他的細胞記憶中。）甚至，小孩對前世造訪過的地點，那一世的朋友依然保有印象，輕而易舉的證實正是同一個人。

這些行為在兒童早期最為明顯，直到大約五歲時，對前世的記憶最為強烈。它們通常在5到7歲之間消失，因為當孩子變得較專注在外部世界，接受更多教導或制約後，過去生活的印象通常會逐漸消失。

我很喜歡一位祖母投胎轉世為孫女的真實故事。這位小女孩在家中找到一些化妝品，告訴媽媽其中一支口紅是「她」的，然後很自然地往嘴唇塗。媽媽仔細一瞧，這些正是祖母的遺物。

她認出老朋友的部分令我感動不已。某天，這個小女孩和媽媽正在超市購物，一位老太太靠近她們，稱讚小女孩十分可愛。小女孩坐在購物車上，見到這位老太太時，開心地手足舞蹈，身體往前傾幾乎要撲到老太太身上。小女孩興奮地轉頭告訴媽媽：「媽咪，是我的老朋友來了」。媽媽凝視眼前的老太太，這才認出了她是祖母十多年前的鄰居。

另一回，媽媽帶小女孩到一家茶室下午茶。媽媽曾和她的祖母一同造訪過。沒想到，小女孩一坐下就立刻告訴媽媽：「我很喜歡這裡，我以前來過」。此時，一位年長的女服務生走向她們。小女孩毫不遲疑，語出驚人告訴媽媽：「你看，是海倫要過來幫我們倒茶。」當服務生來到她們桌前時，媽媽看到她的名牌上正是「海倫」沒錯。

我的心理諮商師朋友瀅妃老師（註），在她第二本著作《愛在靈魂最深處-前世今生的心理師》中，詳細描述了她的一雙子女再次投胎的動人故事。身為法國人那一世，她育有一對兄妹，但家中不幸慘遭掠奪殺害，僅有她一人存活下來。為了再續前緣，兄妹倆商量好再次一起投胎，再次選

擇她為母親。巧合性無比明顯，一樣的性別，一樣的出生順序（哥哥先，妹妹在後），一樣的年齡差距。

眼睛的確是靈魂之窗。瀅妃老師的女兒剛出生時，她就從女兒眼神察覺一份熟悉感，隨即認出是法國那一世的女兒再次投胎。兄妹倆不僅是來和她再續母子情緣，也是來幫助她療癒法國那一世的傷痛。有了熟悉的他們陪伴，有默契地的互動，讓她在今生減少了孤單感。有趣的是，兄妹倆在年幼時期已清楚顯現曾身為歐洲人的特質。4歲時，哥哥曾問媽媽她是法國人嗎？在學校看法國電影時，覺得法語很悅耳。妹妹畫娃娃時，特別喜歡幫娃娃穿搭法式服裝和飾品。

你曾聽過孩子隨意提起他以前曾經住在哪裡？發生過什麼事嗎？當時他是男孩或女孩？試著引導他再次回憶看看，也許你會得到驚人的答案。

註：陳瀅妃老師（katherine Chen, P.D.）
　　家慈診所、耕心療癒診所、旭立基金會的諮商心理師與婚姻家庭治療師。
　　著作：《遇見紐約色彩的心理治療督導》，《愛在靈魂最深處前世今生的心理師》
　　專長：後現治代治療、婚姻與家庭治療、家族排列、外遇、精神分裂、催眠（前世回溯）、身心靈整合、身心症、創傷、憂鬱、躁鬱、恐慌、強迫、演講、工作坊

第一個寶寶投胎轉世

2005年，我們得知綠卡申請過程中，某個關卡名額不足，無法申請成功。我和先生陷入深思，下一步該怎麼辦？捨不得每星期電話中媽媽的落寞，更心疼她是醫院的常客，常因蜂窩性組織炎住院，而我沒在身邊照顧她，只能在電話中帶著內疚，不切實際的問候。爸爸的思念內斂說不出口。某年回台度假時，我不經意在門外聽見，爸爸一遍遍播放我和哥哥在答錄機裡的留言。

旅居美國14年的遊子是該返鄉了。幾經商量，我們的計畫是再幫大女兒添個手足，等我做完月子後，就跨洋搬家回台定居。

決定舉家回台後，我非常放不下Madeline。一想到她一人孤零零地留在美國，心就好揪結不捨（那時還沒有靈魂和天堂的觀念），先生也擔心她的骨灰該怎麼辦？

聖誕節後，我們一家人在南灣聖荷西的百貨公司逛街，先生突然有預感似乎會巧遇什麼人？就在路經天橋時，先生往下一看，很湊巧瞧見了以前同公司的女同事。很明顯的，她有孕在身。於是，先生email她詢問寶寶的性別？預產期是何時？準備取什麼名字？

萬萬沒想到，女同事的回覆讓他大為震驚。先生難以啟齒的告訴我：「我不知道你會怎麼想？同事說她懷的是女寶寶，預產期是在明年3月7號，已經想好要命名為「Maddie」。我感覺是Madeline即將要投胎了。」（Maddie是Madeline的暱稱）

彷彿被雷劈到，我驚訝到說不出話來。當時，我已閱讀過《Return from Heaven》這本書，對投胎轉世有些概念，也知道巧合性即是徵兆。我和先生皆對這樣的巧合性，和微乎其微的機率深感震撼。不管是預產期，或是名字都和我失去的Madeline一模一樣。

2001年3月6日下午，我察覺到沒有胎動。雖然，Madeline的身體在3月8出世，但她的靈魂應該早已在3月6日離開了。日後，我在《發現亞特蘭提斯》這本書中讀到，**正要降臨的靈魂會選擇自己的名字，接著再以心電感應的方式傳達給父母**。或許真是如此，才會有這樣的巧合。這2個巧合，清楚代表著Madeline將準備投胎到女同事家中。

2006春天，我們輾轉得知Maddie在3月6日平安誕生。對我們而言，這是意義非凡和喜悅無比的。當年的Madeline選擇在5年後，她離世的同一天，再次投胎重生。換言之，她的忌日也是再生之日。

我相信Madeline的靈魂，還是偶爾回到我身邊陪伴我、關心我，因此才會知道回台定居的計畫，也明白我們心心念念，捨不得她孤單一人留在美

國。曾多次希望Madeline會再次回到我身邊。然而,她知道我們不能繼續留在美國,如果她想受美國教育,就必須選擇另一個母親。

具我分析,她刻意選擇了我們認識的朋友。如此一來,我們就有可能得知朋友懷孕的消息,也有機會去探視她。從天上,她看見了已結婚,尚未生育的女同事,是個愛孩子的好女孩,正是當她新媽媽的最佳人選。接下來,透過巧遇,她暗示也通知我們,她已選擇了一個好家庭準備投胎。她的新爸媽是華僑,是我們都認識的同事和朋友,雙方皆信仰上帝,具有善良個性和良好品格,家境及學歷也都不錯。

2006年五月底,婆婆再次飛越太平洋,一起迎接Katie的誕生。等我做完月子後,婆婆先帶大女兒回台灣,好讓我們慢慢整理物品,將家當托海運後再帶Katie回台灣。

仔細想想,這一切必定如《Memory of haeaven》書中所描述,小寶寶在投胎前和上帝一起商量過,依循著神聖的秩序安排好,才能讓所有事件在完美時間點發生。從得知我們的回台計畫,到讓我們巧遇Maddie的新媽媽,看得出她已有身孕。歷經9個月懷胎,Maddie誕生時,正好婆婆已抵達美國也能見到她(當初婆婆抱著Madeline,叮嚀她要找個好人家投胎)。不僅如此,還讓我們有時間見她一面say goodbye,見到她以健康的模樣重生,我們就可以不帶著遺憾,放心回台展開新生活。這一切的精準安排、細節、完美時機點,全都完美無瑕。我非常感恩Madeline的靈魂如此貼心,彷彿是回饋我們對她的愛。

要到朋友家見Maddie前,我其實心情無比複雜。一來欣喜Madeline重生了,但也難免情緒糾結,為什麼她不來當我的小孩,而是選擇那位女同事當媽媽,難道是我不夠好嗎?我在心中練習了千百回想對Maddie說的話,當然也準備了見面禮要送給她。

3個多月大,胖嘟嘟的Maddie,穿著紅格子吊帶裙十分可愛,看起來很健康,外貌和我的Madeline完全不一樣。當我抱著Maddie時,她衝著我燦爛一笑。那瞬間,我感覺到心都融化了。當年沒敢抱Madeline的遺憾,終於在

那一刻被療癒了。我完全忘記想跟她說什麼，只記得在心中簡短跟她說：要乖乖長大喔！

回台之前發生了另一件事，讓我更加確信Maddie就是Madeline無誤。

Maddie的媽媽織了一條小圍巾送給Katie，當作是回禮。這個徵兆實在太明顯了。我曾編織了一件毯子給Madeline當見面禮，而今，Madeline以這種方式告訴我，是「她」回來了。

2019年母親節前夕，我在臉書上查看Maddie的近況，看見她父親的貼文中，貼出她小時候和現在的照片。Maddie的模樣聰慧，有溫和大方的笑容。貼文中寫到，雖然她已是個大女孩，是雙胞胎弟妹的大姊姊，但依然是他心目中最寶貝的小公主。我打從心底地感到欣慰和放心，Madeline的確做了個很棒的選擇，挑選了一個充滿愛的家庭，受到周全的照顧。雖然，我們的緣分如此短暫，從不曾真正養育她，但失去她又親眼見到她重生，這期間的心路歷程和心靈成長，卻是她送給我最珍貴的禮物啊！

靈魂記憶解讀

燕雪老師的「靈魂記憶解讀」，讓我深深震撼於靈魂轉世的執著和深情不渝。愛的力量讓我動容不已，也印証書上所讀的理論，家人會在不同世扮演不同的身分，協助我們學習計畫好的課題。

先生和我同姓，我從別的通靈老師那早已知道，他曾是我的兄長和爸爸。身為我的兄長時，他犧牲於戰場上。當我的爸爸時，留不住年幼時體弱多病的我。但從燕雪老師那得知，我們在其他世還有不同的關係時，我很驚訝，但似乎解釋了許多事。原來還有一世，我們曾是英國皇家貴族，先生是嚴厲但關愛我的禮儀老師，婆婆是我的伯爵媽媽，我是她的小兒子。當我生病高燒不退時，先生曾跪求上帝，願意為我折壽只要我好起來。

事實上，這是有可能的。婆婆家中的裝潢是歐式風格。失智前，她的裝扮總是貴氣十足，連拍藝術照時也選擇歐式服裝，雍容儀態渾然天成（喜好是不會改變的）。我也曾猜想過，一定在哪一世，婆婆曾經是我的媽媽，才能夠如此無私的疼愛我。我在美國生產3次，都是由婆婆帶著滿箱營養補品到美國幫我坐月子。在家中，她從不曾要求我做打掃工作，也不會給我分擔家計或添個兒子的壓力，只要把家庭照顧好就好。

　　而這一世，我和先生選擇以伴侶配偶的身分一起轉世，是為了跳脫多世身為他的晚輩的緣分，學習以「平等」的身分相處。身為生活經歷單純的家庭主婦，在先生面前，遇到不曾處理過的事情，我總是容易緊張或是較不周全。害羞內向的我一向不擅長言語表達，在原生家庭中是年紀最小的，說話的分量微乎其微。

　　這些年來我終於慢慢建立起自信，也明白有話沒說出口時，「喉輪」會阻塞，因此我不再害怕將心中的話或想法表達出來。努力學習突破自我，不甘於職業欄上只能填上家管。期許自己能找到其他身分，也許是藝術家或作家。唯有提升自己的價值，不是整天忙於家務事的黃臉婆，才有自信平起平坐。

　　許多世以來，先生一直扮演著照顧我的角色。然而過去世的我，似乎總是柔弱不長命，不僅令他牽掛，也多次眼睜睜地帶著不捨與心碎見我離去。因此，他苦苦追著我，多次的一起轉世再續未完的前緣。在老師的引導下，回溯到久遠的「亞特蘭提斯」那個時代。儘管閉上眼睛，卻仍強烈感受到我們必須分開時他的傷心眼神，我禁不住淚雨如下。

　　初識於出國留學前，敏感的知道先生對我有好感。日後在德州相戀時，他才說出對我是一見鍾情。當我向燕雪老師提起，曾經在靈媒蘇菲亞的書上讀到：「一見鍾情，即是互相認出熟悉的彼此。」燕雪老師立即微笑著認同：「是的，他認出你來了。」

　　眼睛的確是靈魂之窗，透過眼神可以我們可以認出其他世的親人。那份熟悉感，將是靈魂做出決定，是否與他們再續前緣的因素。

註：高燕雪老師

1. 在西元2000年接受許添盛醫師親自帶領新時代賽斯讀書會薰陶，開始心靈探索與成長之旅。
2. 西元2004成立「回家」心靈療癒工作室進行「生命故事心靈療癒」。
3. 西元2017開始在台南「光之源地」進行「生命故事心靈療癒」、「天使靜心工作坊」、「家族靈魂系統排列」、「光之靈氣工作坊」至今。
4. 目前是「光之心靈花園」工作室負責人。

女兒與我們的緣分

深覺遺憾的是，我的2個女兒都已是10多歲的青少女，早已無法從她們口中問出她們為何要投胎到我們家。

衛斯博士（註）告訴我們：「**今生的喜好和興趣通常是源自於前世，而天賦能力則是在之前的輪迴淬鍊而成，然後在今生重現。我們是自己經驗的總和，隨著自己的直覺智慧而漸趨完美。**」

某些才華是許多世的經驗累積而來，有些則靠今生的學習或遺傳自父母。唯有仔細觀察，才能分辨出哪些是來自她自己的能力，哪些特質是遺傳到父母的基因。

觀察過兩個女兒，的確也是如此。Katie外型亮眼，個性活潑外向，喜歡畫畫和舞蹈，同我一樣喜歡美術及手作。我猜測，也許是因為美感藝術方面的特質而選擇我當她的母親。我很確定她的美感是天生的，由其它世累積而來。自小她就自己搭配服飾，逛街時，她看上的衣服鞋子，永遠比我們幫她挑選的漂亮，還要適合她。

創作上，當我陷入難以抉擇時，她可以提供建議幫助我做決定，我很佩服她還未上過藝術學校就有絕佳美感。繪畫上，可以說是遺傳到先生的繪畫天分，也會鍥而不捨的練習畫同一個元素，直到她覺得完美為止。

結合多位靈性老師的說法，我只知道大女兒和我有好多世的緣分了。

大部分時候她都是我的晚輩，曾經是調皮的小男孩，但也曾是我的男朋友。聽說有一世是愛吃的姑娘，胖到嫁不出去，常對身為她娒姆的我發脾氣，但我還是很疼愛她。

愛吃或是重視美食這一點，非常明顯的延續到這一世！

大女兒喜愛烹飪，喜歡西式的創意搭配。有一回看過冰箱裡的蔬果後，搖搖頭說：「這些材料太普通，激發不出我的創意。」她的嗅覺靈敏，常常放學一進門就猜出廚房飄出的味道。她不怕拿大刀，還曾經秀一手刀工，將豆腐切得十分細緻，讓我更加相信這一定是累世得來的經驗。當然我也暗自高興，以後我可以慢慢退出廚房了。

最有趣的是，任何事她都可以和食物產生聯想。黃色小鴨瘋迷全台那一年，我們在愛河欣賞無敵可愛的黃色小鴨後，她突然冒出一句：「我們去吃烤鴨好不好？」

我是全家膚色最黑的。夏天時，我東奔西跑曬得黑黝黝的，她竟然笑我：「媽咪，你好像烏骨雞喔！」真是讓我哭笑不得！另一回，連住址也可以改成食材。廣州一街163號，被她改成「廣東粥」一碗，163根麵條。

最近大女兒吵著想養貓咪。某天晚餐前，我請她幫忙磨點薑泥，她竟然將這兩件事結合一起，興高采烈的說：「媽咪，如果我們養隻橘黃色的貓，我們可以叫牠「薑泥」，英文名字就是Johnny」。哈哈哈！真有創意啊！

大女兒小學時期的興趣才華都不甚明顯。國中3年的轉變很大，當了多次幹部，訓練出溝通的能力，也會主動爭取為班上拍照的機會。上商職後參加了攝影社團。周末上過幾堂課後開始拍微電影，她的熱衷程度一反常態，連假也犧牲睡眠，早出晚歸四處取景。一開始，她先當女主角。鏡頭下，我不只看見她的青春無敵，還有一分我不曾見過的美麗。接下來，她進階當起導演，負責策畫和聯絡事宜。有一回我開車接送她，恰巧聽見她和同學在電話上討論細節，我很讚嘆她成熟得體的處理方式。很明顯的，她的才華顯現出來了，應該也是累世經驗得來的。

先生自年輕時就玩相機，攝影功力滿強，在舊金山藝術大學時主修3D動畫。大女兒攝影及拍片的美感也許有遺傳自先生，但才華決不是只靠遺傳得來的。先生不曾教過她攝影技巧，這也不是上幾堂課就學得來的。

　　父女倆有許多相同興趣，對美食一樣講究，味蕾也一樣敏銳，經常挑剔我煮的食物少了一味。總感覺父女倆一定在某世當過廚師，或曾一起共事過。因此，大女兒選擇我們當她的父母親，明白天賦上的發展會得到支持，也可以得到我們的實質資源。她總是來問我美感上的意見，電腦和攝影方面就去問爸爸。

　　基因遺傳上，最明顯的應該是母女三人對顏色的喜好很相似。Katie幼稚園時，曾上台北試鏡護唇膏模特兒。前一晚，母女倆試了好幾套衣服，結果意外搭出母女裝，都是白色毛衣和黑色裙子。2019年暑假到韓國旅遊時，姊妹倆有天也不小心，但很有默契的穿出姊妹裝。我很欣慰她們喜歡的顏色和我一樣，是簡單有質感的茶褐色系和白色。外出前，我們3個女生的服裝難免三心二意的換來換去，最後常常穿成一樣顏色。此時，姊妹倆就會笑著跟對方說：「你又學我！」

　　在此，我想提醒家長們多多傾聽孩子的心聲，在選科系上多尊重他們的興趣和才華，適時的引導他們靜下心來，傾聽自己內心的想法。從輪迴的角度來看，你永遠不清楚他在哪方面有累世經驗，或是專業度達到哪個程度，所以我們都應該傾聽他們的心聲，觀察他的能力。

　　當我們明白每個人都有「靈魂生前計畫」，計畫了此生的學習課題，上帝也依造每個孩子的個性特質，賦予適合他的生命任務，我們就該站在引導、支持、協助的立場去幫助孩子活出自己，活得快樂，尋找存在的意義，也和別人分享他的天賦。

　　在教養上，在這現代科領先的環境下，我們總覺得孩子懂很多，代溝越來越深也特別難教。但是，我們永遠不能忘記他也是個「老靈魂」。信義老師提醒我們，從孩子某些超越年齡的表現來看，必須覺知到他也有可能是家中長輩，或是祖先再次投胎。當我們有這個概念，就不會以他現有

的年齡去看待他的心智成熟度，也該敞開心胸適時傾聽他的智慧和累世經驗，不再以狹隘的眼光去教育他。

註：布萊恩‧衛斯（Brian.Weiss, M.D.）

備受尊敬的美國耶魯大學精神科醫師，出版許多關於前世今生、生命輪迴的暢銷著作。在全世界進行專業訓練，也經常帶領回溯工作坊，協助病患擺脫生活上的焦慮難題。

認識上帝天使的Timing

2
___
回台定居

2.1 回台後的獨立新生活

　　2006年回台定居後的新生活對我是一項大挑戰。22歲赴美求學時是學生身分，如今是2個稚齡女兒的媽媽身分。除了學習當2個孩子的媽，我還必須重新適應台灣混亂的交通、濕熱氣候、生活方式，對我來說是個巨大的轉變，也是雙重挑戰。清晨在陽台晾衣時，總是掙扎萬分。睡眼惺忪的我，好想依美式生活，全扔進烘衣機烘乾搞定，趕快回去補眠。然而，台灣的大豔陽，又讓我不敢浪費天然資源。

　　暫住婆家時，先生已開始通勤到高雄上班。能幹的婆婆一手打理好許多事，協助照顧僅3個月大的Katie，送姐姐上幼稚園。交通上則有公公和大伯接送，我依然被照顧得好好的。

　　在2007年，隨先生帶著4歲半的姐姐，1歲半的妹妹Katie搬遷到人生地不熟的高雄。沒有任何親友協助，一切都得靠自己來，我彷彿掉入深淵。搬到高雄第3天，先生隨即投入百貨公司周年慶的活動，早出晚歸，半夜才回到家。周末時，還得上班辦活動更是家常便飯。寒暑假是最忙碌的時段，歲末時籌備跨年晚會，跨年當天都要忙到半夜3點才回家。

　　新家在四樓，陽光不足，白天只有非常少量的陽光造訪屋內。更糟的是，鄰居們接二連三的裝潢房屋，噪音此起彼落讓人煩躁無比。過勞、睡眠不足、壓力過大的我，終於被「憂鬱症」盯上。雪上加霜的是，連「周末恐慌症」都要來湊一腳。

　　在這些生活壓力下，我慢慢變成一個自卑，愛抱怨，老是罵小孩，無暇裝扮自己的黃臉婆，而先生是俊俏又才華洋溢的。百貨公司裡，幾乎

全是女同事。光鮮亮麗的櫃姐，嗲聲嗲氣的女公關，尋求技術協助的女同事，穿著養眼清涼的show girl，一個個全都成了我的假想敵，讓我備感壓力。我的應對方式是，每到周末就帶孩子到百貨公司探班，這樣一來不但有親子時間，有休閒娛樂，也讓大家看見我的存在，不讓大家誤以為先生是單身貴族。

金牛座的大女兒，固執又動作慢，在生活上經常造成我不少困擾。礙於Katie的作息，我無處可去，只能整天周旋在照顧孩子中。喝過洋墨水的優越感，隨著時光流逝與日常的壓力，一點一滴消失無蹤，我真的看不見未來的希望在哪裡。

在那些無助的時刻，我非常感恩婆家持續伸出援手，讓我感覺親情的溫暖和有些喘息的機會。當時大女兒上幼稚園，有一陣子，公公或大伯會在周五下課時，接我們回台南過周末，或是來高雄帶我們出去用餐，讓小朋友出去走一走。遇上連假或大節日時，先生還得上班，我一定是帶孩子們回婆家尋求援手。Katie是阿嬤一手帶大的，喜歡阿嬤家更甚於高雄家，每次要回高雄就開始哭得歇斯底里。有一回堅持不上火車，大伯只好連拐帶騙的帶她去廟裡擲杯，讓神明告訴她該和我一起回高雄。

沒有女兒的公婆視己如初，為了協助我從憂鬱症走出來，多次帶我尋覓良醫，或是改運的方法。一次次的，皆得到雷同的答案，我必須找到感興趣的事，讓育兒生活中有點期待，而不只是全心全意照顧家庭到失去自我。

直到我開始認識一些媽媽，女兒們的才藝老師後，才漸漸打開在高雄的生活圈。

大女兒的幼稚園同學就住隔壁大樓，他的媽媽友善熱情，常在周末邀請我們到她家。不僅小朋友有伴一起玩，我也有伴聊聊紓壓。喜愛烘焙的她，常讓我們帶可口的點心回家。日後，她還在我心中種下希望的種子，邀請我參加教會活動，認識掌管宇宙的上帝。

整日在柴米油鹽中打轉的我，只能配合孩子上學、先生輪班的時間。

孩子上學後，隨著在學校的時間增長，我的心境一天天轉換著。一開始似乎有焦慮症，光線不足的家中讓我坐立難安。我忙著享受自由，擴大交友圈和探索高雄。在周五，忙碌周末來臨前，我學會先善待自己，到百貨公司和書店逛逛，享受屬於自己的時間。

逛書店的日子，開始接觸到露易絲的正面肯定句。閱讀英國天使夫人羅娜的書籍後，我開始學著依靠守護天使和大天使，知道祂們無條件愛著我，能夠默默協助我，提升我的能量，在各方面指引我。天使轉化我的心思，讓我明白我其實已擁有許多恩典和豐盛。孩子們是聰穎的，雖然有點固執難帶，但問題不大，我只是放大了她們的缺點。

某天，公園裡一對中年婦女的對話，道出我心底深處的無奈：「家庭主婦每天的生活一成不變，都做一樣的事。」這正是我的心聲啊！我思索能做什麼事？急著做些改變，但又不知如何開始，從何處下手。朋友們建議我去教小朋友英文，但我知道「會說」和「教學」是2碼子事啊！我很明白自己內向的個性，是無法招架一群活潑的孩子的。

一天天過了，我在書中尋得許多智慧，逐漸把心思調整到自己身上，照顧好自己的需求。習慣在睡前閱讀天使書籍，沉澱日間的疲憊，放鬆了緊繃的情緒和挫折，獲得平靜。天使夫人一則則生活小故事，溫暖的天使之愛和奇妙神蹟，補充不少正能量也逐漸讓我看見希望。日後我才知道，透過這些書籍，天使已開始動工慢慢轉化我的思想，療癒憂鬱心情。

直到日後，我才從《量子天使療法》這本書中明白，天使的確會療癒我們的身心靈。

透過天使能量的高頻率誘導作用，堵塞的能量被轉化，生理、心理情緒、心智及靈性的療癒得以發生。思想與情緒之間的衝突被化解，你會更有力量，內在更平衡。你也會對自己和他人培養出更多的慈悲同理心和愛。

2.2 上帝與天使愛的教導

約爾牧師講道

雖不是基督徒，但我喜歡閱讀約爾牧師（Joel Osteen）的著作。周日11點，在Good TV Channel收看約爾牧師的講道，是我為心靈充電的時刻。

年輕帥氣的約爾牧師總是滿臉笑容，平易近人又非常感性。他的父親是牧師，他自己隱身幕後為父親做節目後製剪接17年，直到父親蒙主召喚，他才接下父親的棒子。約爾牧師的講道及比喻一向生活化，輕易理解，可以直接應用於生活上。他總是提醒我們要用心體會上帝的慈愛，察覺祂的良善恩典，經常講著講著就眼眶泛紅，聲音哽咽。

日積月累下來，我慢慢地對上帝有進一步的認識，是這些正能量讓我有正向的觀念和態度去面對未來人生。明白了沒有任何逆境是永遠的，不論是健康、事業、人脈、夢想，上帝都為我們預備了療癒、恩典、豐盛，比我們想像的、需要的都還要豐盛。因此當困境和挑戰來臨，我試著從中學習，勇敢面對，交託擔憂，倚靠上帝，知道這些全是為了磨練我而發生的。

約爾牧師向我們強調，上帝是我們天上的父親，一視同仁愛著每一個人，因為每個人都是祂摯愛的子女，身上流著天國皇族尊貴的血統，因為祂將自己的一部分放在我們靈魂裡。祂親手創造每一個人，依據個性特質，賜予每個人獨特的天賦，在我們靈魂的裡植入夢想。我們有正確的膚色、合宜的外貌特徵來搭配我們的天賦才能，因此我們要接納自己，知道

自己是上帝的傑作。

　　和陶藝老師提起過，我自己曾經多世身為歐洲人，老師好奇地問我：「那為什麼這一世要來當亞洲人呢？」思索過這個問題後，我心裡似乎已有答案。

　　在西方國家，大家已普遍接受天使的存在，但亞洲人一向較親近諸佛菩薩，對天使的印象僅是可愛的邱比特小天使，或是畫像雕像上等虛幻形象。因此這一世，我投胎為亞洲人，是為了向大家傳遞守護天使和大天使真實存在的觀念，希望大家能相信天使，傾聽天使，理解祂們會聽見我們的呼喚，降臨人間，展現神蹟並協助我們的日常生活順暢進行。

　　上帝希望我們傾聽靈魂的聲音，認識自己，善用時間專注精進的發揮才華，棄而不懈的追求奮鬥，讓自己脫穎而出，出類拔萃。對自己有信心是必要的，因為我們是裝備齊全的，上帝已給我們成就天賦的最佳條件。

　　約爾牧師比喻，上帝植入我們生命中的才華、能力，猶如懷孕初期的女子，雖然身形外觀看不出已懷孕，但寶寶真實地在子宮裡逐漸長大。我們的才華存在於我們體內，雖然我們見不到，但「它」的確存在，總有天會被激發出來。太多的例子驗證了逆境的力量常會將潛能發揮到極致。

　　我們不必事事完美才能做大事，因為上帝會持續在我們身上動工，改變我們，拉拔我們到更高的層次。別擔心我們沒有人脈，缺乏資源。因為，祂早已安排好貴人，有分量的關鍵人物在適當時機出現，扶持、善待、拉拔我們，助我們一臂之力。只要有一個貴人恩待，就能因為他們的支持、祝福、機會而產生力量，甚至改變人生軌跡。

　　追尋夢想途中遇上阻礙，我們不能被失敗打倒，被閒雜人等的聲音左右意志力。我們必須認識自己的價值，別人的懷疑批判都無關緊要，因為上帝說我們做得到，我們就做得到。

　　當阻礙困境出現時，不必掙扎，憂心忡忡地試圖靠自己解決每個問題。放下擔憂，讓全能的上帝接手。上帝掌管一切，祂預知我們生命中即將發生的事。祂早有解決之道，事情會有所轉機，神蹟將會出現，上帝會

為你成就大事。不要忘記一點，上帝是我們的天父，祂愛我們，希望我們嶄露頭角，如同所有父親都盼望孩子能讓他引以為榮的觀念。唯有誠心禱告，適時隔絕外界連結，靜心聆聽，才能聽見上帝的智慧解答和天使的指引。

萬事皆照著神聖的秩序和時間點進行

約爾牧師提醒我們，上帝掌權，創造宇宙萬物，萬事皆照著神聖的秩序和時間點進行著。天使們會陪伴我們走上旅程，在每個階段提供指引協助。各司其職的天使們在幕後奔走，在對的人們耳邊低聲細語，請他們為我們伸出援手，成就美事。

當事情不在我們所期待的時機發生時，不要灰心失望，繼續對上帝保持信任。絕不要讓沮喪、負面情緒及擔憂奪走意志力，或半途而廢。有時候，這是為了保護我們，不讓外來的干擾影響我們，讓我們專注於生命任務上。如果我們強迫事情馬上發生，看見成效，它將不會如你等待正確的時間點才發生那麼有效。你的貴人也許還未抵達正確的位置上，展現影響力或做出決定來協助你。

以自律的生活態度朝夢想前進，照顧好自己的身體是必要的，如此一來才能跟得上帝的帶領，打一場持久戰。學會為自己的努力喝采，為過程中發生的美好事感謝上帝，你就能擁有更多力量與動力繼續往前走。時機一旦成熟，我們的努力開花結果了，上帝必讓我們展露頭角，發光發熱，如鑽石般閃閃發光。上帝的愛是無條件的、無限制的，屬於你的福分和豐盛，是誰也無法奪去的，也遠遠大過我們能想像的。但是，不要滿足於次好或平庸，平凡。勇於作夢，不甘於平凡。

約爾牧師也強調排除負面情緒的重要性。我們總是照單接收各類資訊，世界上的負面新聞，上司、親朋好友的負面情緒。這些負面能量讓我們失衡，我們必須清理這些負擔，淨化身心靈，才有空間盛裝、領受上天賜予我們的祝福和恩典，以新的觀點向前邁進。

是這些觀念協助我站穩腳步，時時提醒自己要信任上帝天使的指引。我的負面情緒越來越少，也懂得將煩惱交託給上帝，不再緊抓著我無法改變的事，明白有些事屬於每個人的業力或生命藍圖，我再苦口婆心也改變不了。除了照顧好自己，也重拾創作的樂趣，陪伴女兒們成長也畫下她們的日常點滴和童言童語。

這些年來，一次又一次的，上帝的愛和完美的安排令我刻骨銘心且滿懷感恩，這些實例都會在書中提到。一步一腳印的，我認真創造自己的未來，不管是寫作分享知識或是陶藝學習，都得到天使的實際指引，得以突破瓶頸依序順利進行。

約爾牧師的講道傳遞著上帝的崇高智慧與美好恩典。即使不讀聖經，不上教會，你也能認識賜予我們生命的上帝，感受到上帝滿溢的愛。

下一篇故事，是關於上帝賜予我的恩典。

五福學區寄戶口

上帝的無限智慧，會以我們無法預料或計劃的方式，帶來巧妙的解決方案和答案。在困境中，不要放棄對上帝的信任、希望，這段期間是祂對你的測試。當你堅持信念，祂會看見你的忠誠，也在最適當的時刻指派人選為你伸出援手。

2015年，上帝以神奇的方式幫了我一個大忙，解決了大女兒上學區外的國中，但無處寄戶口的煩惱。這是第一次我深深體會到，真的只須將擔憂交託給上帝，但不設限願望將以何種方式實現。

先生與我都是台南人，在高雄並無任何親戚可以寄戶口。厚著臉皮詢問過所有認識的朋友，然後範圍再擴大一點，觸及到某某人的某某人，甚至是完全不認識的陌生人。無計可施之下，我們還去找了學區內的里長。

幾天後，與管理室的祕書閒聊時，我再度向她傾訴我的大煩惱。熱

心的祕書答應我，她再想想可詢問哪個住戶能否幫忙。但同時告知，大家應該都會有顧慮的，她不敢保證是否幫得上忙。幸好沒多久，她捎來好消息，有位住戶想先與我在管理室碰面了解一下情況。

當我依約前往管理室，在沙發上等待我的，是位和藹可親的中年媽媽。

「我的親戚住在五福國中的學區裡，只要我開口，說妳是我的朋友，她一定會答應讓你寄戶口的。」她自信滿滿的告訴我。

「謝謝您的好心！」

「沒什麼啦！這只是舉手之勞。」她的回答讓我打從心底感激。一位素昧平生，初次見面的陌生人，竟然願意幫我這個大忙，那瞬間我感動到眼眶泛紅。

那個周末，我們約好由她開車，一同去她親戚家簽無償租賃合約。一路上她親切談笑寒暄，內向的我能談笑自若，不覺彆扭不安。回程時，得知Katie的畫畫課即將下課，還問我要不要順路去接Katie。我衷心感謝上天為我安排一位善良熱心的貴人。

隨著暑假一天天接近尾聲，我的禱告詞做了些改變。除了祈求大女兒能分配到好老師的班上，並有優質的同學一同學習，好讓同儕的力量去督促她做正向改變，用心學習。

上帝沒讓我失望，再次應許我的禱告。大女兒的班導親切又有耐心，班上有多位資優生，第一學期時就表現優異，多次爭取到榮譽班的殊榮。（五福國中一個年級的班級多達27班，爭取到榮譽班是不容易的。）這三年來，大女兒有許多正向的改變和成長，令我相當欣慰。

我深信上帝自有祂最好的安排。這位鄰居貴人，在我需要摩托車位時，也恰巧有空的車位讓我承租。不知道，在未來，這位貴人和是否和我會有更多不同「因緣」，我很期待。

當我結束編輯這篇文章時，天使傳來311的暗號。

311：讓你的想法保持專注於正向與愛的主題。

認識愛爾蘭天使夫人羅娜拜恩

認識愛爾蘭天使夫人羅娜‧拜恩（Lorna Byrne）是拜讀她的自傳《我一直看見天使》（Angels in My Hair）。

羅娜擁有特殊天賦，自小即能無時無刻清楚地看見天使，和往生的靈魂。她以意念和天使們順暢的溝通，無須透過言語，這也是天使和所有人類溝通的方式。身為家中最小的孩子，與兄長姊妹們年紀相差甚遠，羅娜經常孤單一人，於是天使成為她的指導老師、最好的朋友。

羅娜的特殊天賦及慈悲心腸，使她成為上帝、天使和人類之間的翻譯員。她經常為上帝做事，或聽從天使召喚，為即將發生的事件禱告、祈福並提供實質幫助、暖心安撫。然而，天使要求她必須保守祕密，暫時不能和任何人分享天使的事蹟，直到被允許的那一天。因此，她的自傳也是天使委託她，寫下關於祂們的事蹟。

天使經常預告羅娜在各階段即將發生的事，例如：未來伴侶的長相，街上的爆炸事件，何時懷孕但留不住寶寶，摯愛的家人即將往生。除了讓她先有心裡準備，也指引她觀察天使如何在這些事件中介入、協助、安撫、保護人們。

不同的天使們在她的生活中來來去去，陪伴她，協助她的日常生活。準備結婚時，天使指點她翻開報紙，看看出售房子的廣告，直接明確指出哪棟小屋最適合她。天使還會提醒羅娜她忘記的日常瑣事，例如廚房的水已燒滾了。某天，天使告訴她忘了與美髮師有約，除了陪伴她抵達美髮店，並提醒她下車後記得鎖門。回家前，還建議羅娜為寵物屯積些糧食，免得幾天後因行程忙碌而沒有時間採購寵物的糧食。由此可見，天使是多麼的貼心與貼近生活啊！

天使經常現身羅娜家中。祂們不僅和羅娜擦肩而過，也會坐在床邊，看顧她的孩子和虛弱多病的先生。某一天，羅娜為某些事感到悲傷不解，大天使麥可出現了，將充滿光芒的手放在羅娜的頭上，隨即帶走她的悲

傷。

　　天使也常常和羅娜在街上散步，那是天使教導她許多事的好時機——觀察天使們如何幫助人們，以美麗的翅膀擁抱祂守護的主人，將愛的光芒或是能量灌注給人們。

　　親和慈愛的天使們，會幫助羅娜轉換心情，逗她笑或擦乾她的眼淚。

　　也許我們印象中天使是安靜嚴肅的，但其實天使也有幽默歡樂的一面。某天，羅娜和爸爸到郊外釣魚，天使們也在一旁模仿大家釣魚的動作，假裝將魚帶回岸上。另一回，天使在街上故意讓心情低落的羅娜巧遇一位和藹的老鄰居。那天正好是這位紳士的80大壽，當他開口邀請羅娜參加他的生日聚餐時，圍繞在身旁的天使們開始手足舞蹈，彷彿生日聚會已經開始，正和大家一同開心慶祝。

　　印象中，天使會扮演邱比特的角色。羅娜告訴我們，這是千真萬確的。天使們在人們耳邊低語，鼓勵人們鼓起勇氣和心儀的對象交談，甚至在身邊輕推一把，讓彼此雙方更靠近一點，或是站在情侶中央和解爭吵。在婚禮上，她見到成群的天使們拿著紅色氣球站在每個人身後，一起祝福成婚的新人。這是多麼溫馨美好啊！

天使的樣貌

　　羅娜眼中看見的天使比人高一些，有些身形高大約是人類的10倍大。

　　無論天使呈現男性能量或是女性能量，祂們皆全身散發著光芒，超脫不凡又耀眼的讓人無法直視。羅娜說：「看到天使，我總想要停下來凝視他們，而且覺得自己身處在一股強大的力量之中。小時候，天使通常以人形現身，讓我更容易接受他們，現在已經不需要了。我看見的天使不一定有翅膀。假如有翅膀，那模樣有時讓我驚奇不已，有的翅膀像火焰，卻擁有具體的形狀；有些翅膀則有羽毛。有個天使的翅膀非常纖細修長，末端尖銳，教人難以置信，讓我很想請求祂張開翅膀給我看看。」

天使移動的方式，羅娜形容如下：「我從未見過天使的腳碰觸地面。天使朝我走來時，腳和地面之間彷彿存在一層能量的緩衝墊，這層墊子有時像一條細絲線，有時候又會膨脹起來，甚至陷到地底下。」

造訪天堂經驗

羅娜曾多次被不同的天使帶領返回天堂，因此她對天堂並不陌生。有一回，大天使麥可帶著她的靈魂回到天堂，一窺上帝如何指派守護天使給即將投胎到地球的靈魂，看著守護天使和主人翁如好朋友般產生緊密連結。（在關於守護天使篇會提到）

她自己因流產有過瀕死經驗，短暫造訪天堂。早在懷孕前，天使就告知她即將會懷有寶寶，然而寶寶不能留下來，會回到上帝的身邊。在流產的時刻，羅娜的靈魂抱著寶寶的靈魂飛向天堂。抵達天堂後，美麗的天使溫柔的阻擋她繼續前進，因為羅娜陽壽未盡，還不屬於那裡。羅娜只能不情願地將寶寶交給天使。守護天使牽起她的手，護送她重返地球的肉身。

流產事件發生後，天使預告將發生一件美好的事。在一個風雪交加的寒冷夜晚，天使們開始在家中聚集，羅娜知道天使預告的事即將發生。突然間，門口響起3次敲門聲，嚇壞羅娜夫妻倆，猜測誰會在如此惡劣天候的夜晚來訪呢？羅娜的先生狐疑地打開門，但是並沒見到任何訪客，或在前廊上留下任何腳印。於是，羅娜明白，是天使帶著寶寶來向她和先生道別及致意，感謝他們短暫當他的父母親，然後帶著寶寶的靈魂返回天堂。

天使們經常以意念和羅娜溝通，告訴她，祂的主人翁正處於什麼狀態，需要羅娜和主人翁聊聊，為他們加油打氣。

有一回，羅娜在百貨公司用餐，目光和一位未上學的年輕女孩產生交集。女孩的守護天使靜默地告訴羅娜，這位可憐女孩在學校被霸凌。但她的父母從沒有正視這個問題，女孩已對生命失去希望，想要自殺結束生命。羅娜遠遠就看見，女孩的守護天使鼓勵她過來和羅娜交談。幾分鐘後，女孩終於鼓起勇氣，過來告訴羅娜她拜讀過她的著作。羅娜給予女孩

溫暖的擁抱，告訴女孩她並不孤單，還有她和天使關心著她，希望她回家和父母想辦法解決在學校發生的事。當女孩離去後，羅娜為女孩祈禱，希望她能好好的活下去。令人欣慰的是，幾年後，羅娜在簽書會上再次看到這位女孩前來致謝。

羅娜的與天使互動的真實故事總為我心中注入一股暖流。當我感覺疲憊或是在就寢前，特別喜歡閱讀她的著作，因為書中天使溫暖良善的事蹟總讓我放鬆，平靜下來，繼續對未來抱持正面的希望。知道天使無時無刻守護、指引著我們，重拾平靜變得容易多了。

書中詳細描述天使在羅娜生活中的模樣，也對我幫助很大。於是我可以想像，守護天使寸步不離的跟隨在女兒身後保護她們。儘管放學回家路上，必須單獨走一段路，或是她們執意要晚間去趟7-11，我也不會擔憂。知道爸媽到醫院看診的日子，我必定為他們禱告，請求天使們守護媽媽的行車安全。我也經常為晚班夜歸的先生祈禱。不打電話干擾他工作，問他何時回家？僅只是專注半靜的禱告，請求天使賜予他寫報告的靈感，儘快完成工作，並感恩天使的陪伴，守護他歸途的安全。

我非常建議媽媽們試著與上帝天使連結，為家人禱告祈福，扮演守護天使的角色。祈禱讓我們平靜，在獨處時刻不感到孤單，而是感覺被上天的愛環繞著。

如今羅娜在世界各地巡迴演講，也為廣大民眾祈福。她邀請大家將擔憂的事和願望email給她，她會將它們寫在她的祈禱文卷軸上。天使要求她，當她祈禱時，要將卷軸拿在手上，如此一來，環繞在她身邊的天使和禱告天使就可以看著內容和她一同禱告。你可以從羅娜的粉絲專頁「Angels in My Hair by Lorna Byrne」簡單認識天使的良善，也可以詳閱她的多本著作。我相信你會同我一樣，有滿滿的感動並對天使有全然不同的認識。

天使守護的方式

　　當天使靠近時，你可能感受到祂的出現，或是看見一種顏色或聞到香味。你可能聽見話語，但比較像是一種心電感應般的溝通，也許會給你一種視覺畫面或靈感，到你腦海中。更高的生命會以許多方式溝通，保持開放和接受性。

黛安娜·庫柏《啟動天使之光》

　　上帝是愛與創造的最高源頭，是我們天上的父親。地球上的每一個人都是祂的摯愛，擁有祂高貴血統的子女。上帝希望我們快樂的活著，因此指派天使來協助我們，基於這個原則，從天而降的指示不是毫無理由的。

　　我們四周充滿了天使，祂們全心全意愛著我們，儘管看不見祂們，但祂們一直在身旁默默的守護著，隨時等著伸出援手。但是沒有我們的請求，祂們無法介入。天使會善盡任務，協助我們達成神創造我們的目標，因此祂們總是為我們著想、鼓勵、安慰、警告、提醒我們，讓我們在地球上依然感覺到與神同在。

　　在任何時刻，我們都必須相信，上帝總是會針對我們的特定情況，派遣最合適的天使來協助我們。人生的旅途上我們並不孤單，也不勢單力薄，天使軍團的神奇力量是不容小覷的，只要你允許祂們介入，你的生命將開始翻轉，擁有更美好的未來。

　　天使們的能量有時溫和，有時充滿力量。有的天使感覺相當女性化，有些較陽剛，但基本上祂們都是雌雄同體的存有。祂們看來很年輕，永遠充滿了能量。祂們穿著美麗的衣裳，有巨大的翅膀。不同階級的天使們負責特定功能與任務。祂們保護、看顧我們，在幕後為我們的最高福祉工作。在我們著手新計畫、找工作、遇到感情問題、財務困境、需要淨化能量體和其他許多狀況的時候，祂們都能幫助我們。祂們也看顧我們的睡眠和自我療癒的過程。

天使經常在我們耳邊低語，適時給予可行的建議，要我們多注意周遭的事物，告訴我們下一步該怎麼做，例如：「看那本書」，「注意一下那張海報」，「打電話給某人」，「去這個地方」。因為天使們知道，其中有我們需要的資訊，我們會得到解答，或是得到專業的協助。

　　天使帶來的訊息總是中立，祂們絕對尊重我們每一個人的自由意志。天使絕不會說一定要去做某件事，祂們絕不會下命令或是為人們做決定。所以即使是天使給我們訊息、靈感，我們也得自己決定是否聽從祂們的建議。

　　羅娜在《我一直看見天使》中說明：「天使正在身旁幫助你，一旦你認知到他們的存在，將能感覺他們對你生命的影響。天使一直接觸你，想讓你察覺他們的存在，希望你知道生命不僅只是眼前所見的一切。我們在生命中並非孤軍奮戰。我們或許活在肉體內，但每個人都擁有能和上帝連結的靈魂。天使也和上帝有所連結，當我們呼叫上帝的名，就等於賦予天使力量。我們透過賦了天使力量給自己力量。上帝讓我們擁有自由意識，天使也不會逾矩。假使我們要他們走開，表明不需要幫忙，上帝和天使都會讓開，但他們不會撒手就走，而是在一旁等待。」

　　信義老師[註1]曾解釋臣服並放手交給神的重要性。他比喻，遇到困難時，有如我們在樹上緊抓著樹幹不肯放手，擔心掉下去會粉身碎骨。等到力氣用盡時，我們終究還是得放手。當我們和自己的意志力、恐懼，在心中天人交戰時，正是神要我們好好經驗這些過程。如果我們選擇執意要自己想辦法，靠自己解決，上帝和天使都會讓開。祂們總是尊重我們的決定，自由意志，等待我們回心轉意，決定交託，決定放手，倚靠祂們全能的智慧解決問題。

　　提出我們的願望前，我們必須有明確的意念和要求，知道自己可以能夠接受什麼，不能夠接受什麼。但是不需要告訴祂們該如何幫忙，不期待以我們人腦自認為可行的方式解決問題，因為祂們以崇高的智慧，和意想不到的方式協助我們。

明白了這些讓我不害怕獨處，也開始在心裡默默和守護天使溝通。偶爾，我會使用天使卡尋求天使的意見。無數次，天使卡上的訊息和我的心事完全連結，於是我有了被懂得，被關心的感覺，溫暖撫慰了我的心。例如：「將你的擔心與憂慮交託給天使，並允許我們卸下你的重擔」；我最愛的其中一張是：「你的祈禱已被聽見，而且已得到回應。要有信心！」

白光的保護作用

天使是帶著白光的存有，請求白光環繞著物體，或是我們所愛的家人朋友，即是一種請求天使保護的方式。

朵琳夫人在《天使之藥》中提到：「白光是天使的光環，也是是守護天使的顏色。有色光是大天使與一些揚昇大師的顏色（比如觀音菩薩，祂的顏色是櫻桃紅。）當你觀想或啟動白光時，喚來的是一個有智慧的生命體。白光百毒不侵，因此任何受到白光包裹的事物都會萬無一失的保護。它是效力強大的顏色，可以化解深層的恐懼與疾病。**白光具有雙重的功能：淨化以達到療癒，以及保護。你在啟動光時的動機，會決定它發揮的功效。它是一種可以確保你的家與擁有物安全的方法。」**

被白光保護著的人或物品，有如披上隱形斗篷般，免於所有負面能量存在體的干擾。它的保護力大約持續12個小時，必須定期更新。如果某人有傷害的意圖，靠近白光所圍繞著的人或物品時，這個人無法造成傷害。他們會被迫離開你，或你所擁有的物品，卻不明白為何被驅離。

這是個古老且屢試不爽的方法。只要靜下心來，閉上眼睛，虔誠觀想一道白光完全包覆住一個人或是物品，便完成這個請求了。當你熟悉了這個技巧，只要起心動念就能啟動這個光罩，你就會立刻得到白光形成的保護罩，將你緊密包圍著。最好是在出門前就先祈求白光將你保護，而不是等到察覺有異樣時才請求守護。你也可以在危急時啟動白光確保你的安全，它會產生立即性的防護。曾有人在劇烈風雨中啟動白光保護她的房子。她親眼見到，社區中許多樹木壓毀許多住家，然而她的房子安然無恙。

你也可以使用白光包圍你的小孩或親人，還有你擁有的財產及物品，作為靈性上的保護層。例如：有位女士將錢包遺忘在停在路邊的座車中。天色已暗，她不想回到車上取回錢包，因此選擇以白光保護它。很不幸的，當晚社區遭小偷闖入，許多人家中財物皆被搶走，但這位女士的錢包仍完好的留在座車中。我的親身經歷是，大女兒在畢業旅行時遺失錢包，我趕緊以白光包圍錢包，因為錢包的拉鍊品質不佳，有時會開口笑。最後錢包找到了，現金也沒遺失。

　　我曾經在緊急狀況下啟動白光，保護在另一個城市，身處危險環境中的家人（到鹽水看蜂炮，卻沒有任何防護措施），最後家人平安歸來，因此我很信任白光的防護力。踏入醫院前，我經常先暫緩腳步，請求白光將我圍繞，以抵擋醫院中的龐大無形負能量。乘坐汽車，或搭飛機旅遊時，我會使用白光來包圍這些交通工具，並請求更多的天使護送與守護座車。例如行駛於充斥著大卡車的高速公路時，會是請求白光守護的很好時機。

　　朵琳大人[註2]在《天使之藥》提到：「**天使是愛與光的合體**。」

　　在治療上，召喚天使能如此有效的原因，是因為**天使同時把光與愛帶入任何問題或當事者身**上。在你請求天使陪伴在需要協助者（你或他人）的左右時，祂們會散發著明亮的柔和光輝、無條件的愛，以真善美的最高品質出現。

　　伊娃-瑪麗亞‧摩拉[註3]在《量子天使療法》是如此定義天使的：「天使是上帝的使者。祂們以各種不同的形態、色彩和高度現身。就如電視跟收音機的電波一直都存在，但我們都知道，只有打開電視與收音機的接收器，並且選擇播放特定頻率的電台時，才會有影像和聲音出現。所有的人類都有一個內在的「天使接收器」我們可以開來聽、感受、嗅聞、看見，或察覺天使就在身邊。

　　跟天使溝通之前，必須先靜下心，你可以透過冥想或讓自己靜默片刻。如果你淨化身體的毒素、有充分睡眠以及規律運動，你的天使接收器就會更敏銳。擁有一個開放的心靈、不懷疑、不批判，並知道天使就圍繞

身邊也會很有幫助。」

註1：黃信義老師

合一聖創境創辦人，合一大學高階訓練師，大日心法神光療癒傳承者。

專精：與神連結、靈魂業力療癒、神光療癒、協助開啟天賦才能、淨化呼吸、協助脈輪清理及負荷卸除、喚醒細胞記憶、身心靈資商晤談、身心靈課程規劃帶領

註2：朵琳‧芙秋（Doreen Virtue）

早年提倡天使療法，享譽美國的天使夫人。現階段全心信仰上帝，僅傳達關於上帝旨意

註3：伊娃-瑪麗亞‧摩拉（Eva-Maria Mora）

歐洲天使夫人，是直覺醫療者和靈性老師。天使指引她發現量子天使療法-綜合天使與能量療法的療癒科學。

珍愛自己

珍愛自己，是天使教導我最重要的一堂課。

天使們也認為，好好照顧自己的身心靈是非常必要的。如果我們能在靈性、身體、情緒和求知慾這些方面求得平衡，會較容易得到長遠的快樂。這些包含了心靈紓壓、遠離毒素、充足的睡眠、運動、健康的食物。

愛自己並不是自私的行為。唯有真正懂得照顧好自己，清楚身體或情緒的需求，讓身體維持舒適狀態，情緒平穩安定，才能以最佳的狀態向外展現我們能力、特質、才華，並以同理心去理解別人身心理的需要，照顧好身邊的人。不健康的情緒抒發釋放了，才不會累積儲存在每個細胞中，導致心靈或身體層次的疾病。

想得更遠些，如果再次意識到我們和每個人相關，將自己和全體人類相聯結在一起，我們就會明白照顧好自己是必須的。唯有如此，我們才有

足夠的精力，專注在發展上蒼賦予我們的天賦，接收到的神聖指令並付諸行動，進而和大家分享，讓生活更美好、便利、多一份樂趣。

我在臉書上追蹤「心靈澡堂」（Spiritual Bathhouse）。由卡米兒老師傳遞的天使訊息告訴我們，每一個人都同等重要。

這個世界如果沒有你，將失去一份和諧、一個禮物和一處美好。你擁有無人可取代的價值，你散發著獨一無二的閃耀光芒，你具有不可或缺的重要性。如果你將自己隱藏起來，如果你選擇保持沉默，如果你試圖和其他人一樣，那麼有誰能完成只有你才能成就的任務呢？展現自信，真實表達，告訴自己：我很重要！

羅娜在《生命、學習、愛-守護天使教我們十三堂愛的必修課》這本著作中指出：「每一位新生嬰兒身上都煥發著愛之光，那是來自靈魂的光輝。那些甫從天堂降生的小嬰兒們，我得以看到他們的靈魂比較能從身體中浮現出，和身體連結也更加緊密，這使得他們的靈魂看起來輕盈而明亮。上帝透過增進我們的人性，創造了靈魂與身體的連結。倘若我們不愛自己，那麼我們對其他人的愛也會變得薄弱。」

如果我們能夠敞開心胸愛自己，接納自己，我們便能聚焦在自己的優點與擅長之處，而不會總是憂心自己不專精的地方，或不斷地感受到自己的不足。我們會減少對自己和他人的批判和負面評價，也不再那麼想要和別人比較。如此一來，忌妒，自私，貪婪會離我們愈來愈遠，人生就會簡單許多，更加愉悅知足和平靜。

據羅娜觀察，隨著年齡增長，大約在十歲的時候，甚至更早之前，當孩子們開始為了自我防衛，防止自己被傷害而封閉了內心大部分的愛之後，這光芒便逐漸變得暗淡。在一場生日party上，羅娜看到一位小男孩不小心弄壞了他的生日禮物，小男孩掩不住失望的神情。他嘆了口氣，似乎就要把他身上愛的光場收回去了。天使們讓她看到，一道有如銀色帶狀的牆，圍繞在男孩子心臟的高度，那道牆是透明的，如冰狀的薄板一般堅硬又冰冷。這道冰冷的牆限制了男孩愛的能量。

有效的心靈紓壓方法

這些年來，我已將心靈紓壓視為一件必做的事，如同攝取營養的食物一樣重要。每當覺得需要排解壓力時，便盡量以當下適合的方式去做。

白天有較多的自由時光，我一定抽空到公園曬曬太陽，和大自然連結，釋放負面情緒，也和上帝天使傾吐我的心事。傍晚孩子們回家後，不再外出，聆聽紓壓的輕音樂是最簡單的方法。有些方法我親身體驗頗覺有用，也持續沿用，在此建議大家不妨試試。

走向大自然

大自然與地球連接，充滿著神奇的療癒力量。我經常在大自然裡想像和宇宙連結，沐浴在陽光下，讓陽光微風滋養我的身心，為我帶來療癒的能量，重新為我充電。試著慢慢呼吸，調整身體能量。「呼出」所有的負面情緒，「吸入」大自然新鮮的空氣，和無所不在的療癒能量。伊莉莎白老師告訴我們，大自然中有各種精靈存在，我們可以誠摯地，心平氣和地邀請精靈和我們互動，為我們舒壓淨化。例如水精靈可以淨化雙眼，讓眼睛明亮清澈。(註)

註：摘自《實現願望的獨角獸：月光寶盒》伊莉莎白

請大天使麥可揮劍斬除負能量

對於「歸零，重新開始」這樣的說詞，相信大家一定不陌生。但是，要如何做才能夠真正的「歸零」呢? 天使強調「排毒」是讓心靈健康的方法之一。

和大天使麥可連結，請求祂帶走負能量，是一個很簡單有效的「排毒」方法，也是我常使用的方法。大天使麥可是勇氣與力量的天使。祂擁有一把藍色光劍，可以斬除所有負面情緒、負面思考、恐懼心，再將勇氣灌注給你，讓你獲得新的力量。你可以在任何地點祈請大天使麥可斬除負

能量。我經常召喚大天使麥可的臨在，請求祂帶走小惡魔們給我的負面情緒，重新對生活燃起希望。

相信守護天使正在我身後，溫柔地給予我愛的擁抱，給予我力量，在心輪灌注愛的力量，讓我沒因負面情緒而退縮，或是封鎖了愛的能力。

對我而言，有天使們陪伴的獨處時光，也是修復重整的時刻。一次又一次的，我在微風、陽光中感覺重拾平靜，明白可以倚靠上天而重拾希望。許多靈性書籍都強調，療癒之光加上愛會產生一股療癒的力量。我所做的即是讓天使之愛和陽光一起療癒我的疲憊、挫折。

接受協助

天使教導我的另一課，是付出與接受的平衡。許多人深受中國文化「施比受更有福」的觀念影響，不願意麻煩別人的心態，不喜歡欠別人人情，不知哪天才有機會償還。你懂得在自己需要幫忙時請求別人的協助嗎？如果我們懂得放下面子，適時求助，就不會因過度勞累，累壞身體或是產生負面情緒而不自知，一再壓抑下來或向外怒吼。想一想，如果大家不懂得照顧好自己，生病及身心靈失衡的機會大增，那麼每個角落不就充斥著負面能量，對世界的和平一點都沒有好處。

你能夠接受別人主動的善意支援嗎？施比受有福，但你知道，你也值得別人為你付出嗎？接受別人的協助，是讓他人有付出愛的機會，我們接受愛的福分，這些能量的交流不僅產生平衡也會製造和諧感。以下這段話很有道理。

如果我們只能夠給，這世界會是如何？如果每個人都只拿，那又會是怎樣的世界？當我們讓自己平衡，我們也就是對這個世界的平衡做出貢獻。

協助來自創造我們的宇宙

我們必須有個重要觀念，我們不僅值得別人善待我們，也值得接受來

自上蒼的協助。允許自己去接受愛，去平衡我們的需求。如果你曾經在夢中與親人相遇，或嘗試催眠回溯，你就會明白來自另一個世界的愛從不曾消失過，已逝家人或宇宙高等生命，隨時會向我們顯示無條件的愛。我們必須信任上帝、揚升大師、諸佛菩薩、天使、指導靈的高等智慧，讓袍們指引我們的未來，並派遣人間天使賜予我們實際的幫助。

在《天堂頻率》這本書中有這一段話。

如果你信任有一個更高的神聖力量正在引導這個流，相信這對你是件正確的事，放下了一切掙扎去接納你所需要的經歷，那麼你身體的頻率、情緒的頻率及心智的頻率都會提升，並且體驗到每個階段帶來的好處。

聆聽靈性音樂紓壓

在心靈健康方面，我非常建議聽天使音樂紓壓。音樂的作用有如心靈的濾網，以保護的能量將我們包圍住，在感覺壓力的情況下播放這些音樂是個好主意。

Youtube裡有一些針對各個大天使能量的輕音樂，也有釋放壓力、排除負能量的音樂，冥想音樂，或是脈輪修復，臨睡前聽的靜心音樂，都能沉澱心靈、轉化心情。這些音樂的特質是旋律較緩慢，或是高音符及延長音。我時常聆聽這些音樂，好讓自己隨時維持在平靜的狀態下。

一早上學前，孩子們拖拖拉拉的步調，經常搞得我心浮氣躁。趕路上學的途中，我就開始播放這些音樂，好讓自己的情緒儘快平穩下來，不僅是行車安全，也不將情緒帶到下個行程。在家中，有時責罵過孩子們，或是姊妹倆起爭執後，我會播放清除家中負能量的音樂（clear negative energy at home），淨化轉化空間裡的能量。

簡化一天的行程也很重要，盡可能地保持越簡單越好，**最重要的是避免或遠離有負面情緒的人**。早些年和有憂鬱症的朋友通電話時，聽她抱怨生活中被放大的小事是家常便飯。每每掛掉電話，總覺得頭一陣暈眩。多次下來，我開始懷疑，朋友的「負能量」透過電話線輾轉傳到我這頭。哥

哥告訴我，他也有類似的經驗，嚴重時甚至還會感覺心悸。

如果你有類似狀況，也適合祈求大天使麥可為你斬除負能量的連結。當朋友家人一股腦傾倒怨言給我們時，適時觀想白光圍繞著自己，便可以保護自己的氣場，免於受其負面情緒干擾。

盡量減少接觸負面新聞也是必須的。一開始，就不讓新聞產生的恐懼、焦慮有機會殘留在身上。記得有一回，寶治老師^(註2)在線上課程帶「脈輪修復」時，轉述天使將要移除大家身體細胞裡對負面新聞的恐懼感。你永遠不知道，需要多少時間才能遺忘一件鉅細靡遺的新聞事件，那些讓人心情沉重的畫面才不會在腦海中盤旋。

朵琳夫人的做法很值得我們效法。看過新聞後，靜心為事件祈福，送出祝福。這不僅能平穩我們的情緒，也是為涉及其中的人代禱。信義老師常常強調，務必先讓自己的情緒穩定下來後，再傳送祝福給需要的人，否則當你還處於擔憂、糾結、恐懼情緒中，傳送出去的是這些負能量，而不是你的祝福心意。

傾聽自己的需求，真正的愛自己

你愛自己嗎？你給自己打幾分呢？

多年前，爸媽感情的裂縫讓我徹底慌了方寸，巨大的壓力讓我無法自主地隨時淚流。某天帶女兒看牙醫，在一旁等候時，煩惱再度湧上心頭，忍不住潸然淚下。心地善良的施院長見狀，特別抽空和我在診間外聊聊，談及他和心理老師學習到一些新觀念，問我是否願意見他老師一面，讓老師開導我。我同意了，任何專業的見解都比我一片混亂，腦筋打死結好。

會面安排在牙醫診所2樓，雖是第一次見面，老師卻句句一針見血當頭棒喝。

「你有多愛自己？有沒有50分？有20分嗎？」我啞口無言，支支吾吾地隨口說個數字。當時的我是不夠愛自己的，總是配合別人的作息，沒說清楚自己的界限，把自己的需求安排在最後，直到身心俱疲，身體承受不

住疲憊，還讓別人踩了我的界線，結果當然是火山大爆發。

先生任職於服務業，周末上班辦活動是稀鬆平常的事，單獨帶孩子的周末，我無疑是分身乏術。多年來，「周末恐慌症」一直沒放過我。除了打理家務，孩子們各有需求，食衣住行育樂樣樣都得照顧到。2天下來，常常落得我身體疲憊不堪，脾氣火爆，七竅生煙。

漸漸的，我學會在周五時先善待自己，輕鬆一下，有獨處的時光，做spa或是到百貨公司，書店晃晃，這是我愛自己的方式。女兒們年幼時，我尚不懂得取捨。每當先生提起，周末時百貨公司有舉辦適合孩子的活動，我就帶著孩子過去瞧瞧，想讓孩子們有些娛樂，參與一些有趣的活動。對我來說，那是最輕鬆的方式過周末，孩子有娛樂，可以見到先生，有時讓他陪孩子參加活動，我還能自由一下逛幾家喜愛的商店。

我總是盡可能配合活動的時間，盡量把它排進忙碌的周末行程，早些出門或晚點離開。然而，活動現場震耳欲聾的喇叭聲，或是主持人重複的連珠砲，誇張語氣的台詞吵得我心神不寧。幾回下來，我終於察覺到這根本是在自虐。在家帶小孩，忙著打理家務事，僅僅午餐後小睡一會後，還沒好好休息就又馬不停蹄出門，讓自己更疲累煩躁不安。晚餐時間更是狼狽。先生還沒下班，我常常得一手抱著累得睡著的Katie在美食街點餐，挪出另一隻手來拿錢，還要隨時看好跟在身邊的大女兒，然後再一起去找位置坐。後來，我終於學會不在美食街用餐，找家餐廳坐下來好好用餐。

身為無薪家庭主婦，其實內心深處隱隱約約覺得卑微，不值得最好的。出外點餐時，但總是點價位略低一點的餐點，捨不得對自己好一點。儘管生活上可以自主彈性安排，但其實時時提醒自己要自律，不可鬆散。

內心常有個聲音告訴我：大家都在上班努力賺錢，不可以午休太久，該起來做家事，張羅孩子們的點心，備好晚餐。這些年來配合先生輪班制的班表，女兒們的上課補習接送時間。放鬆，對我來說並不是件容易做到的事。每回去看中醫調理身體，中醫師總是直搖頭說：「你的脈真的太緊繃了。」

姐妹倆開始上不同學校時，清晨上學時間是緊繃又分秒必爭，才能讓姊妹倆都準時到校。國中離家較遠，所以先開車送姐姐到校，再飛奔回家叫妹妹起床，改騎摩托車送她上學。這樣一折騰，得花上2小時才能完成上學模式，消耗掉不少體力，總得先睡個回籠覺才有精神再做其他事。我必須充耳不聞心裡那個聲音：「一天才剛開始，怎麼這麼容易累？」或是朋友的質疑：「那時候你睡得著喔？」

　　一開始，稍作休息後便開始坐在電腦前打字。直到我知道，根據研究，專注40分鐘後就該適時放鬆，讓自己放空，休息至少10分鐘是最恰當的。腦袋隨時都在運轉，唯有在睡眠時才能停止工作真正的休息。

　　我開始學著愛惜自己，適時的休息讓身心和腦袋皆暫停一會，也不再和任何人的作息做比較。每當身體不適，自我觀察該找西醫、中醫、熱敷放鬆神經、專業spa按摩後，一定儘快找醫生舒緩症狀，不拖延讓自己更不舒服。間接地，我學習到不少醫學常識，也知道神經一旦持續緊繃狀態是很容易發炎的，睡眠品質也會變差。睡前靜心真的很重要。精油的確能幫助放鬆肌肉。

　　當我們真正懂得照顧自己，自然而然會累積一些正確醫療常識、經驗和人脈。這些都不是只上網查資料，或買成藥自己當醫生可以得到的。當家人生病時，這些經驗會成為最佳資源，可以加速判斷該在何時採用何種療法。和醫護人員建立起的人脈也能夠讓家人儘速得到最佳治療。他們的真誠友誼和暖心安慰，會為身為照顧者的我們紓解不少壓力。

　　2019年夏天，才16歲的大女兒竟然出現「坐骨神經痛」的症狀，MRI檢查後確診是「椎間盤突出」。長期的姿勢不良加上拍微電影期間久坐剪片子，壓迫到腰椎神經。先是腰痛然後延伸至腳麻，疼痛導致她坐立難安，無法長時間坐著，甚至無法好好上課。

　　我們採取的第一步驟是先到骨科檢查，打針消炎。接下來求助物理治療師時，發現她自小走路姿勢不對，連帶產生影響。她的背部肌肉因神經疼痛糾結，還明顯凸起一團。我趕緊連絡美容師，讓大女兒去做有電療的

spa放鬆深層的肌肉。

　　復健科醫師詳細解釋日常該有正確姿勢，並以針灸緩解深層神經痛。大女兒已檢查出有輕微脊椎側彎，以她173公分的身高，也要減少彎腰遷就其他高度的機率。醫師建議廚房流理台加高高度會比較理想。

　　骨科醫生懷疑她是否受傷過？我腦中閃過一個想法：是其他世受傷過留下印記嗎？寶治老師[註]告訴我，椎間盤突出除了姿勢外，有時是前世或今生心理的狀態，處理的方法可以從心理、靈性、身體方面著手，但需找對的老師。

　　知道催眠回溯可以查出其他世是否有影響，我馬上請澄妃老師為她安排催眠。澄妃老師的結論是，基本上只和她這一世的心理狀態相關。她的胃腸不好，也累積很多情緒未釋放，而這些正好對應到她的脊椎。大女兒還小時，我還在適應高雄的新生活，一人照顧2幼女的壓力極大。當時我對她過於嚴格，太偏愛妹妹Katie，讓她承受了很多委屈，這些情緒身體都照單全收了。

　　剛開始收集資料時，我就知道某些瑜珈動作可以緩解坐骨神經痛。神奇的是，老天爺也派遣一位經驗資深的瑜珈老師來協助大女兒。我從2位朋友口中同時間打聽到這位瑜珈老師。（這是徵兆，上天以重複的資訊讓我明白該選擇這位老師）老師年輕時，脊椎曾嚴重受傷過，多年來靠練瑜珈恢復健康，因此她絕對是最佳人選。老師非常有愛心，特別花時間個別指導大女兒，鼓勵她克服疼痛多多練習。

　　在暑假期間，這一連串的密集復健拉腰和瑜珈訓練下，大女兒的疼痛症狀終於緩解不少。我由衷感激所有醫護人員的照護和分享專業經驗。

依據內向或外向性格安排生活

　　在你的內心深處，有一處安靜的避難所。任何時間你都可以撤退回去，做回你自己。

──赫曼·赫塞（Hermann Hesse，名作家）

你會依據自己內向或外向的個性，喜好去安排休閒活動，還是盲目的，一窩蜂的跟著參加人擠人的節慶活動呢？

　　閱讀《內向心理學》這本書讓我獲益匪淺。了解內向性格的特質後，除了讓我更深入認識自己，在個人節奏、優先考慮的事情上有了更多的明瞭和判斷。我生活得更自在從容，在計畫上也簡單果斷，明白在各種狀況下如何以對自己較有利的方式處理，或是做正確抉擇，不似年輕時優柔寡斷。獲益最多的應該是，明白個性內向者最適合以書寫的方式溝通。這讓自己有時間思考正確的理論和語氣回應，也不落入正面衝突（個性內向者不喜歡引起衝突）。

　　以下的分析是否讓你有同感呢？《內向心理學》如此分析性格內向者。

　　性格內向者最顯著的特徵是他們精力的來源：他們從自己的內在世界，如思想，情緒和觀念中獲得精力，並善於保存精力。但也容易受到外在世界的刺激影響，並產生「刺激太多」的不適感。他們需要限制自己的社交，以免精疲力竭。

　　精力平穩的性格內向者具有獨立思考，高度集中注意力，投注創意於工作的毅力和能力。性格內向者需要停止耗費精力，停下來休息，以便再次充電，因此提供刺激較少的環境是必要的。（所以內向者較不適合朝9晚五的上班族生活）。

　　內向者天性需要特別的條件：「我們身體的每一個部分都會盡力幫助我們儲存能量。我們天生就會沉思和休眠；我們的大腦較少產生感覺良好的快樂感：天性有一點矛盾；我們需要更多有意識的思考移動肢體；我們傾向於表現為低血糖、呼吸較淺、睡眠有困難、緊張性頭痛，並偶爾感到疲憊和心煩意亂，精力較為不濟。」

　　內向者的精力很容易因忙碌的活動，環境的刺激而精疲力盡。安排及時的休息、獨處是非常重要的。如果讓性格內向者承擔了太多任務，身體會因為過多焦慮和腎上腺素分泌過多而垮掉。

在職場上，內向個性者有必要讓主管明瞭自己需要安靜的空間工作，位置避免太靠近外向同事，免得受他們活潑的舉動影響，無法集中思考導致降低效率。或是開會時無法立刻發言，若能提前知道會議內容，將有更多時間思考，發表較佳意見。

參加聚會時，不強迫自己參加，或待在會場太久。提早離開或找個角落只和自己待在一起，減低社交壓力或過多環境上的刺激會是較好的方式。

相反的，性格外向者的精力來源是來自外在世界。

他們喜歡各式各樣的社交活動，形形色色的人們，不同的場合和事物。他們是精力的揮霍者，長時間置身事外沉思，獨處，或是只與另一個人待在一起，難以使他們感覺興奮。性格外向者需要平衡做事以及休息的時間，否則他們很容易在各式各樣的活動中迷失自我。他們擅長表達自己的想法，並且喜歡人群和活動。-性格外向者向外四處活動以獲得充沛的精力。

簡化行程，減少外在環境或聲音的刺激，創造休息的時間是有效保持精力的方法，這也是我最常使用的方法。在先生晚班夜歸的日子，我得自己一手包辦所有事情。早上的家務事，自己的寫作，我和先生的午餐，母女三人的晚餐及女兒補習的接送。萬一誰在飯前或飯後想小睡一會，晚間時光我就無法放鬆休息了，然後催促女兒們沐浴就寢又花掉許多精力。這聽起來夠累人吧！我時常在先生返家前一刻才忙完。所以，我很不喜歡先生班表上出現連續晚班。

因此，在日間我必須妥善安排時間，保持精力應付小孩放學後的時光。盡量精簡行程，前往最近的地點購物避免交通上的刺激。下午短暫的放空時間，也選擇在附近公園看書散步，不進便利商店讓不斷響起的「叮咚」聲刺激我的神經，擾亂平靜。以開車取代摩托車，避開車輛較多的大馬路，減少在交通顛峰時間出門，也大大減少外來的刺激。只要小小的改變，就可以得到更多的平靜和精力。

我非常認同一個觀點：**如果我們這能夠好好照顧自己，讓走向外面世界的過程舒適從容一點，你就可以用更長的時間表現得外向一點。**

不時補充自己的體能也是必須的。舒適的衣著鞋子，隨身攜帶藥品，補充元氣的小點心，協助放鬆的精油，都可以讓內向的我們，在自己的小宇宙裡維持較長的舒適度。因此我的櫥櫃中總少不了椰棗和核桃糕。

我很珍惜身為家庭主婦的彈性和自由，也學會謹慎地安排計畫一周外出時間的長短，考量距離是否耗費掉過多精力。我不再對睡回籠覺感到不安。寧願自己洗頭，也不到美容院讓吵雜的吹風機和音樂奪走需要的寧靜。這些都是愛自己，好好照顧自己的決定。我也非常感恩婆家對我的疼愛照顧，沒給我任何壓力，讓我依照自己的內向性格在家專心寫作及陶藝創作。在全職家庭主婦的生活中，沒有增加額外的外在壓力。

一直知道大女兒也是內向個性，卻不曾以內向性格的特質來了解她。

小學時期表現出來的倔強、固執和慢動作，曾讓我很頭痛。幸好她優點還不少，是資質聰穎的左撇子，學習能力佳，個性也穩重。直到讀了《內向心理學》這本書之後，才恍然大悟我們的相似處。

以往我總將她的慢動作和優柔寡斷，難以下決定等歸類於金牛座的特質。當我理解到**內向性格的特質是需要有緩衝時間，足夠的休息時間，需要深思熟慮，分析清楚再做決定**，我逐漸知道何時該喊停，不再催促她，何時該推她一把。

我很謹慎的依照她的學校課業和當天體力狀況，調整晚間到美語補習班的時間，而不強迫她每堂必到。課外活動的安排，我會提醒她留意，是否是她的體力可以勝任的。

需要時間，好好深思熟慮後才下決定這點，就和多年前的我是一模一樣的。記得小時候，有一回選購襪子時，她遲遲無法決定要買哪些花色，逛了好幾家商店後還是空手而回。當時我耐性全失，七竅生煙，怎麼也無法理解買個襪子需要這麼龜毛挑剔嗎？上國中後，有一回陪她選購上衣，她再度顯現無法做決定的特質。她喜歡的顏色正好沒有她的尺寸，得請櫃

姐幫忙調貨。大女兒專心思考顏色的實用性，櫃姐則希望她選擇現有的花色。那次，我學會耐著性子讓她好好考慮，也請櫃姐不要催促她，以免買了她不願意穿浪費錢。（當然，我得到旁邊等待免得我失去耐性。）

這些觀念，讓我們的相處多了一份理解和寬容。國中時期的她長大懂事許多，也開始成為我的好幫手，母女倆的關係大大改善。

父母的影響力

除了品德上的教養，我們也必須教導孩子理解自己的個性，欣賞其他人的個性，接納個性的不同處，從家中做起以減少衝突。

例如：愛說話、愛舞蹈的Katie必須明白我和大女兒怕吵，需要安靜的時間沉思和恢復體力。她得學習在我們休息的時候不打擾我們，晚一點再分享她的想法。

姊妹倆也必須學習尊重我的規律作息，不在11點我準備就寢前才來分享學校的趣事，要我幫忙找她需要的東西，或是討論、詢問我得動腦的事情。

身為父母，我們得花心思和孩子一起觀察，覺知他是建設性地或是破壞性地發揮他們的天賦和能力？唯有自愛、合宜的言行舉止才能贏得別人的信任尊重和讚賞的眼光。如果每一個孩子成長的過程中，有愛和被愛的能力，充滿求知欲，找到發展內在力量的能力，有正直、同情心、同理心等特質，這個世界將變得更加美好和正面。

感恩天使提醒我閱讀《內向心理學》，希望這些觀點對內向的你或家人有益。只要小小的改變、取捨，內向的你也可以得到更多的平靜和精力。

祈禱文：斬除負能量
親愛的大天使麥可，謝謝你為我斬除和某某的負能量連結

註：曾寶治老師

連結能量做光體、脈輪、細胞記憶的解讀和修復，一對一個案療癒及團體脈輪修復。擅長開啟阿卡沙檔案查詢個人累世生命經、解讀細胞記憶、卸除創傷印記、卸除累世中所經歷之詛咒或武器的移除消融、協助靈魂片段的回歸跟修復、指導靈魂業力清理方向、圓滿累世生命關係、更新身體組織與相對應磁場，加強能量防禦的護罩，解除不再適用的誓言。

與大玉兒見面

大玉兒^(註)是位親切和藹女士，她有能力感應到天使。初見面時，她渾身散發出一種舒服且療癒的感覺。她的親和力消除了我的不安，侃侃而談和她分享我知道的天使知識和互動經驗。相談甚歡後，她要我放鬆平躺於地墊上，她手持「天使棒」，一根細細的樹枝，準備以它來輕輕敲打我的身體，敲除殘留身上的負能量。（天使棒靈氣是來自磁塔金鼎神性媽媽，與天使的神聖愛的能量，具有祝福與療癒）

「閉上眼睛，靜下心來，在心中邀請你的守護天使，與你有緣的天使們一同前來療癒你。」她輕聲告訴我。這樣的召喚方式一點也不陌生，自己早已做過千百回。

毫不猶豫的，我默默請求大天使麥可和拉斐爾前來，一同聯手斬除我的負能量，療癒我的身心。靜默中，我們一起等候天使們的臨在。

「有個年紀約6-7歲模樣，感覺很溫和的小天使來了。」

「現在來的是一位身穿綠色衣服，身形較大的天使。」

「那是拉斐爾大天使，我知道祂一定會來的。」我興奮的幾乎要坐起身來。

知道拉斐爾大天使現身了，一陣平靜的喜悅蔓延我全身。

因為，這是第一次有人明確告訴我，當我召喚拉斐爾大天使時，祂的確帶著神聖純淨的療癒能量現身。

「有一位身穿白衣服的天使也來了。」大玉兒的樹枝輕輕拂過我的手臂附近。

「祂手上有拿把劍嗎？」我迫不急待想知道，此時加入的，是不是手握一把發出藍色光芒的劍，全身散發出如太陽般光芒的大天使麥可。

療癒結束後，我感覺輕鬆許多。大玉兒請我坐起身，她要轉達天使們要給予我的祝福和訊息。以下是天使們給我的忠告。

天使們希望我能多撥出一點時間運動，曬曬太陽，讓背部多沐浴在陽光中。臂膀往後伸展，一如展翅飛行的天使般，好讓氧氣進入到胸腔中。也可以赤腳踩踩草地，吸收地氣，與地球扎根。

這些訊息，的確像是針對我個人的健康狀態而給的意見。不可否認的，不愛運動的我是需要多曬曬太陽。曾有位物理治療師發現我有胸悶的情況，提醒我要常常深呼吸。就在離開前，我瞄了一下手機，時間恰好停留在3:47。我百分百的相信剛剛天使們來過了。

347：你與天使、大天使與揚昇大師們清楚的連結，已讓你非常準確的接收並遵循神聖指引。恭喜你並請繼續保持下去。

2019年秋天，我已養成到每天到公園曬太陽，祈禱的習慣。即便是炎夏時，我也沒缺席。氣候陰晴不定時，若有陽光短暫露臉，我也會抓緊時間抽空去趟公園。這些年來，已多方面了解陽光的重要性。不僅可以製造維生素D讓骨骼強健，還有血清素讓晚間容易入眠。

迎向光，沐浴在光與愛中，想像自己全身被黃金光球包覆。將煩惱交託給天父、天使們，請求祂們賜予我智慧、良機、恩典、指引、保護，已是每天必做的程序。

註：小美玉（大玉兒）
　　臼井靈氣+卡魯那靈氣+天使棒靈氣+花晶精油
　　臼井靈氣與卡魯那靈氣：是來自宇宙神聖愛的能量給予淨化釋放清理修補
　　花晶精油（含有花精與水晶的能量）能量淨化：讓疾病（情緒）像陽光下融化的雪、釋放內在的負面記憶與情緒，內在的不安定感。

使用白光保護Katie

　　小學時，Katie的班級在高雄市戶外教學。除了參觀駁二藝術區，還有乘坐郵輪遊港以及參觀紅毛港文化園區。這些都是高雄市的景點，常去的駁二是再熟悉不過了，然而心中的隱隱不安卻如海浪般向我席捲而來，搭船的部分讓我很不放心！

　　剛升上三年級，是新老師及新同學，老師對同學們還不夠熟悉。Katie常提起男同學好頑皮，因此搭船的行程讓我格外不安。我胡思亂想著，孩子們若在搭船時互相推擠，會發生什麼事？前一晚臨睡前，還特地喚來Katie，教她運用白光保護自己。

　　送女兒們上學後，我前往市場採購，正巧在路口遇見戶外教學的遊覽車，我立刻停下來祈求Katie的守護天使，以及額外的天使群們一起隨行保護小朋友們。焦慮過度使我全身神經緊繃，幾乎握不住機車手把。胃隱隱約約的痛，趕緊打道回府。打點好家務，我知道必須讓自己放鬆下來，否則接下來的時光，將會度日如年。靜下心深呼吸幾回後，我觀想白光包圍著Katie將搭乘的遊輪。一會後，突然間腦海中浮現一個溫柔的聲音：（voice of an angel）「**別擔心，我們會好好保護她。**」

　　哇！好清晰的訊息！這是第一次清楚接收到天使傳來的訊息，因為我聽到的用詞是「我們」。有了天使慈愛的保證，我終於放下心感覺到一絲平靜。

　　放學時在校門口接到Katie，懸著的一顆心總算放下。坐上摩托車後，後座的她馬不停蹄地分享趣事，卻突然迸出一句：「媽咪，我跟你說，今天發生一件很悲慘的事。」嚇得我差點緊急煞車。「我忘記將水壺帶回來，所以可愛的Hello Kitty水壺，孤伶伶的留在偏僻的紅毛港文化園區了。」真是的，Katie的用詞也太誇張些，害我的心臟暫停了好幾秒。

天使會將羽毛吹到身邊

3
—
天使溝通的方式

3.1 天使數字暗號觀念

你知道嗎？有一種數字，它有一種神奇魔力，能在一瞬間將你的心情轉變為正向。那就是天使數字。

數字是全球性的語言。因此，天使選擇以數字來和世界上的各種人類**溝通，這是天使與我們說話的方式。將數字序列呈現在我們眼前，是對我們生活中各個領域提供指引或鼓勵的方法。**

時鐘、手機時間、車牌號碼、等候號碼牌、訂單編號、收據總金額，都有可能是天使的數字密碼。透過這些方式，天使藉著顯示相同數字，一次又一次的重複出現，直到引起我們的注意，甚至好奇這些巧合性。

《發現亞特蘭提斯》這本書中也提到數字學的奧祕：

「每個數字都具備一種宇宙的共鳴，也是一種能量形態。每一個數字散發一種精細的震動，會影響你的生命道路與靈魂目標。每一年的數字會影響你，姓名的字母數字也是。人們受到磁性吸引的影響，會進入某些門牌號碼的房子，甚至某些車號的車子。由於數字有強大的宇宙能力，某些日期適合進行某些特定的活動。」

由此可見，天使數字的訊息是精確的。

朵琳夫人在《召喚天使》書中告訴我們：「天使顯示給你有意義的數字順序是透過實際上的安排。例如，一輛車開到你的前方，他特別的車牌號碼是天使希望你看見的。凡是注意到這現象的人，變得對解讀不同的車牌號碼很熟練。這些數字代表不同的意義，你可以在心中問你的天使：「你試著要告訴我什麼？」祂們會很高興地提供你更多的資訊，以協助你

解碼天使數字的意義。」

　　生活上有太多讓我們掛意的事，也許你不知道天使給的暗號是針對哪件事？看見天使數字時，留意當時或當天心中思緒、擔憂，如此就能連結數字的涵義，和事件產生關連。哪個想法？哪個煩惱？我們可以試著分析觀察，是否哪件事，或某個階段有進展，往我們希望的方向進行，或是突然柳暗花明，危機解除。這些正向的暗號，會鼓舞我們的心情，維持正向心態，抱持一份期待繼續努力，不讓我們往最糟的情況假設，陷入恐懼的深淵。

　　經常獨處的我，一點都不孤單。幾乎每一天，我的守護天使和其他天使們，隨時藉由天使數字和我直接溝通並給予指引。這些數字蘊藏著正面訊息，讓我明白祂們正陪伴在我身邊，無時無刻傳遞祂們的關愛。天使知道我的現況，也明白我的起心動念。這些數字經常讓我感到溫暖、安全、放心和平靜，也對未來保持希望。

　　一開始天使先以好記，容易辨別的連號數字，例如111、222、333、444、777等吸引我的目光。這些數字最常在我外出時出現在車牌號碼上。

　　注意在你面前迴轉的轎車，或是慢吞吞龜速前進，你恨不得他不要擋路的貨車，都有可能是天使訊息的車牌。踏出7-11那瞬間，你突然特別盯著某輛經過眼前的車，或是停紅綠燈時，突然轉頭望向停靠在旁邊的公車。這都是你的守護天使在你耳邊叮嚀你留意哪台車，或是注意哪個方向。有時你會突然抬頭望向特定方向，一輛有數字暗號的車子剛好在你面前轉彎。這也是天使叮嚀你，不要錯過這些指定給你的暗號。

　　通常，相同的數字會持續出現，因此你會知道那個特定數字是要讓你看見的。當然，如果你發現某個車牌經常出現在家附近，可能是鄰居的車牌。或是送孩子上學時，同時段經常巧遇的車輛，那麼這就不算是天使暗號了。根據經驗，我發現這些數字會較常出現在我常行走的路段。但是，當我偶爾迷路或走不同路線時，還是會看見一些相同暗號。

333暗號

333：你完全被仁慈的揚昇大師們所圍繞、保護、愛與指引著。

看到333特別讓我感到開心。總是有333車牌插入我的前方，或是在我右方突然加速前進，然後轉彎離去。數不清多少次，當我心不在焉，帶著各種擔憂的思緒駕車，思考哪件事該When或是How處理時，天使總是安排333的車牌在某個路口出現，表明祂們與我同在。這讓我瞬間安心，暫時不擔心瑣事，專心駕車！

廣告看板上的電話號碼，也是天使們傳遞數字暗號的另一個方式。有一天，我為瑣碎小事感到沮喪，心情低落。天使暗示我瞄一眼不遠處的333看板。有幾回，天使突然要我望向高處的大樓，或是屋頂水塔上，電話號碼裡的333數字。這些異於平常的視角，真的不是我自己會去注意到的。

看見333，心情馬上提升為正向，那是一種被懂得的安慰與感動。鼓勵的力量會在一天中持續存在，成為動力，引導我擊退隨時可能出現的負面思想或情緒，或令我頭痛的人事物。也許周遭的人不會認同我的作法，然而我知道上帝、天使仍悄悄的支持著我。宇宙不停在運轉，上帝在動工，我只需做好自己的部分，保持樂觀，上帝自有祂最佳的安排與完美時機。

漸漸的，我領悟出天使和我溝通的模式。在家時，祂們經常藉由手機上的時間，或是微波爐上的時間傳達暗號。外出後，祂們有各種媒介，全視我正在進行哪些活動。開車行進中，就以車牌號碼顯示。購物時，暗號就在結帳金額上，收據或是號碼牌上。我非常建議大家在晨間禱告，請求上天介入，協助我們一整天的行程都能順暢進行。或是將掛意的煩惱告知天使，並請求祂們的指示。那麼，接下來你就可以期盼祂們透過天使數字帶來好消息、指引、安慰或是希望。因為這些經驗，我逐漸養成一個習慣。出門前，我會默默告訴天使，期待著外出後祂會捎來訊息和暗號。我非常佩服天使的精心安排和神奇指揮，一次次地把最適合當下狀況的暗號，送到我面前來。

某一天的行程已經有點忙碌，還得在緊湊的傍晚插入大女兒看醫生的

行程。我得準備晚餐，大女兒5:15才下課，7:15要接Katie補習下課，我該如何配合診所的時間，在空檔中安排妥當？我三心二意，不知如何安排才是最順暢的方法。

一大早我就請求天使提供協助，除了提升我的能量，還要讓每個環節都流暢順利。也不斷提醒自己不要匆忙，相信有足夠時間完成每件事。

上午時，我感覺到天使的陪伴和叮嚀。祂們提醒我必須重新考慮到哪裡看診，我也很快修正我的決定。因為，一開始我決定去的診所6:30才開始看診，掛號和看診時間都不易掌控，無法在7:15準時接Katie下課的可能性很大，也會耽誤到晚餐時間。

一顆心浮躁不安，午餐時囫圇吞棗，還一邊編輯文章。下午外出前，等電梯的時候，我悄悄在心中詢問天使：「今天要給我什麼訊息呢？」幾分鐘後，在路口停紅綠燈時，我注意到一輛333的轎車緩緩靠近，心中不由得升起一股暖流，明白天使回應了我與祂的心靈溝通。接下來，我隱隱約約收到天使愛的提醒：「放輕鬆，慢慢來，先不要擔心寫作進度。今天很忙了，不可以再加行程進來……」

在外辦事時，心想著順便繞去超市買個吐司，順便……。但天使不斷阻止我放棄這些想法，不讓我更忙碌匆忙或是耽擱原先計畫好的行程。

444暗號

444：天使在你周圍的每一處！你完全地受到天上許多神聖存有所愛、支持與指引，你無須畏懼任何事。

第一次經驗到天使數字444，是10多年前在美國剛懷孕時。當時，因為保險並未涵蓋生產而焦急萬分。幸好，公寓主任告知，我們初出社會，符合申請低收入保險條件，這才解決我們的困境。

至今仍記得，收到妊娠保險那一天，手錶時間上的時間恰恰好停留在下午4:44分。於是我明白了，在申請保險的過程是有天使看顧和協助的。

朋友的444天使數字經驗

當我和朋友們分享天使數字時，有幾位朋友不安地告訴我，其實也曾頻繁看見44的號碼，但因東方的習俗而心生恐懼。這正是發生於朋友T身上的真實事件。她不斷看見44的出現，或是這個組合，例如4:44分。

排隊時，抽到44號碼牌。買杯咖啡，服務生遞給她44號號碼牌。到7-11買東西，結帳的總金額又是$44。於是她不免開始納悶，這到底是怎麼一回事？

直到某天，我們一起下午茶時，我們的話題聊到懷孕過程的不順利。

我回憶起懷孕保險申請通過時看見444。我向她解釋，444代表著我們正被天使環繞著、支持著，是具好含意的吉祥數字。這才解開了盤旋她心中多年的疑惑與不安。我永遠記得那天她如釋重負的表情。

我的陶藝老師、父親、好朋友芳，第一次的天使數字經驗也都是瞧見4:44分。

陶藝老師曾告訴我，有陣子他總是看見444的數字。

「下午教課時，每一次我望向手機，時間都剛好停在44分，2:44分，3:44分，4:44分。怎麼會有這麼巧合的事？」我微笑聆聽，內心替他感到喜悅，然後我讓老師看儲存在手機裡無數個4:44分時擷取的照片。

我的朋友芳，是個忙碌的上班族，經常埋首於電腦前工作。她說好幾回不經意望向電腦螢幕右下方的時鐘，都會恰巧看見下午4:44分。

當我得知這些巧合，心中其實非常感恩。因為，天使讓大家經驗到的第一個數字暗號，是表達祂們的存在與對我們的關愛。

天使依據個人狀況傳遞不同的天使數字

每個人看見的數字不同，天使會依據你目前的情況或經歷，給予你專屬的數字暗號。我的家人經常看到數字39。他會在手機上看到1:39分，7:39分，8:39分或是11:39分。當時他正在籌備公司。最後，公司的統編有39這個數字，連公司住址也是39號，是不是挺神奇！

我的朋友安妮老是看見627。有一回，我們一起在街上瞧見627門牌。

當時她正處於一個過渡時期，試著從傷心欲絕的情變中走出來，振作起精神朝自己的理想努力。天使不停向她顯示這個數字，表達祂們的鼓勵並嘉許她的堅強、轉化和重生。她可以將心中的恐懼、擔憂交託給上天，她目前的改變是朝著正確方向前進，要保持信心和希望。

天使給你的訊息通常是2個數字組合或三位數。數字的基本意義如下，你可以依據看見的數字，將其代表意義整合在一起。如果整合一天當中看見的所有數字暗號，將更容易明白天使想告訴你的完整訊息。

根據《光行者人間光行者手冊》，數字的意義如下：

0：造物者（creator）愛你。

1：觀照自己的想法，只去想你渴望的，而非你恐懼的，因為你會吸引你所想的事物。

2：保持信心，不要放棄希望。

3：耶穌或其他揚升大師（觀音、聖者或其他靈性存有）正在幫助你。

4：天使正在協助你處理這個狀況。

5：正向的改變即將到來。

6：將任何關於物質、心靈世界的恐懼交託給神和天使。讓你的想法在物質與心靈世界之機保持平衡。

7：你走在正確的道路上，請繼續前進。

8：豐盛正朝你而來。

9：立刻動身從事自己的生命目的。

我在此書中提供的數字含意，都是參考朵琳‧芙秋夫人《天使數字書》（Angel Numbers 101，生命潛能出版社）。這本書詳細列出0-999每一個數字的含意。

0：神在與你說話。神會再度用確定的字句或神聖的指引得到你的注意。

1：保持正向。你現在所想的每件事都正在成真，所以請確認只想著你

所要的。將任何的恐懼交給神與天使。

2：一切安好並會持續如此。尤其當你感到充滿希望時，正向的結果便會產生，請保持信任。如果你祈求天使的協助，祂們會提振你的信心。

3：揚升大師們通常是指你感覺靠近的揚昇大師-例如：耶穌、觀音、聖者或其他靈性/宗教的上師，祂們正在協助你。

4：天使與你同在。祂們傳送數字4給你，請你放心，祂們已聽到你的祈禱並協助你。

5：一個重要的正向改變正在發生，這總是為了邁向更好之境。在經歷生命改變時，祈求上天的協助不失為一個好點子。

6：對於物質面，包括錢，不必擔憂或感到困擾。擔憂會降低你祈禱的效果。

7：你正走在正確的道路上，並會得到超乎預期的效果！數字7是神聖魔法正支持你，並為你開啟機會大門的徵兆。

8：數字8代表豐勝與富足。在此數字中的無限符號代表金錢、時間、點子，或其他你所需的一切都有著如無限之流的供應（特別是為了你的生命目的）。

9：光的工作者，現在就起身而行！數字9意味著你已完成實現你生命目的所需的準備。停止拖延，是開始採取行動的時候了。

10：神要你對這情況保持正向的想法。因為所有一切會依你最高的益處而得到解決。祈求神幫助你保持樂觀，因為你的想法對結果具影響力。

你可以搜尋有關「天使數字書」或「數字訊息」的書籍，找到數字代表的涵義，或是在網路上查詢也可以。相信你一定也曾經看見天使數字，期待有一天，有機會聽見你們和我分享有關天使數字的小故事。

我的幸運數字47

47：天使們說你走在正確的道路上，繼續保持下去

47是旅居美國時就常出現的數字。學生時代，先生住的公寓門牌號碼是47。Madeline回到天上後，我的心態從悲傷、不解，轉變到沉澱心情後開始閱讀靈性書籍，對奧祕的生命和靈魂有了全新的概念，才逐漸走出傷痛。那段時期，47出現得很頻繁，我猜想那應該是針對靈性學習所給的暗號。

大女兒2歲時，綠卡申請程序其中一個環節的名額額滿。最後決定為大女兒添個手足後就舉家回台定居。妹妹Katie在2006年5月出生，做完月子後，婆婆先帶大女兒回台灣，好讓我們專心處理越洋搬家的大小事宜。

家具一件件地減少，紙箱一箱箱增加。47這個數字，竟然在打包就緒準備託船運時再次出現，我們一共託運了47箱的家當，上天也認同我們做了正確決定。

回台定居後，育兒的忙碌緊湊，我只在意換尿布、泡牛奶、打疫苗的時間，無心再注意47是否出現，直到女兒們逐漸長大，上學後我才再次發現。逐漸明白，也許只是一個閃過腦海的好念頭，或許是為家人出於善意的正確安排，天使總是顯示47這個數字來認同我，讓我知道我在正確的道路上，鼓勵我繼續向前進。

寒暑假回台南的娘家、婆家，或到其他城市旅行時，我開始發現47這個數字依然經常出現。於是，我明瞭守護天使的確是如影隨形的保護、陪伴，不論我身在何處，祂們持續地與我保持溝通，傳遞祂們的愛。

也許你會質疑，城市中熙攘街道車水馬龍的，我如何知道那是我的幸運號碼？我逐漸領悟出一個原則，因為號碼呈現的方式包含了靜止狀態和移動狀態。

靜止狀態如停在門口的汽機車和門牌號碼。移動狀態則是行駛中的車輛，以各種方式呈現來引起我注意。例如：迎面而來的巴士，插入前方

的違規騎士，高速公路上呼嘯而過的跑車；市場路口，在我面前迴轉的車輛；小兒科門外，即將離去的小貨車；挭得非常近，讓人不由得緊張捏把冷汗的機車；停在待轉區的騎士，不一會即闖紅燈離去。

我不知道，天使們如何安排、指揮這些帶著「暗號」的車輛，在完美時間點，一分不差的「恰巧」出現在我眼前。例如：剛踏出7-11的那一刻，111車牌的車輛剛好從我眼前駛過。公園散步後，準備離開時，有天使暗號的計程車正好在我面前迴轉。右側的車輛突然加速準備右轉，因為加速的舉動讓我多留意了一下。通常，這種情況下見到的車牌也多半是有序號的暗號。好幾回下來，感覺到宇宙以此方式吸引我的注意，然後車輛就會轉彎離開視線範圍，彷彿是刻意出現讓我看見後就離開了。最讓我疑惑不解的是，連走錯路時也會看見暗號。

有天送孩子上學時，隔壁大樓一輛47車牌的轎車插入我正前方。一大早就看見幸運號碼，心情馬上開朗起來了。另一次，接近學校時，一輛摩托車突然快速插入家長的車隊中，但後座並沒有小朋友，他不守規矩的舉動更加讓我注目。眼尖的Katie大叫：「媽咪，他的車牌上有47」，原來這是天使的精心安排。

某天晚上，我到補習班接大女兒。在十字路口停紅綠燈時，右後方突然傳來急促的喇叭聲。我往後瞧，原來是一輛直行的車輛占據了右轉車道。於是，那輛車只好轉到我前方來，好讓後方的車輛能夠右轉。此時，車燈照亮了前方車牌，「0247-XX」，我不禁莞爾笑了。

某個周日上午，我正在收看約爾牧師的電視講道，一邊認真抄寫筆記。節目結束後，手機上的時間正好停留在11:47分。於是我知道，這是天使讚許我為寫作做筆記。那一天的主題是：「Shine Brightly勇敢發光」。那天的講道我受益良多，得到許多鼓勵，也更加堅定了我該勇敢分享信仰天使的信念。以下這些話語深深烙印在心坎。

你有光，上帝期待你的影響力。我們的責任是愛人、發光、友善待

人。我們應當祈禱，祈求上帝讓我們發出更亮的光，成為更有影響力的人。

一小時內出現了3次47

2016年的寒假特別忙碌。小年夜的地震突襲，接下來的停水與災後整理，讓大家的年假全走樣。我的生活在孩子回校上課後終於回歸寧靜。生活步調依然緊湊，抓緊零碎時間寫作的上午，天使捎來鼓勵的暗號，在寒流來襲的日子裡溫暖了我的心。外出辦事採購的短短一小時中，幸運數字47竟然出現3次。郵局的747號碼牌；上市場時，47元的香蕉和47元的蔬菜。我清楚明白，這一切並不是巧合，是來自天使的鼓勵。

2019年歲末，我的陶藝作品開始得到關注，終於有人欣賞我的餐盤並願意收藏。在IG上和2位喜歡美食及擺盤的女孩結緣，售出我最喜愛的蝴蝶系列餐盤。

非常神奇的是，第2位買家的住址中竟然有147這個數字。

我明白這是個徵兆，其實也是宇宙間接回答了我的疑慮。當時已有移居台南的計畫，我慎重考慮過現實因素，但也擔憂日後沒有老師的協助，我能否獨當一面繼續往餐盤設計這個方向走。售出2套作品後，我的信心大幅提升，相信只要持續學習，我應該具足能力和天賦，可以繼續朝餐盤設計發展。天使真的有千百種方法將47這個號碼帶到我眼前。

147：你對這情況有清楚的考慮，在決定與行動時，你走在正確的道路上。天使保護著你。

我常見的天使數字

當我越來越熟悉天使數字，注意到幾個特定數字頻繁地出現，也更加明瞭，天使在關鍵時刻傳遞的訊息別具意義，有時甚至幫助我做出正確決定。

111：你的想法正立即實現，因此讓你的思想模式專注於你所想要的。將任何恐懼的想法交給上天來轉化。

111是心想事成的暗號。不論是我自己的願望，或是向上天祈求協助、保護、指引都將如願。2019年10月初，天使持續向我展現111的暗號，時間長達2星期以上。就在10中旬，一連串美好且對我意義重大的事，依序在同一周發生。

222：信任所有一切都完全依其所應然的方式運作，為其中所涉及的每個人帶來神聖的祝福。放下並保持信心。

222是希望我保持耐心，相信一切都會在最完美時間點發生。或是如果事情不依照我的時間軸進行，上天希望我繼續努力或維持信念的暗號。222也會出現在心想事成的過程中，例如購屋簽約前。

247：天使說你所有的祈禱正都得到回報，保持信心。

247是讓我如釋重負的數字。當我為生活上的難題煩惱禱告時，天使經常藉由247告訴我，上帝垂聽我的祈禱，知曉我的為難和需求。祂們會協助我、指引我解決。只須保持信心和信念，我一定會得到回應的。

347：你與天使，大天使與揚昇大師們清楚的連結，已讓你非常準確地接收並遵循神聖指引。恭喜你並請繼續保持下去。

347是當我感覺靈光一閃，知道好點子來自天使的指引。或是當我遇上瓶頸，尋求上天的協助，得到回應後遵照指引採取行動。天使會透過347嘉許我，叮嚀我繼續這麼做。書寫時，當我卡在觀念性的章節，請求加百列天使協助我傳達對大眾有益的訊息時，天使引導我再次回顧閱讀過的書。例如：在嚴長壽的《做自己與別人生命中的天使》中，找到一段意義非凡的見解。稍後，天使隨即在3:47分傳來祂們認同這段話的重要性。

447：天使們恭喜並鼓勵你，因為你走在讓你所有的夢想完全成真的正確道路上。

447經常在藝術創作時出現。例如：和老師討論想法後，找到合適的配件時。完成陶藝作品，老師為我計算作品窯燒費用時都曾出現447這個數

字。不管是還在過程中，或已完成作品，天使都會透過各種方法鼓勵我，勇敢朝夢想前進。祂們一步步指引、提供靈感、解決問題的方法，並嘉許我一點一滴的進步。

陶藝創作2年後，累積了一些作品。當我回顧作品照片時，赫然發現一件很巧合的事。每當我完成一件作品，拍照或PO上社群網站時，天使會立即在當天或隔天捎來447的暗號，與我一同分享完成作品的喜悅，這真是太奇妙了。

933：你的生命目的與揚昇大師們共同合作有關，以便在世界中產生正向的療癒與改變。

933最常在我專注書寫這本書，創作天使藝術品，或是對未來懷有擔憂時出現。天使總是以這個暗號鼓勵我，要我持續由書寫和創作傳遞天使的真善美。這是我的生命任務，我正在對的方向上。

333：你完全被仁慈的揚昇大師們所圍繞、保護、愛與指引著。

333是我最喜歡看見的數字，會出現在任何時刻，也一定會出現在旅途中。外出旅遊時，天使經常向我顯現這個數字，讓我知道，不管在世界上哪個角落，祂們全天候隨行保護我們的安全，盡全力讓我們維持最佳健康狀態，指引貴人提供實際協助，好讓我們輕鬆享受旅行，平安返家。

733：揚升大師們非常高興你遵循直覺的神聖指引，這是對你祈禱的回應。

733出現在當我需要作決定，最後依循內心的直覺去判斷時。當我依循直覺由T醫生執刀Katie的腫瘤手術時，天使經由733病房號碼嘉許我遵循祂們的指引。陶藝課上，花瓣小碟成型後，突然靈光一閃，接收到的訊息是：「多做幾個，組合成一朵花的樣子。」我遵循這直覺，製作更多花瓣小碟，果真呈現一朵美麗兼具實用效果的陶瓷花朵。

只要留心觀察身邊的數字，相信你也會逐漸發現一些巧合性。但願有天你也會理解，專屬數字為你帶來的正面訊息。

222暗號和111暗號相關

2019年暑假結束後，寫作進入最後衝刺，天使系列創作已告一個階段。天使們不斷向我顯現222數字，然後是111心想事成的暗號。我明確感覺到許多美好事件依神聖秩序進行著，一件件地在完美時間發生。就在第一件好事發生隔天，一張天使卡更明確指出，上天的恩典正開始湧入我的生命中。

222：信任所有一切都完全依其所應然的方式運作，為其中所涉及的每個人帶來神聖的祝福。放下並保持信心。

111：這數字為你帶來緊急的訊息，告訴你，你的想法正立即實現，因此讓你的思想模式專注於你想要的，將任何恐懼的想法交給上天來轉化。

天使卡：事情開始發生。希望您意識到自己生活中湧現出的一些或大或小的好事。這些小事具有強大的力量。這是宇宙對您無限的愛和希望您幸福的恩典。要知道，小事會導致大事！

111好事連連

2019年10月初，天使幾乎每天向我展現111的暗號，我密切注意，時間竟長達2星期以上。就在10中旬，一連串好事依序在同一周發生，甚至持續發生，我才明白111暗號預告了這麼多喜事。

首先，10月15日售出第一套蝴蝶餐盤。那是我第一次將作品賣給陌生人，因此別具意義。買方是位巧手，廚藝很棒，注重食器美感和餐桌美學的煮婦，有不少粉絲。收到餐盤的隔天，她立刻讓它們亮相，盛裝美食PO在IG上。餐盤不僅得到她的網友讚賞，我也立刻增加好幾位粉絲。

令我很感動的是，她還暖心鼓勵我多創作，希望能在國內買到本土設計師的作品。我很開心將作品賣給她，更強烈感覺到「同頻共振」和「吸引力法則」的原理。學習陶藝以來，專注在設計餐盤上，開始有有緣人購買，對我是一項莫大的鼓勵與成就感啊！

接下來，10月16日新家斡旋成功。10月17日賣出雲朵餐盤和翅膀餐盤。10月21日新家簽約。11月25日售出第二套蝴蝶餐盤。我沉浸在心想事成的喜悅中，也對上蒼滿懷感恩。上天的恩典如此顯而易見，似乎同時為移居台南和我的事業開始鋪路，一樣一樣搞定。

買下心儀的新屋，簽約前一天再次看見222

我們在2019年初開始尋覓新居，計畫在2021年暑假，女兒們一起畢業後移居台南，陪伴長輩度過晚年。看房過程中經歷許多意見分歧，資金不足的恐懼及來源等諸多複雜的心路歷程。我的心情總是忽高忽低，也經常尋求天使的指引和安慰。

斡旋和正式簽約前，宇宙不停的傳遞「一切依神聖秩序進行」的222暗號和「心想事成」的111暗號。和搬離同社區的朋友聊起換屋的經驗，天使也透過她給我暗號111。朋友提起對面的工廠確定會在民國111年遷走。

天使讓我看見3次11:11分的暗號，和朋友說出的111，在2天內，我一共覺察到4次「111」數字的出現。

歲末某一天，當我以感恩的心情回顧這2019年許多「心想事成」的好事時，一輛有222車牌的轎車迎面而來。宇宙再次於完美的時間點，為我捎來即時訊息，表明一切的發生都會依照神聖秩序進行。

333暗號，雨天駕車有天使護送

一個傾盆大雨，雷電交加的傍晚，我帶著焦慮和恐懼匆匆出門，趕著到補習班接大女兒。自小便害怕閃電和隨之而來嚇人的轟隆雷聲，摀著耳朵尖叫的，一定少不了我。但，此時此刻，我可沒有多餘的一雙手來掩耳呀！

在雨中戰戰兢兢地緩慢駕駛，心裡不停地默默祈禱，呼喚大天使麥

可前來保護行車安全。抵達補習班時，大女兒早已等候多時。我忍不住向她抱怨，雨天夜晚駕車的高難度，真是死了不少細胞呀！「那就讓細胞死啊！反正死了也救不回來！」哇！好個讓人氣得牙癢癢的回應啊！正值青春期的她，脫口而出的回答是不帶任何同理心的。我也只能嘆口氣，繼續為母則強。

回程路上，大雨沒有停歇。行駛不久後，一輛333車牌的轎車突然插入我的正前方。那瞬間我立即明白是天使傳來訊息，回應了我的祈禱。

天使透過333車牌，讓我知道祂們已來到身邊保護行車安全。我感覺放鬆了些，恐懼似乎消散了，取而代之的是平靜、安心與篤定，握緊方向盤的手也不再那麼緊繃。那輛車持續在我前方行駛，和我走著同一路線，一直到快到家前的路口，才任務達成似地加速離去。平日的車牌數字訊息，總是讓我看見後，隨即在下個路口轉彎離去。但今天不同，讓我更加確信這並不是巧合。這可是天使護航耶！我的心重拾平靜，平安返家。

大天使麥可的許多事蹟都跟交通工具有關，不論你搭乘汽車、船、飛機或火車，祂隨時都能前來保護你，你唯一需要做的就是祈請。假使上車前忘了請求麥可，你可以在任何時刻祈求祂的保護。甚至是緊要關頭時，別忘了立即向祂求助，祂會瞬間降臨的。

333：你完全被仁慈的揚昇大師們所圍繞、保護、愛與指引著

天使暗號短詩

打開信箱 靜靜躺著我的期盼
抬頭看錶 4點44分
會心一笑 神祕暗號出現了
Angel is with me now
She just answers my prayer

失去了方向 就閉上眼睛禱告
要保持樂觀 也許需要點時間
Angel會帶來希望

奇妙數字組合等著被發現
333 111還是 222
手錶 收據號碼 還是電影票
找一找 天使的神祕暗號 真的在眼前出現
想一想 絆腳石突然不見 柳暗花明一瞬間
笑一笑 是天使介入幫忙 豁然開朗心情好

Don't worry just pray
Angels help is on the way
Don't worry just pray
Angel answers your pray

暗號會重複出現
心願將逐漸實現
奇妙感覺 等著你親自體驗
既不抽象 很真實也不虛幻
雨後天晴 望著那彩虹弧線
感覺一道溫暖陽光
似乎看見天使眨眼

3.2 天使卡和羽毛

天使卡訊息

　　以下是我曾經抽到過的天使卡訊息（來自朵琳芙秋的天使卡）。這些令人安心、平靜、充滿希望的愛的言語，為我帶來最即時的安全感、撫慰、希望、鼓勵或解惑。

　　每當夜深人靜，為生活裡的壓力和挫折，或親子家庭的衝突感到無助時，我總會取出天使卡靜靜的和天使溝通。透過這些正向的天使卡訊息，我真的感覺被天使的愛環繞著、安撫著。無數次，心情總是瞬間轉化，止住眼淚，重拾希望和力量，繼續過凡間生活。孩子漸漸大了，我也在摸索中找回自己，勇敢地為生命藍圖寫下的任務前進。

　　以下幾個訊息，在尚未確定要寫這本書時就出現了。你可以看出這些指引是很全面性的，提醒我留意內心的想法，進而採取行動。

　　「寫一本書」是我的生命任務。

　　「要有勇氣為信仰天使的信念挺身而出」，是要信任自己從閱讀中獲得的天使知識值得和大家分享，也是督促我採取行動。

　　「拿回自己的力量，你知道怎麼做」，將書寫視為最高優先順序，相信祂們的指引會幫助我在主婦生活中變得有組織力，一步步完成這項大工程。

　　「創意書寫」：騰出時間在日記中寫下你的想法，撰寫文章或一本書。

「極佳的點子」：你的點子是由神聖所引導的。請採取行動，讓你的想法開花結果。

「來自神的禮物」：從你的造物主那裡，天使為你帶來禮物。展開你的雙臂來接受吧。

「展開你的翅膀」：現在不要退縮，此刻正是時候，而你已準備起飛。

「拿回你的力量」：運用神所給予你的力量與意念，在你的生命中實現你的幸福。

「你知道怎麼做」：信任你的內在知識，並依其行事，不拖延。

「勇氣」：要有勇氣為你的信念挺身而出。

「領導力」：是承擔起你的領導力量與地位的時候，充滿愛的引導其他人。

「教與學」：保持開放的心，學習新的觀點，然後將這些觀點教導給其他。

「超覺知力」：注意來到你身旁的想法與點子，因為他們是對於你祈禱的回應。

「優先順序」：專注於你最高的優先順序，我會幫助你變得有組織力與動力。

「耐心」：你的夢想正在開展比你所想要的速度更快，他們仍需滋養與耐心。

「水晶般清楚的意念」：清楚地知道你想要的，並以堅定的信念專注其中。

以下的訊息則與現實生活相關。

「你是安全的」：我保護你遠離較低的能量，並守護你、你所愛的人與你的家。

「記得你是誰」：你是有力量、有愛與有創意的神之子，你被深深的

愛著。

「一切安好」：所有發生的一切完全是依其本貌發生，你很快就會明瞭其中隱藏的祝福。

「神聖秩序」：每件事都以它現在所需要的方式出現，看透幻象見到背後的秩序。

「安慰」：在你需要的時刻，我與你同在，協助你的心療癒。

「天使療法」：將你的擔心與憂慮交託給天使，並允許我們卸下你的重擔。

「關係和諧」：天使打開其中所涉及的每一個人的心，爭吵與衝突正在化解當中。

「富足」：當你追隨直覺，使你的夢想成真時，你的物質所需都會得到滿足。

「勝利」：你的祈禱已被聽見，而且已得到回應，要有信心。

「超聽覺力」：注意聆聽來自你內心或自其他人愛的指引。

羽毛顯現

天使們藉著小小的白色羽毛，吸引人們注意到祂們的存在。你的天使喜歡你能與祂溝通，感覺到祂的出現，讓祂能接觸你。如果祂們無法達成溝通的話，則會顯示一小片白色的羽毛，讓你知道祂們已經得知你想要與祂們溝通的願望。

黛安娜·庫柏《啟動天使之光》

羅娜常常看見天使很努力地將羽毛送給人們，告知人們祂們的存在。但大都時候，人們似乎沒有發現到羽毛，除非是在非常不可思議的地方發現到羽毛。

一位羅娜的朋友總是請求天使送給她羽毛。於是，天使請羅娜轉達：「我們的確送給她羽毛幾次，只是她都沒發現，以為天使沒有聽見她的請求。」羅娜向朋友保證，她一定會收到天使羽毛的。直到有天，朋友興奮的告訴羅娜，她終於收到天使的羽毛了，天使把羽毛放在她的鞋子裡。

　　羅娜也曾向天使要求一根羽毛，她與天使的對話令我莞爾。

　　某天，羅娜放學途中經過一處美麗田野。她走進田野中採集各種顏色的野花，依顏色分類，重新紮成一束，準備將這些花朵送給媽媽。一如往常的，羅娜和她的守護天使閒聊。

　　羅娜：「如果祢能送我一根黑白色的羽毛，好讓我搭配這些美麗的花該有多好！」

　　過了許久羅娜都沒有聽見天使回應她，不禁為她的要求感到愧疚。

　　當她走向另一處採集更多的花朵時，突然感覺到天使的存在。

　　羅娜：「嗨！原來你在這裡。」

　　天使：「是的，我沒有離開過。你真的那麼想要一根羽毛嗎？」

　　羅娜：「是的。」

　　天使：「你知道，我不能給你一根我的羽毛！」

　　羅娜大笑：「我當然知道！」

　　天使：「所以我必須讓某隻鳥留下一根羽毛給你。你現在走到前面的大樹那裡！」

　　黛安娜‧庫柏向我們解釋：

　　「天使們無須從稀薄的空氣中顯化出羽毛來，當然祂們有能力這麼做，但這是很浪費能量的！如果附近就有羽毛的話，祂們會把它吹送到該出現的地方。」

　　所以，要將空氣中的羽毛傳送到某個人身邊，讓羽毛在精準完美的時間點，降落在正確的位置，對沒有身體的天使來說，其實不是件簡單的事啊！

天使送給我羽毛

自從知道天使會在不尋常的地方留下羽毛，我開始十分喜愛羽毛。購入一個復古風情的羽毛圖案抱枕，囑咐孩子們不可弄髒它，更不可以粗魯地一屁股坐在抱枕上。逛文具店時，瞧見白色羽毛的書籤，毫不猶豫地將它放進購物籃中。

在羅娜的臉書上，有不少人留言看見羽毛的經驗，實在讓我羨慕不已。

2015年某一天，在一個特別需要天使陪伴的日子，天使終於送我第一根羽毛。（事實上，就在記錄這篇文章的這一天，羽毛在身邊飄下2次呢！）

那天我獨自到骨科醫院看診，因不安、疼痛而請求天使的陪伴。好幾回，在冬季旅遊日本，穿著硬鞋底的雪鞋逛街，因此引發腳底筋膜炎。我很掛意右側的肩膀時常痠麻，因此醫生建議我先做神經檢測，再接受足部體外震波治療。

忐忑不安的掛了號，在拿到47號碼牌那一刻，知道天使嘉許我照顧自己的健康，才稍稍減低了緊張感。

醫生安排好幾項檢查，有X光，「神經傳導檢查」及「體外震波」擊碎腳跟上的骨刺。護士帶我到診間躺著，告訴我檢測是類似低周波電療一般酥麻的感覺。如果痛到難以承受，她會馬上調降電波強度。沒有家人陪同，這一切陌生又異常疼痛的過程，讓我極度不安焦慮，只能默默呼求身邊的守護天使，以及大天使拉斐爾前來陪伴。電波比想像中還要強烈，我一向怕痛，眼眶滲出幾滴恐懼的眼淚，多麼希望此時有雙手牢牢握住我。

體外震波的療程結束後，腳還是疼痛且不方便行走的。回家後，只能坐著休息，緩慢移動。忍著不適，依然下廚準備晚餐。當我把鮭魚盛盤於美麗的盤子上，突然間，一小片非常稀疏，細小約2公分的白色羽毛，自空中輕輕地飄落於餐盤邊緣。我愣了一下，抬頭望望天花板，納悶這羽毛來

自何方？我很快恍然大悟，這應該是天使留下的羽毛呀！歐耶！太棒了！天使終於也送我一根羽毛了。我明白這是來自天使的徵兆，祂希望我知道，稍早在骨科醫院時，祂的確在身旁陪伴我度過難熬的時刻。

天使經常以羽毛回應我的禱告，讓我知道祂們聽見了我的呼求，不論是需要安慰、鼓勵、指引、療癒或是保護的時刻，或是在遵循神聖指引後，祂們都會留下羽毛讓我明白，祂們的確介入過程，默默的在幕後幫忙，讓一切順暢進行。

羽毛最常出現在我行經的路途中，有時會剛剛好在我眼前緩緩飄落，不論我正在走路，或是開車行進中都曾發生。偶爾，羽毛出現的地點令我驚奇，例如在車水馬龍的路邊。我總是讚嘆羽毛出現的完美時機，也忍不住停下來觀望一會。這代表了天使總是如影隨形，因此祂知道何時何地讓羽毛出現，引起我的注意。

某個悠閒的周日清晨，我在公園享用早餐、健走、晨禱，並請求天使協助我文思泉湧。看見草地上的羽毛，我思索著是否有將羽毛從眼前飄落的經驗寫進文章。回家路途中，我再次看見一小片羽毛從空中慢慢飄下。這樣的巧合，讓我明白在公園時的確和天使連結上，祂們也知曉我腦袋中的想法。我相信這片羽毛的出現，是為了提醒我該提起這個經驗。我好喜歡和天使培養出一份默契感啊！

彩繪「Tea Time with Angel」杯盤時，因不熟悉羽毛的畫法而心生焦慮。天使們開始贈送我不同的羽毛，好讓我仔細觀察羽毛的結構，然後下筆畫畫。事實上，羽毛盤子的成品還挺栩栩如生的，這都要歸功於天使的羽毛禮物呀！

有2回，因家人住院而擔憂不已。不論是身心靈和實質上，都特別需要倚靠天使的療癒及協助。在媽媽就醫住院過程中，我非常感恩許多陌生人的善心善行，讓我無需面對更多壓力。媽媽病情穩定後，我前往台南著名景點「藍晒圖」紓壓轉換情緒。熙攘人群中，赫然發現地上有一大片人工白色羽毛（也許是因為藍晒圖附近有許多文創小店，因此天使發現了人工

羽毛，盡力將它吹到我身邊）。我相信，這是天使們讓我知道，祂們陪伴著我和媽媽經歷就醫過程，一切都會安好。

2018的生日前幾天，天使送給我一根小羽毛。小羽毛完美的接著在陽台盆栽細小的枝枒上，看起來就宛如是長出一片羽毛般，令我讚嘆不已。那片羽毛其實預告了祂們將介入物質，淘汰舊電腦，讓我心想事成，在生日時得到一台新電腦（記錄在小天使介入淘汰舊電腦那篇）。

宇宙一直是與我們相連的，上帝與天使們看見我們的努力，當然也聽見我們的煩惱和心事。祂們從不吝於指引你、鼓勵你，因為祂們無條件愛著我們，希望我們過得快樂。你隨時可以請求天使給你一個徵兆。如果你曾為煩惱禱告，或是為任何事祈求協助，留意羽毛是否在身邊出現。留意心中的直覺想法，身邊任何引起你注意的畫面、影像，這些都有可能是天使回應你的祈禱，是來自天使的指引和忠告。

手掌心的羽毛印記

2017歲末時，我再次參加伊莉莎白老師的工作坊，接受「亞列爾」大天使的豐盛祝福。經由老師的手掌，天使將專屬於我的能量打進我的手掌心。在那幾秒間，我的確感受到有一股灼熱感，和細微能量緩緩流入掌心的感覺。

伊莉莎白老師為我解讀：「天使烙印在你手掌心的符號是『羽毛』，是『羽毛』能夠帶給你更高的能量和頻率。」

我百分百理解這份特別的祝福，因為天使早已送我許多羽毛。在事件當下，「羽毛」總是最直接引起我的注意，代表天使時時與我同在，聽見我召喚祂們。羽毛以多樣形式顯現過，有一根根真實的羽毛，書本上的羽毛插畫，甚至是IG上羽毛照片都曾發生過。最神奇的莫過於katie出院當天，烙印在短褲上清晰無比的羽毛印記。

蝴蝶徵兆

除了天使數字，羽毛，天使還會以其他徵兆顯示祂們的存在，例如：蝴蝶，硬幣等。蝴蝶的出現較難察覺是天使的存在跡象，但是，如果不是在植物多的地方，在城市中或開車行進間，發現有蝴蝶接近，我很樂意解讀為天使與我同在。

有一回，做過足部震波治療後，在停車場付費時，我瞧見蝴蝶在我身旁翩翩飛舞。我立即感覺平靜許多，知道在疼痛難耐的治療時刻有天使陪伴著我。

你將會反複收到相同的符號，直到你信任並開始相信這一切並不是偶然。你也可以祈禱，請求上帝或天使幫助你理解這些徵兆的含義，留意來到腦海中的想法，你將獲得指引。但願有朝一日，你也會看見天使留下的羽毛，沒錯過天使溫柔的真心祝福！

訊息的真實性

如果我們試著用心感覺，你會越來越熟悉自己的感覺或直覺，並信任它的「真實性」。《光行者的工作手冊》這本書歸納出這些與「感覺」有關的天使經驗。

- ·感覺溫暖、令人欣喜，有如一個關愛的擁抱。
- ·即使警告你有危險，也會讓你感覺安全。
- ·通常伴隨難以解釋的花香。
- ·在沙發或床上留下痕跡，彷彿剛剛有人坐在你旁邊。
- ·造成氣壓或溫度上的改變。
- ·彷彿有人碰觸你的頭，頭髮或肩膀。
- ·讓你深深確信「這是真的」。
- ·創造重複一致的直覺，讓你進行某種生命的改變或採取某種行動。

‧感覺很自然，彷彿這個經驗是自然來到你身邊。

以上大部分我都曾感覺過，或是在書中看到其他人經驗過。許多人在睡前祈求天使的協助，祈求在睡夢中得到天使的指引和保證。他們甦醒後，感覺夜裡和天使相遇的經驗栩栩如生，也開始願意相信天使的指點。

聞到花香

某次媽媽動手術時，手術前一晚我陪伴媽媽待在單人房，我非常期盼天使會在夜裡現身來訪。隔天清晨，雖然我沒有特別「感受」或「見到」天使，但我相當確信，病房裡瀰漫著一股清新的花香，這是病房裡不可能出現的味道。

沙發上留下痕跡

一位國外媽媽，在書中分享她的家人見到大天使麥可的經驗。

這位媽媽祈求大天使麥可前來家中守護，但是她膽子小，於是悄悄希望不會直接見到大天使，以免受到驚嚇。祈禱後，當她在廚房準備餐點時，忽然聽見兒子在客廳呼喚她並驚訝大嚷：「媽媽，你剛剛有看見沙發上坐著一位男士嗎？」

當她前往客廳查看，赫然發現沙發和扶手上留有明顯的痕跡，彷彿有人剛剛坐在那裡，並將手臂靠在扶手上一般。這位媽媽立刻明白，是大天使麥可聽見她的禱告來訪過了，並且貼心地趁著她在廚房時祂才現身，沒有驚擾到她。

碰觸你的頭，頭髮或肩膀

羅娜在書中提起天使會碰觸她的頭和頭髮。

在家中，羅娜時常和天使擦肩而過，感覺到祂們的光芒和能量。某一天，她為某些事感到悲傷不解，常陪伴在她身邊的大天使麥可出現了，將充滿光芒的手放在羅娜的頭上，立刻帶走了羅娜的悲傷。

創造重複一致的直覺經驗

重複一致的直覺是我最常感受到的。最明顯的一次，發生在我獨自帶女兒前往墾丁旅遊時。當時我最在意的是交通的安全性及便利性。出發前，天使在我腦海中植入一個想法，指點我向包車公司詢問「女司機」的安排。這想法一直重複出現，直到我終於拿起電話致電包車公司。那趟旅行因為有了這位專業女司機的服務，全程安全且輕鬆愉快。

《光行者的工作手冊》還提到，與想法有關的真實天使經驗可能如下。

- ・與持續和重複的概念有關。
- ・關於如何能協助解決問題或幫助他人，有一個中心的主題。
- ・正向且注入能量。
- ・清楚指引你現在該採取的步驟，一旦你完成第一步，會提供後續要採取的步驟。
- ・帶來充滿活力與令人振奮的點子。
- ・憑空出現靈感或對你祈禱的回應。
- ・召喚你採取實際的步驟或做某些工作。
- ・感到真實且有意義。
- ・與你天生的興趣、熱情或天分相符。

我曾體會過「召喚你採取實際的步驟或做某些工作」，「與你天生的興趣、熱情或天分相符」，和「感到真實且有意義」的指引。

通常在10月底左右，我會開始蒐集材料創作聖誕手作。但2018年，我意識到必須將時間用於寫作上。腦袋告訴我應該放棄聖誕手作，但心中不免遺憾少了創作的樂趣。守護天使早已知曉我想法，很快提供一個兩全其美，與我的興趣十分符合的絕佳點子。

就在Pinterest App上瀏覽美麗的聖誕餐桌時，靈光一閃，何不將這2年來的聖誕手作，和天使燭台及音樂盒結合，以天使為主題，擺設一桌聖誕餐

桌？這個絕佳靈感也非常符合我想推廣餐桌美學的理念。天使和天使燭台是主角，是餐桌上的centerpiece。聖誕餐桌少不了蠟燭裝飾，因此天使燭台非常適合。雲朵餐盤和翅膀盤的設計本來就和天使相關聯。和陶藝老師討論這個想法的可能性後，天使馬上捎來暗號，表明祂們很高興我遵循祂們的指引。

這個好點子令我雀躍無比，也迫不及待付諸行動。拍攝出來的效果很和諧，甚至萌發舉辦陶藝作品展覽的想法。這就是「召喚你採取實際的步驟或做某些工作」和，「與你天生的興趣、熱情或天分相符」，「感到真實且有意義」的指引。

我最常感覺到天使訊息的方式是：靈光一閃的想法，或是「找誰聊聊」。

每一回天使建議我「找誰聊聊」時，都挑選了最合適的人選，也都是我已熟識的朋友或長輩。特質是，他們有足夠的經驗或知識提供建議給我，並且樂意為我解答。我不必擔心打擾他們或是懷疑其可信度。你可能一時沒想到這位朋友，當你請求天使協助時，祂就會在你耳邊提醒你：「找某人聊聊吧！」我的例子如下：畫「秋之時尚」杯盤時，練習畫了帽子和項鍊後感覺遇上瓶頸。天使建議我和從事服裝設計的菁聊聊，有哪些經典服裝元素是容易下筆的？菁很快建議我可以畫耳環啊！這點子太棒了，我平日不戴耳環，自然不會想到耳環這個元素。

剛開始動筆寫書時，天使就督促我去拜訪我的國小自然老師，請教他寫作和出版相關事項。當時老師已出版4本著作，在這方面有足夠的經驗為我解惑。這位老師即是幫我寫推薦序的謝水乾校長。2019的歲末很忙碌，進行到自己校稿時，我猶豫著是否該為自己訂deadline，在12月送出書稿。幸好校長適時提供經驗談，要我依循自己的生活步調去進行，別和一連串的節慶及孩子的寒假相衝突，累壞了自己。

吳若權在他的著作《向宇宙召喚幸福》中提到：「當心中兩個自我在對話、或爭論時，只要靜下心來，就有機會聽見來自宇宙那端的訊息。」

只要保持一顆信任的心，以意念向天使求助，祂們就會透過各種創意的方式與我們溝通。如果，你感覺自己正接收到祂們的指引，這或許「就是」真的。

所以請你開始在身邊留意訊息的可能性，你也可以祈求天使協助你辨識祂們的徵兆與訊息。靜心聆聽你所感覺到的指示、直覺，或是周遭親友們的建議或談話，或是突然驚鴻一瞥瞧見的數字、物品、電視上的畫面，這些都有可能是天使給你的答覆。

當我們帶著開放的心去接受、信任這些訊息，遵循這些指引去做調整、改變、付諸行動，就能看見轉機，也會對天使還有自己更有信心。我向你保證，你會越來越習慣請求上帝天使們的指引。請永遠記得，來自天國的指引是以「愛」為出發點，蘊含著至高無上的智慧，絕對值得我們信賴。

回顧天使徵兆

回顧這些年來，天使傳遞給我的所有徵兆，皆依據事件就地取材，非常清晰容易懂。每一個徵兆都和事件本身發生的相關環境，或是物件種類有直接關聯。

失去第一個寶寶Madeline前，我在胎教期間凝視的照片，是個有雙白色翅膀的美麗小女孩。懷孕末期時，引導我們一回回經過葬儀社，警告我們憾事即將發生；下葬Madeline前，我將為她編織的毯子交給醫院，請他們蓋在她的小小身軀上。Madeline投胎到新家庭後，她的新媽媽編織了一條圍巾送給Katie當見面禮。那條圍巾，是Madeline告訴我們，她收到了我們的愛和見面禮；兩個女兒出生時，前來照顧我的護士或醫生，配戴於白袍上的名牌，都和女兒的名字一模一樣。

構思「Tea Time with Angel」杯盤系列，決定要畫心形花瓣的「荷包牡丹」時，天使請鄰居捎來有「荷包牡丹」的早安問候圖，認同我的選擇；畫羽毛杯盤時，天使不斷地在我行經之路丟下羽毛，好讓我仔細端倪羽毛的細節，彩繪羽毛；寫書的期間，天使指引我去閱讀多本靈性書籍，或在圖書館借閱相關書籍；決定上陶藝課的隔天，天使提醒我看見一個畫有小天使的陶瓷吊飾。那陣子，我開始蒐集聖誕飾品，也特別注意陶瓷吊飾圖片。

　　Katie動腫瘤手術時，天使直接安排我們入住733病房。733這個天使數字和遵循直覺有關。選擇T醫生幫Katie動手術，即是依循直覺下決定的；婆婆跌倒骨折後，臨時安排動手術。我無法就近照顧，於是請求上帝指引我為婆婆找到一位好看護。很幸運的，透過一個安全的平台，及時找到一位專業、親切、有耐心的年輕看護。打從第一眼，婆婆就覺得和她投緣，很喜歡她。大伯是婆婆的主要照顧者，徵兆就出現在大伯身上。看護來的隔天，大伯正巧穿了件有翅膀圖案的T-shirt，是我未曾見過的。這樣的巧合無疑是天使介入協助的徵兆。

　　2019年暑假的韓國行，大女兒已患有坐骨神經痛。出發前，我非常擔心她的體力是否能勝任走路及舟車勞頓。第一晚在速食店用餐時，天使要我瞄一眼牆上壁畫。猜猜我看到什麼？是「Angel in us Coffee」路牌，天使藉此告知我，祂們已隨行守護。直到在街上看見「Angel in us」實體咖啡店，我才恍然大悟，也驚嘆天使總是就地取材向我們顯示徵兆的功力。

　　向天使祈求協助後，記得多多留意周遭環境及人事物，注意共時性和巧合性，這都是祂們和我們溝通的方式。

　　但願你也會很快見到天使給你的專屬徵兆。

修道院裡的麥可聖像

4
———
天使介紹和生活小故事

4.1 守護天使

關於守護天使

你相信嗎？在你尚未受精之前，守護天使就被指派給你了。

某天早上，我正在閱讀羅娜另一本著作《生命、學習、愛，守護天使教我們十三堂愛的必修課》的第13章節〈你的守護天使教你怎麼愛〉。

大天使麥可告訴羅娜：「上帝創造第一批人類時，除了賦予靈魂給人類，也給我們每一個人祂自己的一部分，和一份強大又永恆的禮物，愛。」為了幫助羅娜更了解愛從哪裡來，大天使麥可曾帶羅娜的靈魂回到天堂，親眼瞧瞧上帝是如何指派守護天使給每一個靈魂。這段上帝指派守護天使給每個靈魂的詳細描述，深深震撼我的心。我想像著那畫面，似乎也沉浸在那壯觀的場景裡。一想到上帝的慈愛如此寬宏浩瀚，我不禁感動得潸然淚下。在此和大家分享這段原文。

愛，來自於天堂

大天使麥可執起我的靈魂，瞬時之間，我來到了天堂，身處靈魂之海中，那裡提供每一個人和每一個人種族成員的靈魂。祂告訴我，所有人類所需要的靈魂都在這裡了。我放眼望去，就是看不到何處是靈魂之海的起點和盡頭。

我被置於那些靈魂之中，感覺到排山倒海的愛。我在所有靈魂的臨在（presence）之中，而這些靈魂都分別是上帝微微之光的一部分，因而，我

等於是在上帝的臨在之中。

靈魂們在等待上帝指派一位守護天使給自己。

我看到遠方有一位守護天使，行走在靈魂之海中。祂正在數以百萬計的靈魂中行走，但祂始終知道自己要往何處去，祂心無旁騖地走向一位看守者指派給祂的靈魂。

守護天使找到了這位被指派給祂的靈魂，而當他們第一次相遇的時候，愛的火光從靈魂和守護天使之間綻放出來。守護天使和靈魂緊緊相擁在一起，看起來就好像祂們已融入對方之中一般。

我看著守護天使和靈魂一同走向上帝。

那似乎是段漫長的旅程，而我被允許能夠看著祂們的每一個步伐。在這段期間裡，靈魂和守護天使彼此說著話，並分享著宏大的愛與喜悅，藉此好好地了解對方。

終於，靈魂和守護天使站在上帝面前了。上帝擁抱著靈魂，稱他是「我的孩子」。

站在上帝跟前，守護天使與靈魂建立起真正的連結。由於上帝對我們無可限量的愛，於是指派一位守護天使，作為他孩子的靈魂看守者，並且指示守護天使，務必要把我們安全的再次帶回天家交還給他。

你的守護天使永遠不會離你而去。事實上，祂也不想離開你，祂時時都在你的靈魂臨在之中，而那靈魂即是上帝的微微之光。

當靈魂與守護天使站在上帝跟前時，靈魂獲准去選擇自己的父母。他選擇了自己再熟悉、再了解不過的父親與母親，並且無條件的愛著他們。

當上帝對守護天使說話，要守護天使帶著這個靈魂到他所選擇的母體內受孕；提醒守護天使，這個即將住進人類身體中的靈魂，已經被賦予選擇與決定的自由，守護天使必須尊重這樣的自由意志，萬萬不能逾越那條界線。

守護天使緊緊握著這個靈魂的手，把他從天堂帶往地球；而當這段生命終了時，守護天使得如此這般地再把靈魂帶回天家。

就在一個念頭的片刻，守護天使輕柔的把靈魂放進小小的人類身體中，並且一起待在子宮裡，持守著這個幼小靈魂，直到誕生的那一刻。守護天使會與小嬰兒一起出生，過程中始終緊緊的抱著這個靈魂，但出生後那一剎那，守護天使便放手了，允許人類有自己做選擇、自己下決定的自由。

守護天使的樣貌

守護天使的外觀形形色色，通常龐大無比，比他們守護的人還大上許多。守護天使發出光芒，經常穿著純金、純銀或純藍色衣服，或者彩色的（我在製作陶瓷天使時，就是依據這段描述來參考上色）。羅娜看見別人的守護天使，有如一個美麗明亮的人走在人們身邊。天使還會顯示人類的相貌給羅娜看，好讓她能夠更容易，更清楚地向我們描述。

我看見守護天使，和我看見其他天使的方式略為不同。

大約五歲開始，我便看到每個人的背後都站著一位守護天使。守護天使都非常地光亮燦爛，比起一般天使要炫目耀眼許多，我發現那會使人失去方向感。

天使告訴我，未來守護天使會以明亮的柱狀模樣，展現在人們的背後。只有某些必要且特殊的原因時，守護天使才會展開我稱之為「盛開」的光芒。我開始實際而完整地看到天使，但只有守護天使會以柱狀的形式顯現給我看。

羅娜轉述天使在日常生活中，給予大家無盡的愛與協助。

一位天使在我耳邊細語，告訴我天使如何幫助我們在生活中運作一切。每一步路、每一口氣、每句話、每聲嘻笑，祂們幫助我們運作人體生理上的一舉一動，也幫助我們釐清腦海中的困擾和疑惑。祂們不停對我們說話，在腦海和思緒裡給我們答案。但多數人忙到無法停下思緒傾聽。在我們和守護天使溝通，向祂求助之前，祂早已知道和聽到你腦袋中所有想法，因此祂也懂得如何轉化你的思想。

羅娜最常見到守護天使打開翅膀，彎身向下，以翅膀擁抱守護者，並

給予愛和希望的能量，將光束灌注到主人的心輪。天使還會將手搭在你的肩膀上，傳遞力量與愛給你。有一回我讀到：「守護天使將充滿著光的雙手，放在小男孩肩膀，助他一臂之力，在車陣裡的縫隙間安全移動。」

《找到自己內在光》這本書告訴我們：

「你的守護天使不能干擾你的選擇或命運，那得由你自己決定。但是，祂可以輕輕地推你到正確的方向上，一路幫助你。如果你的守護天使看到你陷入困境，祂不能阻止你犯錯，但如果你願意聆聽的話，祂可以幫助你了解那些錯誤。在靈界的規律裡，如果你沒有尋求幫助，你的守護天使就不能幫助你，而你尋求的幫助是可大可小的。天使時時刻刻都在你身旁，所以和他們聯繫是很容易的，你不需要刻意舉辦什麼儀式，除非你想這麼做。」

所以，只要以和朋友說話的語氣口吻和你的守護天使說話，祈求祂的協助即可。

也許我們以為天使沒聽見我們的想法，會生氣、抱怨天使沒有協助我們達成每個願望，但是天使並不會因此就收回對我們無條件的愛。天使總是非常溫柔、慈愛，他們把手搭在眾人的肩上，在他們耳邊輕聲細語，輕柔的撫摸他們的頭或頭髮。守護天使總會在身邊陪伴我們，安慰我們，守護我們，以無條件的愛盡可能陪伴我們度過難關

在《天堂之旅》這本書中也有關於守護天使的描述。

一旦我們完成了人生藍圖的規劃和修正，我們最後要進行的是招募「特別」幫手：在即將展開的人生路上保護我們的天使。我們一直有一整隊的天使在看顧，並且隨時準備援助，雖然權天使只在特定召喚並要求奇蹟時才會出現。就如我們有指導靈的事實，並不會抹煞已逝的摯愛親友在「另一邊」熱切希望提供協助的意願，我們雖然有來到地球前所選擇的天使小組，天堂仍有一群美麗的天使軍團持續的看顧我們。

直到完成了藍圖，經過了修正，並確定了保護我們的天使後，我們才會啟程離開慈愛智慧的顧問和無處不在的上帝臨在中。離開另一邊最後感

覺到的是來自上帝的觸摸-就在我們的鼻梁上方，第三眼的地方。那是上帝的親吻，不是為了告別，而是短暫的別離。離開天堂並不只是為了實現自身靈魂的潛能，也是為了祂。祂的親吻向我們保證，我們都是祂的孩子，祂完美、無條件與永恆的愛將照亮我們在人間的日子。

關於「業力」以及我們計劃該學習的課題，天使並不能將業力取消，或是減輕。畢竟我們得靠自己去承擔、平衡因果，該學習的課題或圓滿的關係都是我們來到人世間的目的。唯有如此，我們的靈魂才能更純淨更趨近完美，更懂得愛與被愛，更有慈悲心、同理心，懂得在地球上和其他人互助扶持。

在書寫這本書的漫長過程裡，我的生命經歷了無數人生磨練，我總是想起守護天使就在身邊，隨時可以向祂傾吐任何情緒或需求。不論是不安、憂傷、害怕、恐懼、懷疑、疲憊，或是喜悅、平靜、雀躍、需要被愛的情緒，祂都會照單全收也完全理解。我無需言語，只需以意念溝通祂就會懂得，然後顯現徵兆給我，表明祂的存在從不曾離開過我。

請記得，人生的道路上我們絕不是獨自一人前進。不管我們是否感覺到守護天使的存在，祂們總是盡責的幫助我們成為更好的人，往生命藍圖的計劃前進，那是上帝賦予祂的任務。守護天使是我們最好的朋友，時時刻刻永遠相隨。我們必須學著隨時鼓勵自己，為自己打氣，不依賴別人替我們加油。最佳方式即是請求守護天使提升你的能量、信心和勇氣。祂寸步不離你的身邊，是你最棒的啦啦隊。

每個人都有守護天使

我看見每個人身邊都有一個守護天使。在人們身後三步遠的地方總有些什麼，好像是一束光，當光束打開時，就是我被允許看見守護天使的時候。

——愛爾蘭天使夫人羅娜‧拜恩

每個人都有守護天使

　　《我一直看見天使》這本書，啟蒙了我們每個人身邊，一生中都有守護天使如影如隨，貼身保護的概念。英國夫人羅娜，詳細敘述了天使們在日常生活中，提供她全方位的保護、教導、指引和療癒。這些發生在她自己和親友身上的真實故事，讓我明白，原來我們每一個人，不分貧賤富貴或宗教，都是無時無刻，24小時的，被來自天堂的愛圍繞著、守護著。不論任何時候，我們都不孤單。

　　讓我印象最深刻的例子是，羅娜描訴在一件意外中，天使如何介入協助，保護幼童受傷的靈魂之窗。

　　羅娜年輕時在商場的服飾部門工作。某天，2個外表像孩子，約60公分高，閃閃發亮的小天使，著急地呼喚羅娜一起到拍賣現場援助，以免讓悲劇更加嚴重。當羅娜跟隨小天使到拍賣現場，看見了怵目驚心的景象。只見一個媽媽將寶寶置於衣桿下，加入瘋狂搶購行列。就在你爭我搶拉扯衣服時，憾事發生了。有個女人意外把衣架扯過孩子的臉龐，衣架前彎曲的勾子，竟把孩子的眼珠子勾出來了。

　　在這驚心動魄的危險瞬間，幸好有天使們以雙手捧著寶寶的眼球，並小心翼翼保護著那一絲僅存的連結，才讓脆弱的眼球在送醫途中不至於失去連結。

羅娜的守護天使

　　在羅娜小時候，大天使麥可曾經帶著一本書走進她房間，教導她關於守護天使的事蹟。

　　「守護天使會以無條件的愛引導妳的未來，妳絕不是孤單一人的。」麥可告訴羅娜，守護天使分分秒秒都和她在一起，不曾離開她。對守護天使來說，羅娜是最重要的人，也是祂唯一的主人。在那一刻，羅娜的守護天使就站在她面前，低頭微笑看著她，握住她的手。幾分鐘後，大天使麥可告訴羅娜祂必須離開了，羅娜轉頭對她的守護天使說：「我很高興你不

會離開去其他地方。」守護天使輕聲在羅娜耳邊說：「我會永遠在你身邊的。」讀著羅娜的描述，我不禁閉上眼想像這個溫馨的畫面。

天使如何守護主人

羅娜經常和天使一同在街上散步。因此，天使會教導羅娜留意觀察，守護天使如何守護祂的主人。

「這位守護天使，手持一束細長的光，置於年輕男子的胸前，彷彿要去撫觸他的心一般。天使展開身形，彎身向下環抱著他，以愛的光華滋潤他、撫慰他。我看到一道美麗的光芒從守護天使的手中放射出來，祂的面容散發著無盡的愛與慈悲。」

鄰居老婆婆的守護天使，正攙扶著她走穩步伐，並幫老太太提手上的重物減輕她的重擔；純真可愛的孩童在草地上玩耍時，守護天使打開翅膀接住跌倒的孩童，減低直接跌落地面的衝擊。心情低落的女孩，坐在門前階梯上，她的守護天使打開巨大的翅膀，在身後環抱她給予溫暖的擁抱。

羅娜看見守護天使有時似乎漂浮著，有時又像在走路，**或者會成為受守護者的一部分，要不然就是在他的身後展開雙翅**，彷彿保護似的擁抱著他。在網路上，我經常看到一幅畫——守護天使飄浮在半空中，跟隨在孩童身後守護著他們。

也在書上閱讀到許多被守護天使解救的真實例子——有人描述在車禍的瞬間，身後彷彿被一股神奇的力量拉住，幸而死裡逃生並幾乎毫髮無傷。曾有人困在山中的迷霧裡，最後，感覺被一雙隱形的手牽引著安全下山。這些全都因為守護天使伸出援手展現神蹟啊！

你相信嗎？天使希望我們享受生命，而不只是匆忙過日子。羅娜曾在街上看見天使試著以各種方式讓人們慢下步調。守護天使站在一個上班族男士面前，將手掌放在他的胸前，企圖讓他慢下腳步。天使靜默的告訴羅娜：「這位男士覺得他必需在那天完成所有的事，因此備感巨大壓力。」幾天後，當羅娜再度看到這位男士時，天使正在身後拉住男士，讓他放慢

腳步，因為他有足夠的通勤時間，無需如此匆忙焦慮。由這個例子可見，天使很努力讓我們「慢活」。

我的守護天使

對我而言，《我一直看見天使》這本書，是來自我的守護天使最溫柔、最適時的安慰與指引。因為，這本書在完美的時機來到我面前。

那陣子，正身陷於父母突如其來，震撼無比的感情風暴。唯一的哥哥遠在美國，僅只能給我精神上的倚靠。幸好我們還能跨越時差，隨時以line聯繫。為難、手足無措，其實遠遠勝於心痛。慌亂無助到極點，生活全亂了步調。朋友心疼我，不捨我，提醒我必須自己站穩了，先照顧好自己，才有餘力去協助父母走出風暴。

那是個周末午後，我和小朋友正在誠品閱讀。隨意翻閱幾本書後，《我一直看見天使》封面上的幾句話引起我的注意。

我看見每個人的身邊都有一個守護天使，在人們三步遠的地方總有些什麼，好像是一束光。

好奇地翻開書本，一段溫暖無比的句子映入我眼中。

閱讀這段文字的此刻，不管你信不信，你的身邊有位天使，那是你的守護天使，祂從未離開過你。每個人都擁有一份禮物，一層由光的能量形成的防護罩。在我們周遭安置防護罩是天使的工作。

守護天使是身體和靈魂的守門員。你尚未受精之前，他就被指派給你了。守護天使天使也允許其他天使進入你的生命。

一頁翻過一頁，羅娜與天使的奇幻互動經驗令我感動無比。這些貼近生活的「天使之愛」讓我入迷，時間彷彿靜止，一股寧靜沉穩地圍繞著我。心緩緩平靜下來，也慢慢被療癒了。知道所有不安、為難、慌亂、難以抉擇的流淚時刻，我都不是孤單一人面對這些複雜情緒，身邊還有守護天使貼心安撫著我，鼓勵著我，給予我撐下去的力量。離開書店後，我才明白，是守護天使指引我從書架上取下這本書。在那當下，我的守護天使

不僅陪伴我閱讀，也同時傳遞了我可以放下所有擔憂，倚靠上帝與天使的守護的訊息。

風暴終於逐漸平息。在沉思中，我不禁想像，在那段天崩地裂，難熬的日子裡，守護天使是如何忠誠地陪伴傷心欲絕的媽媽和自責的爸爸？我真的無比感恩守護天使的存在。

多麼希望能夠早點知道，每個人都有守護天使24小時貼身守護著。回顧年輕時幾次驚險時刻，內心不由得湧上一股平靜與感恩。

旅居舊金山時，曾經去位於加州和內華達州邊界的高山湖——太浩湖（Lake Taho）山區滑雪，那趟旅行經歷好幾次心驚膽跳的心路歷程。白天在雪地公路上，車子打滑的驚險瞬間。滑雪後，先生因身穿太多衣服，大量流汗感覺不適，必須由我來駕車的不安。夜間趕回市區的路上，我硬要分擔長途駕車，其實夜色朦朧，伸手不見五指，我根本看不清路況啊！知道那些危險時刻，有守護天使陪伴著，保護我們的安全，真的是打從心底感恩啊！

守護天使經常會在我們耳邊低語，告訴我們訊息，指點我們該怎麼做，這是祂們和我們溝通的方式之一。遇上危險時，天使也會在耳邊大聲警告我們，或讓我們從媒體上看見相關危險畫面。我最常感覺到守護天使的方式是「感覺」應該要做某件事，創意靈感的出現，或解決問題的「方法」，或是要「找某個人聊聊」。或是突然間豁然開朗，轉化我執迷不悟的負面思想。

羅娜告訴我們：「**在我們和守護天使溝通、求助之前，祂早已知道我們每一個想法。**」正因為守護天使知道你腦袋中所有想法，因此，祂懂得如何轉化你的思想，或是指引你的下一個步驟。我深刻體會過，守護天使將我的負面思考轉化為正向思考。我經常因孩子們的不良習慣苦惱，或是放大她們的缺點。但天使會提醒我，要記得孩子是聰明乖巧，還有許多優點的。

印象很深的是，守護天使懂得我靈魂最深處的渴望。

女兒們在學校的時間增長後，我開始探索高雄的新生活。膽子小的我怕迷路，逛百貨公司居多。只是我開始厭倦了總是去服飾店、書店或是採買日常生活用品的店家，希望能夠發掘一些藝術類的小店。旅居國外時，經常在舊金山市區或小鎮逛這些店，滿足視覺及心靈。記得某天出門前，腦海中再度升起這樣的渴望。出門後，天使很快捎來指引，要我往某家百貨旁的巷子走。當我發現一家精緻的日系精品店時，真是又驚又喜。

店內有高檔服飾、日系雜貨、飾品、設計師家飾，整家店呈現的雅緻質感非常吸引我，第一印象真有置身日本的錯覺。小飾品是最吸引我目光的，淡雅色彩中有恰到好處的設計細節，有些則是童趣不失高雅，節慶擺設總是脫俗又經典。我感覺好滿足，不論是這家店的服飾品味，或是細緻的藝術風格都非常符合個人的喜好。雖然，高價位的商品我負擔不起，但是直至今，每當感覺需要點創作上的靈感時，我都會去那家商店晃晃。

來自守護天使的溫馨提醒

守護天使時常在完美時間點，提點我日常上忘記的小事，或是預告將發生的事。

2018暑假，我瘋狂迷上拍雲，走到哪拍到哪。千變萬化的雲朵時常帶給我驚喜，開車出門時還會停在路邊拍照，這些舉動守護天使全都看在眼裡。有天清晨，我騎摩托車外出，眼睛望向天空，一不小心又被雲彩迷住，心不在焉，根本沒注意行車安全。霎那間，我清楚聽見天使愛的叮嚀及警告：「孩子，專心騎車。雲再拍就有。」我趕緊回過神專心騎車。

2019年，雙十連假前補課的周六，Katie因為肚子痛遲遲未起床。眼看快遲到了，在緊迫的時光中腦袋快速轉著，我該何如處理？那一早，大女兒要請假2堂課去看足底筋膜炎。我必須在短短幾分鐘內抉擇，是照原計劃先帶大女兒看醫生再送Katie上學？或是讓Katie也請假兩堂，再一起送2人上學。（姐妹倆的學校在同一條路上，僅相隔一公里）最後，我決定也幫Katie請假。告知老師後，我外出買早餐順便在公園祈禱，祈求拉斐爾天使

舒緩Katie的不適，也請求天使指點我做最好的安排。

就在我大致決定先帶大女兒看診，再回家接妹妹一起上學，守護天使瞬間塞給我2個字：「復建」。我馬上會意。看診後，大女兒可能需要復健，那段時間我就先回家協助妹妹做上學前準備。果真，掛號後，因等候的病患不少，大女兒先被安排去做復健再看診。感謝天使的預告，協助我未清醒的腦袋運轉。

另一回，我很佩服守護天使協助我找回母愛。那是段考前的周一早上。前天周日和周一，先生都是晚班，我的責任特別多。周日晚，Katie不乖惹我生氣，身體的疲憊還沒消散，不管是情緒上或體力上都感覺無力。周一早上，當Katie說她的腳痠痛遲遲不起床，我馬上陷入負面情緒。一想到送大女兒上學後我還不能休息，得再跑一趟送Katie上學，我的耐性開始流失。

我板著臉對Katie說話，只想到她症狀輕微不應該請假，該到校複習考試，一點也無法同理她的不舒服。讓Katie多睡一個小時後，她還是不肯起床，有氣無力的說：「現在連肚子也痛了。」見她沒拉肚子症狀，我沒有太擔心也沒打算帶她看醫生，只是越來越生氣，滿腦子只想著忙著趕稿，她打亂了我的作息。最後，連我自己也受夠了滿溢的負面情緒，連忙出門去公園紓壓。

沒想到在混亂的心情下，我竟然還接收得到天使的訊息。走了幾步路，氣還沒消，就感覺天使在腦海中轉化我的思考。天使慈愛的提醒我：「看醫生」。我聽見了，心終於軟化下來。我馬上轉頭回家，帶Katie到附近有超音波設備的腸胃科看診。診斷後幸好無大礙。看診後我怒氣全消了，也讓Katie在家休息。多虧有守護天使介入，找回母愛！

小女孩看見我的守護天使

朋友的小女兒有看得見天使的獨特天賦。曾聽朋友談起，女兒描述她自己的守護天使樣貌，有一頭短短的捲髮，就和通靈老師看見在她身邊的

天使是一模一樣的。有一天我在便利商店偶遇小女孩，忍不住停下腳步和她聊聊。隔天，朋友便轉告我，她女兒見到我身後有一位身形比我高大的天使。我很開心也立即明白，小女孩看見的正是我的守護天使。

我的守護天使隸屬於漢尼爾大天使之下

還記得幾年前，當我嘗試在心中詢問守護天使的名字時，隱約感應到「安妮」這個名字。然而印象中，大天使們似乎並沒有這麼現代的名字，以為是我的幻覺而一笑置之，沒有特別放在心上。直到伊莉莎白老師為我做天使諮商，我才真正知道我的守護天使是誰。老師告知我的守護天使，是隸屬於具有溫柔女性能量的「漢尼爾」大天使之下，我才明白我的直覺正確無誤。「漢尼爾」這個名字念快一點，發音其實和「安妮」很雷同呀！

「漢尼爾」大天使是敏感、纖細柔和的，很適合引導我注重細節的藝術創作。

當時，伊麗莎白老師雖和我不特別熟識，但當她說出我就像是楚楚可憐，纖細的林黛玉時，我不禁莞爾一笑。學生時代的我，帶給大家的印象是纖瘦、文靜、宛如溫室裡的花朵般弱不禁風。因此我確信，守護天使隸屬在掌管與「美」相關的「漢尼爾」大天使之下，的確是上帝依據創造我的特質，特別指派給我的。

我們專屬的守護天使，其特質會與我們的性格相似，因此祂的專長可以適切輔助我們的職業。例如：拉斐爾大天使掌管療癒和健康，是醫生的守護神。麥可大天使英勇，威力強大，握有一把劍，因此他是警察的守護神。

請求守護天使協助聯繫他人

因連絡不上朋友、客戶、家人而焦急不安嗎？請求守護天使的幫忙很有效喔！

好幾回聯絡不上對方時，我會請我的守護天使和對方的守護天使聯繫，請祂在主人翁耳邊低語，查看手機是誰來電過，或是通知他儘快和我聯繫。通常很快奏效，對方會很快和我聯絡，免去我的焦急擔憂。

試過幾回後，我學會在祈求天使後安心等候，暫且將此事放下，繼續做手邊的事。因為，我知道該給點時間讓天使進行通知，天使會為我聯繫，我只需靜候回覆。

記得旅居美國時，大女兒會走路後，我將不再使用的學步車出售。一位美國媽媽說好要購買學步車，但是過了約定的時間還遲遲未現身。我感到焦慮，於是默默請求我的守護天使和這位媽媽的守護天使聯繫，請天使在她耳邊提醒她該和我聯絡。五分鐘後，我立刻接到這位媽媽來電向我致歉，也承諾她會立刻趕過來。

守護天使是人生旅途上最忠誠的夥伴

守護天使是我們人生旅途上最忠誠的夥伴和好朋友，我們只需以向朋友說話的隨和語氣和祂聊聊心事，說話即可。試著在早晨時，上學途中，上班通勤中，在晨光運動中，利用幾秒鐘在心中和你的守護天使道聲早安，這麼一來就開啟了和祂的連結。你可以告訴天使：「親愛的守護天使，早安！請讓我感覺你的存在。」，「親愛的守護天使，請給我一個徵兆證明你在身邊。」你也可以詢問守護天使的名字。留意來到腦海中的任何想法，名字。

留意任何細微的感覺，也許你會感到一絲平靜，也許放鬆了些。接下來，你還可以簡短祈求祂的助力：「親愛的守護天使，請協助我有美好順暢的一天。」「親愛的守護天使，請協助我轉化煩惱，讓心情好轉。」「親愛的守護天使，請幫我聯繫某某人。」守護天使會很樂意為你服務的，祂們的任務就是協助我們在地球上的生活平安順利。

我們經常感覺「計畫跟不上變化」，但是如果願意相信天使就在身邊看顧著，我們就不怕遇上變化，隨時隨地請求天使介入協助，仰賴祂們的

智慧幫助我們隨機應變，臨危不亂。天使會祝福我們，指引我們，但決不會侵犯自由意志影響我們做任何決定。當你感受到天使的指引時，也別忘了跟祂道謝。天使不會因為你忘記道謝而不理會下次的請求。羅娜提起，當她向天使致謝時，天使總會回報她微笑呢！

守護天使允許其他天使進入你的生命

　　你不須要知道該向哪個天使求助，只要向你的守護天使請求協助，祂就會知道該請求哪位天使支援。守護天使會允許適當的天使前來協助我們，所以我們身邊不會只有一位天使守護著。如果，我們為他人祈求天使，就會有更多的天使就會到此人的身邊守護他。但是，這些天使並不會如守護天使般24小時待在我們身邊。任務達成後，這位天使就會離開，前去幫助召喚祂，需要祂的人身邊。伊莉莎白老師也曾告訴我，天使們就如網路般有強大的連結。

　　《啟動天使之光》提到，每一次當你請天使去幫助一個狀況時，一位或更多位天使會被委派來運作，因為祂們是在人以外的頻率運作，所以通常我們不會知道是怎麼回事。

天使諮商

　　天使諮商是直接與你的守護天使對話，是了解自己的另一個方式。

　　對未來失去勇氣？想改變卻有太多疑慮擔憂？在人生的十字路口，遲遲無法做出決定之前，尋求天使諮商會是個絕佳體驗。天使對所有的訊息都能完整取得，因此我們可以信任天使真實的指引。

　　對於未來的願景，和我們的潛藏天賦，保持一顆開放的心是很重要的。要記得，上帝會帶領我們前往更高的層次。相信訊息的可能性，願意做出正確的改變，積極採取行動，勇敢踏出新的一步。別害怕改變，上帝

會賜予我們所需要的資源。當你踏上新的起點時，天使會握著你的手陪伴你一起冒險。

朵琳夫人在《召喚天使》中提到：

「天使看到我們潛藏的天分，也知道透過從事與我們天生的興趣相符之專業，我們便能在幫助別人的同時，也能享受自己。依據對真實的自己採取相關步驟。神與天使們會一步步的指引你，如何以愛的方式去做。可以確定的是，他們絕不會要你做出對你或他人造成傷害的事。」

我看過一則影劇新聞，印證了天使的確是可以調閱我們的生命藍圖「阿卡西紀錄」。

影星阿西的家中有宮廟，他的老婆因帶天命成為觀世音的乩身。有人前去問事，想要解決人生困境，但宮內的神明無法找到檔案，最後還驚動了「有翅膀的天使」去調資料。事後求助的人透露他自己是信仰基督。

一切都是能量，只要有名字，天使就能連結上你的能量。上帝創造你時，也差遣了最適合你個性的守護天使協助、指引你的一生。天使並不是算命師，高層靈性生命多半拒絕幫你算命。不同於算命的是，天使不會告訴你哪一年會發生什麼事，或是犯太歲得諸事小心，不可以往哪個方向走。

守護天使時時刻刻陪伴著我們，祂清楚我們的生活上的現況，內心的想法，脆弱遲疑的點，因此知道我們該做什麼調整。你可以請求你的天使指引你，現在進行中事件的下一步，也可以詢問在某個狀況裡，你需要學習什麼，或是要如何改善某些問題或關係。無數的方向和可能性全靠你自己願意傾聽、改變、創造，因為你的未來是由你的思想、言語和行動所構成的。

信義老師解釋得很清楚，意識即是思想，正面言語會吸引正面能量、頻率、和機會。然後我們會產生動力、努力，我們的未來就更寬廣，離夢想更進一步，創造實相。

《A Message of Hope from the Angels》書中，曾提到羅娜在她的簽書會活

動中，天使提供了非正式的天使諮商案例。這個例子說明了，天使會提出工作上的建議和鼓勵。

兩位天使向羅娜揮手，祂們站在一位年輕男士身後，雖然還未輪到男士，但羅娜已可以感覺到他的恐懼。一位閃亮著金黃色光芒的高大天使現身在男士身後，以意念和羅娜溝通：「羅娜，他是如此無助，你必須鼓勵他，給他希望。告訴他，他必須盡可能去應徵工作，不必想太多，這個工作只是個踏腳石。」

我自己的天使諮商和藝術創作相關，會在第11節，加百列天使那個章節提起。天使諮商是針對人生方向及財務經濟上，天使可提供的協助，我非常建議大家試試看。

孩子們的守護天使

我讓孩子知道，守護天使陪伴著她們在學校上課及課後活動，若有任何突發狀況時，隨時可以在心裡默默請求天使協助。送孩子們上學時，和她們道再見，目送著她們的身影走進校園的同時，我會默默祈請、謝謝孩子們的守護天使看顧她們，才轉身回家展開我忙碌的一天。這是最方便，不會忘記的時刻，就和與她們道再見一般自然，只需短短幾秒鐘。

你可以在任何時刻為孩子祈福。孩子獨自上學時，走出家門的那一刻，或是當你送他上學，下車匆忙走向校園的那一刻。我通常會請天使保護他們匆忙上下樓梯的步伐，提升上課、考試時的專心度，謝謝天使們守護孩子的一天，最重要的是回家路程上一路平安。

告訴孩子們，他們身邊有個超能力的天使朋友，任何時候都可以求助於祂們。

在課業繁重的國高中階段，女兒免不了熬夜晚睡。送她們上學途中，我經常叮嚀她們，記得請求天使提昇體力和能量。相信有一天，她們會開

始試試這個方法。

也許，體育課得跑5圈操場，體力不勝負荷，那麼就請求天使提升能量和再撐一下的意志力吧！或許在學校不小心遺失了某樣物品，那就快快請求尋物天使，展開衛星般的視野仔細蒐尋，尋回失物吧！也許，下課後天色漸暗，獨自回家的路上有些忐忑不安，那麼就呼喚天使的陪伴吧！

我的好朋友是虔誠的基督徒，我很喜歡她的理念：「孩子不能24小時都和我們在一起，不在我們身邊的時刻，就交給上帝天使了。」

我經常在晾衣，準備餐點，或打理家務這些時候禱告。但我更喜歡在公園晨走時，專心地，心無旁鶩的與上帝對話並為家人祈禱，那是我與上帝的獨處時刻。親近天使後，完全改變了我關心孩子的方法。雖然，無法避免嘮嘮叨叨，但獨處的時刻，我會提醒自己以祈禱來祝福他們。

身為父母，總是擔憂多於祝福。然而，過度的擔憂帶來的是內心的不平靜，消耗無畏的精神，煩惱或問題也無法因擔憂而得到解決。甚至，我們還會將負面能量投射到他們的磁場。讓我們學習做靈性意義上的母親，丟開塵世母親的種種情緒（擔憂與控制的母性）。不知在哪讀到這段話：

「當你擔心你所愛的人時，你向他們傾倒一種黑暗、沉重的能量雲，讓一個敏感的人對傷害與疾病敞開，這是對你所愛的人最沒有助益的事。」

女孩們進入青春叛逆期後，我常因控制不住局面氣得七竅生煙。還好我已找到方法釋放我的憤怒、焦慮。我讓自己平靜下來的方式是關在臥房聽音樂，或是逃到公園散步，釋放負面情緒。一邊聽著音樂散步，試著深呼吸調整情緒，然後祈求天使們協助我找到教育孩子們的方法。天使總是用各種方式讓我知道，祂們看見我的氣餒，聽見我的禱告，並想盡辦法回應我，讓我感知到祂們的訊息。

有一回，我為Katie的行為傷腦筋。於是，天使安排我和Katie的幼稚園老師在超市外巧遇，除了給我中肯實際的好方法，分手前還為我們祝福。

知道我會閱讀，天使也經常提醒我去翻書，參考其他母親的教養方

式。《給孩子定界線》這本書被遺忘在書架上很久了。某一天，天使提醒我去讀這本書，這才警覺我並沒有明確訂出某些規矩、界線要求孩子遵守。上網時，祂們也會讓我「剛好」瞄到好書。《家有青少年父母之生存手冊》這本實用書籍是在線上讀書會得知的。前陣子，我還買了《我在家，我創業》這本書。內容是一位母親在生產後創業，書中分享了如何在家創業並兼顧養育幼兒，教養青少年女兒的方式。

暑假某天，我正為孩子的懶散，不願意分擔家事氣得火冒三丈。女孩們嫌我太囉嗦，巴不得我閉上嘴巴去公園散心，立刻消失在她們面前。天色已黑，我只能躲回房間冷靜一下。無力的癱在床上，我想找本書轉移注意力。在這種時刻，我通常會選擇輕鬆，容易閱讀的主題或是療癒系的天使書籍。

然而那一天，天使卻要我翻閱《我在家，我創業》。我已讀完那本書，知道其內容，所以臣服照做。果真，當我翻開那本書，正巧翻到描述作者和16歲女兒的相處模式那一頁，也正好是當下我最需要的管教方式。提問她們接下來該做什麼事，讓她們自己思考，而不是我一直嘮叨，發號施令要她們做什麼。

換句話說，天使提點我該從自己作調整，覺知我也有不對的地方。唯有先從自己做出調整，才能根本解決問題。從此我牢記這點，適時停止嘮叨，問問女兒們接下來該做什麼事。

雖然，身為母親很難不去嘮叨孩子，責罵孩子。責罵過孩子後，心裡的愧疚升起，但雙方一時難以平息的怒氣、傷心，總讓家中氣氛蒙上一層令人窒息的氛圍。也許，母愛會選擇先稍微退縮一步，暫時拒絕再次付出。我漸漸領悟出一個間接關愛她們的方法，就是祈求守護天使協助孩子轉化情緒，或是給她一個來自天使的安慰擁抱！在我送出祝福的那一刻，我自身的能量已慢慢由氣餒、挫折轉為平靜和寬容。

《祕密》的作者朗達‧拜恩在另一本著作《力量》中告訴我們：「**不要試圖擺脫憤怒或悲傷，當你把愛放進去時，憤怒和悲傷就會消失。當你**

把愛放進你心裡，所有不好的感覺統統不見了」。

當我們在做家事，獨處休息或是零碎時間，那些不生氣、不煩惱、不嘮叨的時刻，試著開始為孩子祈禱與祝福。**透過祈禱，我們把對孩子的愛放進心中，也直接放在上帝天使的心上。**

我相信在日積月累的練習下，我們就能夠以祝福取代煩憂。等孩子大了，離家了，我們就能夠熟練，也更習慣以意念為他們祝福了。讓母愛和天使之愛，分分秒秒成為孩子的堅強後盾，提供他們一份希望、力量和安全感。請求天使指導孩子專注學習，增添毅力和力量給熬夜讀書的學子，指引未來人生的道路，讓孩子在無條件的天使之愛中茁壯。

為孩子們祈福吧！家裡有遠在異地求學的遊子嗎？不能時時刻刻算準了時差，守在電話旁細細叮嚀，那麼就為他祈請天使的守護吧！祈求他會遇上善良、願意照顧晚輩的好房東和學長姐，志趣相投的新同學一同學習，互相鼓勵。季節轉換時，更可以請求拉斐爾大天使的守護，保佑異鄉子女維持健康。當我們為在意的人請求更多天使的守護時，天使們就來會到他們身邊圍繞著他，讓他得到更周全的保護及協助。

已出社會的孩子因工作晚歸嗎？祈求天使守護他回家的路程吧！特別是家中有女孩的父母，請務必讓她知道，在夜歸的每一分鐘，每個幽暗的路口轉角，等待紅綠燈的時刻，她都不是孤單一人面對黑暗夜色，守護天使就在身後守護她。必要時，一定會悄然現身阻擋危險，或通知合適的人前去援救。相信不論是孩子或父母，一旦知道這個真理，心中都能保有一份平靜祥和。

不論孩子還年幼，或已成年成家立業，我們隨時都可以為他祝福，為他請求天使的守護與指引，這也是我永遠會為女兒們做的事。　　●

姊妹倆的守護天使

以下是這些年來，我為女兒禱告，請求她們守護天使關照及協助的

小故事。基於Katie較年幼和迷糊個性，我較常為她請求天使守護。也因此，我感應過好幾回，天使傳達簡單扼要的訊息要我放心，祂會好好照顧Katie。

大女兒的守護天使

大女兒上商職後，有次連假期間非常忙碌，每天早起到學校拍微電影。她身負導演的重責大任，忙著聯絡事宜，睡眠時數比平日少很多。於是，我請求守護天使為她提昇能量，接著，再請守護天使為她安排合適的「教導天使」指點她拍攝影片。第二天回家後，她告訴我：「媽咪，雖然睡眠不足，可是我不覺得很累耶！」我很開心祈禱奏效了。

有個周末的功課特別多，大女兒熬夜至清晨4點才睡。那天早上我很擔心她的狀態，叮嚀她有些事能否請同學幫忙她。見她揹著沉甸甸的書包下車，我能做的只有請求她的天使好好守護她，除了小心上下樓梯的步伐，也允許「力量天使」為她提昇能量。

就在回家途中，從鄰近大樓車道轉出一輛有473車牌的轎車，我知道是天使捎來訊息，便牢記數字回家再查詢意義。我很欣慰大女兒的守護天使這麼快就回覆我的禱告，也放下心來。

473：你與你所愛的人，都在天使與揚昇大師的眷顧中，他們總是完全地支持你。將任何的擔憂或掛念交給他們。

擔心她體力不佳，不忍心再讓她擠公車，我決定接她放學。她一上車，我問她是否瞌睡連連，沒想到她回答我：「沒有耶！吃了2顆B群，一直撐到最後一節才覺得睏，中午還睡不著。」我明白天使已為她灌注能量，因為我非常清楚，依大女兒平日習性，加上患有坐骨神經痛之後體力變差，光靠2顆B群是無法撐一整天的。

某天早上，大女兒無精打采下車後，我看著她穿越馬路，再次為她請求「力量天使」。突然間天使告訴我：「椅子」。我馬上會意，天使的意思是等大女兒抵達學校，在椅子上坐好後，「力量天使」就會在身後現

身，為她灌注滿滿的能量。哇！感謝天使的說明。

高二校慶時，大女兒有機會使用空拍機紀錄活動。前一晚她不免擔心使用時的安全性，但願空拍機不會撞到同學師長們。我馬上告訴她要記得請求天使協助。可不是嗎？想像一下天使在空中輕輕托住空拍機，協助控制飛行的方向。在燦爛陽光下，我知道天使們會歡樂地參與年輕人的活動。放學後，大女兒一臉雀躍地和我分享：「媽咪，雖然空拍機只用一下下，我覺得我拍得還不錯耶！」感謝天使！

Katie的守護天使

Katie還是小學低年級時，有一回老師打電話通知我Katie肚子痛。因為很接近中午放學時間，於是約好12點再接她。當時我正在大賣場採購，突然間隱約感應到天使指點我更改計畫，最好趕在12點前快帶Katie去診所檢查較妥當。

眼看已經11:40分，時間非常緊迫，雖然心裡是焦慮的，但腦袋卻還能不慌不忙，鎮定的依序處理事情。

先致電診所請護士等我一下，然後打給導師讓Katie到校門口等我。在賣場迅速結帳後，我推著購物車拔腿狂奔，天使還指示我去搭電梯比較節省時間（因為我從不曾在那賣場搭過電梯）。離開賣場，接到Katie，火速趕往學校附近的診所，終於如願在12點前看過醫生。確定Katie無大礙後，緊繃的神經終於可以放鬆。你知道天使為何要我這麼做嗎？從醫師口中得知，那陣子學校正流行可怕的諾羅病毒啊！感謝天使讓我儘早解除擔憂。

每當孩子們有不同於平日課程的活動，例如戶外教學，畢業旅行時，我一定撥空在她們啓程前禱告，請求她們的守護天使給予額外的保護，並觀想白光保護當日搭乘的交通工具。禱告詞，則視狀況稍作更改。

有一次Katie戶外教學是到台南的消防局參觀。

「你們得模仿消防員，快速瀟灑地從四樓高的滑桿上溜下來。」曾經體驗過此行程的大女兒回憶起細節。

「OMG！有四層樓高？」Katie張大眼睛難以置信。嬌滴滴的Katie，眼神中流露出的恐懼感沒逃過我的眼睛。因此那天的祈禱文，我請求Katie的守護天使賜予她勇氣，克服恐懼去完成這項任務。

許多女兒們第一次，我放不下心，但又不得不學著放手時，只能靜心呼求守護天使的陪伴。2018年暑假，2個女兒同時畢業，在6月中旬就放假，長達2個半月的假期特別忙碌。知道可以隨時請求天使的守護和協助是讓我撐下去的力量。

某天下午，Katie學著獨立，想搭公車去補習班上課。這是她第一次自己搭公車，我不免掛心。

「2:13分有車，剛好趕上2:30的課。」Katie在手機上查好時間。

「到了記得傳簡訊回來喔！」我叮嚀著。

Katie後腳剛踏出家門，我立即坐在沙發上，請求天使保護她一路上的安全。我閉上眼觀想，高大的守護天使，正陪著Katie在公車亭等候公車的畫面。

「剛上公車。」沒想到，幾分鐘後，天使傳來非常細微但清晰的訊息。低頭看錶，2:13分，正是Katie提及的班次，一分不差。

Katie上國中後，有天下課後直接到補習班上課，直到9點才回到家。我很擔心她會太累不習慣，一有空閒就為她祈禱，祈求她的守護天使給她滿滿的能量，應付放學後的學習。

那天是爸爸去接Katie。沒想到她笑嘻嘻地進家門，一副精神還不錯的模樣，說她不累。相較之下，4點多就放學的姐姐，已小睡過還是一臉疲倦，看起來比Katie還沒勁。整理Katie的餐袋時，才發現她竟沒吃點心，特意準備讓她補氣的核桃糕還原封不動。她的精神狀況這麼好，真令我訝異。看來，天使果真為她灌注滿滿的元氣呢！

2019年開學後，大女兒發生了「卡陰」事件。我和先生忙著送大女兒就醫、收驚，無暇接送Katie，只能讓她自己搭公車回家，還得經過一小段人煙稀少的路段。當時天色已暗，我只能默默請求Katie的守護天使保護

她，賜予她勇氣，減少恐懼。

我相信守護天使的陪伴帶給Katie穩定的力量。當晚她安靜乖巧的待在家中，並沒有急於聯繫我們。雖然事後她透露，其實她很害怕自己行走那段幽暗的路程。

感謝守護天使的護佑，讓我在慌亂中少一分擔心。

希望這些日常小故事，會讓你更相信守護天使的存在。祂們真的很樂意參與我們的日常，為我們解決煩惱。因為天父派遣祂們來協助我們享受生命，也將時間和精力用來發展才華和實踐生命任務。

為父母祈福

當我們替他人召喚天使時，我們通常會得到一些暗示，證明天使的降臨。這種確認會是實際的顯現，或是一種內在的了解，或是種感覺。另一種明確的肯定是我們祈禱的對象神奇的康復。

朵琳・芙秋《天使之藥》

有次回娘家時，爸爸提起常看見4:44分，心裡感覺很不安，我連忙向他解釋其實數字代表絕佳涵義。

444：天使在你周圍的每一處！你完全地受到天下許多神聖的存有所愛、支持與指引，你無需畏懼任何事！

每個人身邊都至少有一位守護天使。如果我們為他人祈福，請求天使前去守護他，就會有更多天使圍繞著他。

很高興爸媽也開始看見天使數字了，這代表天使垂聽了我的禱告，前去守護他們的日常生活。沒有居在同一個城市，不能常常照顧他們，我只能請求更多天使圍繞、陪伴他們。對特別照顧，善待他們的親朋好友們，我心懷滿滿的感激和感恩。明白天使會在他們耳邊耳語，讓他們願意撥空

伸出援手，給予爸媽需要的實質協助。

有一回，媽媽提起一件令家人都覺得很感動的事。

動過肝腫瘤手術後，媽媽需要搭配中醫輔助調養身體。因此，某天爸爸得早起，到台南市替媽媽排隊掛號。幸好，媽媽的朋友就住在診所附近。那天一大早，是由朋友的先生到診所先替爸爸代排。朋友先生和爸爸其實素昧平生，見到爸爸前來，他非常熱心的搬椅子讓爸爸坐，寒暄話家常打發等待的時間。我很感激這些善良熱心的人間天使。

擔心家鄉獨居的父母嗎？時間和距離的限制，不能親自照顧他們，那麼就請求天使前去守護他們吧！祈求療癒天使保持他們身體安康，雖然天使不能讓長輩免於生老病死，但還是可以減輕疼痛，療癒心靈層面。

擔心他們獨自外出的安全時，請求天使守護他們路途上平安。月黑風高或是颱風天時，就請求力量強大的大天使在窗邊保護他們的安全，讓為人子女的我們能平靜安穩入夢鄉。

444也是天使給我的暗示，證明祂們真的降臨在爸媽身邊。

Guess what？當我搭高鐵回高雄時，天使還提醒我看見隔壁乘客手機上的4:44分呢！那天回高雄的心情特別心安放鬆。

以下幾篇小故事，是我感覺連結上守護天使，或是祂為我做的事。其他章節也會介紹幾位我常召喚的大天使。大天使的力量大於守護天使，也會帶著上帝崇高的智慧回應何人的召喚，為我們解決生活上的大小難題。

第一個天使雕像

在我們和守護天使溝通、求助之前，祂早已知道我們每一個想法。

——羅娜・拜恩

我只能説，天使確實有「讀心術」。2014年，天使知曉我腦袋中的願望，指引我購入第一個天使雕像。

　　星期一午后很緊湊，將Katie送進心算教室後，便忙碌穿梭於車陣中。在1個半小時內，須完成3項待辦事項。領取完一份重要文件後，心中升起個念頭，想要繞至附近店家，瞧瞧前幾天路過時，讓我驚鴻一瞥的天使雕像是否還在。

　　瞧見手錶上緊迫的時間，只好無奈打消念頭。

　　「回家後就得馬上進廚房奮戰了。」前往才藝教室路上，我默默為自己加油。但是突然間，我避開慣走的大馬路，方向盤一轉，轉進一條幽靜的陌生小巷，目光被一家頗富異國氣息的藝術雜貨舖吸引了。停好車，輕輕推開玻璃門，第一眼瞧見的是輕倚於書本上沉思的小天使。心頭一顫，直覺地知道，那個別緻又典雅的天使雕像，屬於愛書如癡的我。

　　Love books, love angels, this piece is just perfect!

　　「第一次來嗎？慢慢看喔！」手捧著乾燥花的老闆娘，一臉親切微笑迎向我。小巧的店裡琳瑯滿目，從櫥窗到層層木架、地板上，有各式各樣不同風格的天使擺飾，和美式節慶裝飾品。我又驚又喜，難以置信幾乎要摒息，完全被眼前美麗且姿態萬千的天使們迷倒了。一股温馨的熱鬧，但卻又平靜的氛圍立即放鬆我緊繃的神經。

　　「我的客人通常是朋友介紹而來的。在附近教室上天使課的學生常會來這找尋天使飾品。」

　　「真的呀！我沒去過那個教室。我想是我的守護天使帶我來的。」我毫不猶豫的回答她。

　　天使的協助總是及時的，離開小巷弄後，赫然發現那家藝術雜貨舖與Katie的才藝教室僅僅相隔一條巷弄。天使在有限的時間裡協助我達成心願，也準時接Katie下課。

　　從此，我總是去那挑選手作材料。有一回，見我捧著一只星星造型的白鳥浮雕，一副愛不釋手的模樣，已熟識的老闆娘在一旁笑著説：「你挑

選的飾品還是充滿靈氣的白色物件哨！我們喜歡的東西其實還滿像的。」那瞬間，我有種被懂得的幸福感。一向深信轉世及緣分，我毫不遲疑脫口而出：「也許，我們在前世就認識了！」她微笑認同我：「那我們應該是相識於歐洲囉！」那天午後對我別具意義，有種喜逢知己的喜悅，更深信這句話：「你的守護天使會為你人生帶來機緣與巧遇。」

　　2019年校稿時，突然浮現一個想法：天使指點我購買這個天使雕像，是否是向我預告，我將書寫一本和天使有關的書呢？

人間天使火車上讓座

　　這篇文章寫於2015年，當時奇美博物館剛開館不久，還採預約制才能入館。

　　因此，當朋友好不容易預約到幾個名額，我是忍著腳痛也要前往參觀的。只是搭火車的行程，再加上館內參觀實在太折磨我的腳了。慈愛的天使不忍心我的不適，在我們回程搭火車時，應許我的禱告，請善良的人們讓座給我們。

　　期待許久的奇美博物館之旅，令人雀躍不已。我和朋友相約搭火車，從高雄坐到保安車站，再步行至奇美博物館。

　　參觀博物館是我最愛的休閒活動之一。足底筋膜炎尚未痊癒，我穿著皮革柔軟的休閒鞋，放緩腳步，慢慢欣賞一幅幅栩栩如生的畫，唯美優雅的大理石雕像，仔細端倪完美無比的皺褶。我沉浸在美麗的作品中，彷彿回到求學時代。

　　離開博物館前，大女兒提議到台南火車站旁的商店街逛逛，再回高雄。這趟火車博物館之旅，在足底筋膜炎仍未痊癒的情況下，可真是雪上加霜。連膝蓋也負荷不了，微微疼痛，我好後悔沒穿布鞋來。大女兒帶頭走，步履蹣跚的我落在最後，只感覺到每一步都是無比吃力又勉強。

台南火車站裡人山人海，從購票機買到回高雄的3張站票時，我的心情瞬間直落谷底。雖然車程僅有30分鐘，但對疲憊不堪的雙腳依然是一大折磨呀！月台上是滿滿的人頭，我們花了好一會時間才覓得立足之地，而這些人全都要擠上火車。喔，天哪！

快速向天使求援

自強號滿載乘客緩緩進站。待火車停穩，我的左右手抓緊了女兒的手，奮力往火車上擠，她們也很有默契地緊緊扣住我的手掌。在這關鍵時刻，我在心中快速地向天使求援，希望上車後會有好心人士讓位給我們。

根據上次經驗，站票回高雄時，母女三人擠在廁所邊，沒有把手拉只能倚靠在門邊。更惱人的是，車廂門失去控制，每過幾分鐘便一開一關的，我既要掛心孩子們會不會疲憊打瞌睡沒有扶好，還得擔心自己的手會不會被門夾到？30分鐘的車程無比漫長。

月台上的站務人員以擴音器叫喊著：「請乘客往車廂內移動」，而我心中只有一個想法：「一定得擠進車廂內才有機會得到讓座。」（也許是天使在我耳邊叮嚀我這麼做呢！）好不容易擠進車廂內，眼看著孩子們也都找到把手扶好，我才稍微鬆口氣。

禱告應許了

就在此時，眼前座位上的大男孩，突然起身願意讓座給我。緊接著，後一排，一位穿著近似中東人，包著鮮豔頭巾的年輕婦女，詢問站在她身邊的Katie要不要坐下？那一刻，除了難以置信，只能以「欣喜若狂」來描述我的心情，禱告竟然在短短五分鐘內就應許了！

謝過他們的好意後，決定只接受一個座位就好，我和Katie可以一起擠在大男生的座位。坐下後，趕緊在心裡感謝天使的及時協助，慶幸疲憊至極的雙腳終於可以休息了。摟著Katie小憩片刻，心中除了感動天使之愛，更感激人間有愛。

感恩守護天使聽見我的禱告，迅速介入安排。更要感激大男生和年輕婦人這2位人間天使，傾聽他們守護天使的耳語，願意讓座給我。日後，每當我回想起來，依然覺得不可思議。因為，女兒當時已是小三與小六的年紀，不算太小的孩子。況且她們都長得挺高的，到底是甚麼原因讓他們讓座呢？

天使無條件的愛著我們，守護我們，祂們能在日常生活中幫助我們，讓生活更順暢。我百分之百的信任天使，在任何狀況下都會伸出援手，我們要做的只是請求協助，允許祂們提供支援，就這麼簡單。

雨中天使溫馨提醒

為生活，為孩子忙碌的時候，偶爾會忘記尋求靈性指引。但貼心的天使總是適時點醒我，祂們的愛一直與我同在。

2018年暑假，女孩們開始學游泳。上課第一天，很不巧地遇上了豪大雨的壞天氣。我很害怕開車時，閃電冷不防地一閃而過，轟隆隆的雷聲總嚇得我魂飛魄散。車內狹窄的空間，是2種全然不同的世界。前座的我邊開車邊尖叫，只能安慰自己，路程不遠很快就會到家。後座的女孩們嬉鬧著，忙著看閃電的位置是遠是近。

回到家後，好不容易抽空寫作。天使貼心的提醒我打開一篇記錄羅娜著作的檔案，描述羅娜在街上看見守護天使如何在繁忙的交通中，保護祂們的主人。

「守護天使將充滿著光的雙手，放在小男孩肩膀，助他一臂之力，在車陣裡的縫隙間安全移動。」

「穿著亮黃色長袍的天使，展開巨大的雪白色翅膀，將小女孩緊緊包覆在翅膀裡，在她耳邊叮嚀著。」

在那瞬間，不安的情緒安穩下來了，知道那些驚恐的時刻並不孤單。

有天使陪伴著我，協助我保持冷靜，賜予我勇氣克服恐懼，穩穩握好方向盤。下回再遇上大豪雨時，我會提醒自己，在任何狀況下我都不孤單。深呼吸後，調整好心態再勇敢上路。

天使牽線和瀅妃老師再度連結

守護天使會為你人生帶來機緣與巧遇，這點我自己曾親身經歷過幾回。經由守護天使的指引，我和我的心理諮商師在完美時機點再次聯繫上。對我而言，她是協助我完成這本書的重要貴人之一。

某天深夜瀏覽FB時，發現多年前曾經為我心理諮商的瀅妃老師PO文，有一篇是關於前世家人與今生家人。「愛使我們團聚」這段文字引起我極大的興趣，於是送出交友邀請的訊息。

瀅妃老師很快接受邀請並留言：「今天我被天使叫了好幾次。」我心頭一顫，這還是頭一遭有人主動和我提起天使。我興奮地問她：「是否感覺或看得到天使？」

「在生活工作上，我都感應得到天使。」她回覆我。

這幾天，她向天使抱怨近來似乎感覺不到祂在身邊。天使為了證明祂沒有離開過，一直在她身邊，於是送出一連串訊息給她。

瀅妃老師正想找人聊聊天使，很恰巧的剛好我送出交友邀請。那時我已大量閱讀有關天使的書籍，對天使有一定程度的認識，在那當下，我是可以聊聊天使的最佳人選。

當時瀅妃老師正在撰寫第2本著作，與她的專業心理學及靈性相關，而我也正在書寫這本書。天使牽線讓我再次和她相遇，正是「同頻共振」和「物以類聚」的原理。

我對瀅妃老師的印象絕佳。集智慧、美麗、善良於一身的她，聲音無比溫柔，還有一雙會笑的眼睛。同樣是留美歸國，我相當欽佩她的品味和

成就，把她視為偶像看。

　　澄妃老師就住在隔壁大樓，當天她立即邀請我到她的書房聊聊。一進門，她還給我一個驚喜：「妳看這根紫色羽毛，它本來放在書櫃上的，今早卻掉在地板上，天使故意將羽毛移位引起我的注意。」我隨即知道它的涵義，這正是天使在身邊的徵兆。這根羽毛明確代表著這次的會面是由天使介入，且刻意安排的啊！紫色，和藝術家的氣場顏色相關，也恰巧是我很喜愛的顏色。

　　那天的相聚非常開心投緣，我不再是當年那個憂鬱、自卑、只關心教養問題的全職媽媽，我們共同的話題圍繞著靈性、直覺、天使和前世今生等。得知我正在撰寫和天使相關的書，澄妃老師直接讓我拍她書櫃上的藏書，建議哪些書籍對我有益。

　　這些年，我很感恩天使協助我脫胎換骨，提升到另一個層次，讓我能夠成為澄妃老師的朋友，更感恩天使促成我倆再次連結。那天是個非常重要的轉捩點。書籍閱讀的方向更寬廣了，我的靈性概念跨越了重要一大步，也讓此書的內容更豐富。

　　祈求上天讓貴人來到你的生命中吧！天使會盡最大的努力，在最適當的時機點讓你們相遇的。

4.2 教導天使

根據羅娜的觀察，每一天，天使都在各方面盡力協助我們，並不是我們以為的獨立完成。當我們學習新的領域時，我們可以請求「教導天使」（Teacher Angel）協助、指引我們學習。

教導天使的形象和地球上的老師非常相似。羅娜看見的教導天使，總是攜帶一本與學生目前所學主題相關的書籍，或是一個不斷更換文字內容的板子。

小時候就出現在她身邊的「荷賽司」教導天使，展現的形貌就如中規中矩的學校老師——披著長袍，帶著一頂形狀逗趣的帽子。這位天使有滿腹經綸的知識和智慧，不僅給羅娜信心也會逗她開心。至今這位天使還會現身指導羅娜寫作。

羅娜看見的教導天使總是有無比的耐心，以各種方法引起學生的注意力。例如：伸出祂的手指輕輕碰觸學生的頭頂，或是吹起一陣風，吹落紙筆，好讓學生停止做白日夢，拾起筆重新專注。

只要告訴你的守護天使，哪一方面的學習需要幫助，你的守護天使就會知道該邀請哪一位天使前來。一旦你請求教導天使協助你特定的學習，祂將開始在你的生命中來來去去，當你學習這個項目的時候，教導天使會助你一臂之力，讓你表現表現傑出，獲得自信心，然後再接再勵。

祂在你腦海中留下的訊息可能如下：「翻到特定一頁」，「看某一本書」，或是「寫下腦海中的想法」。祂能協助你專注，不受風吹草動影響。當然，你還是得盡自己的本分用功讀書，教導天使並不會告訴你答

案。該讀書的時候，教導天使也會在你耳邊提醒你。羅娜曾親眼看見天使在她女兒邊提醒她：「先專注在課業上吧！你還有其他時間和朋友閒聊。」

　　天使們告訴羅娜，上帝創造了數以萬計的教導天使，我們不應該猶豫請求祂們的協助，或擔心會奪走其他人的教導天使。不論在何種情況下，我們都可以請求祂們的指導，幫我們做的更好。

　　父母也可以為孩子祈求教導天使的協助，我有幾次挺滿意的經驗。每逢女兒們月考時，只要我記得，一定會撥空為她們請求教導天使。2016年第一學期，她們的段考成績各自維持水平以上，進步許多。

　　Katie是文科的孩子，不喜歡數學但應付得來。唯獨那一次，出乎眾人意料外的，考了全班唯一的100分，這無疑也提升了她的自信心（平日她並沒有多做練習）。大女兒也有段考數學拿100分的經驗。她們都未曾在段考拿過這麼高的分數，因此，我相信的確有教導天使的存在。

　　大女兒國中會考第一天，我一起去陪考。在考場教室附近，我默默請求教導天使和她同在。那一年的數學頗有難度，大家的成績都沒預期好，但她的數學成績卻是所有科目中最高分的。不但如此，英文成績也進步許多，讓她的家教老師頗為感動。當然，也如願考上她的第一志願。其實，大考前到廟中拜文昌君時，大女兒忘了帶准考證去。當時我一點也不緊張，老神在在，因為我知道祕密武器是可以呼求教導天使的協助。祈請教導天使和拜文昌帝君是一樣的意思，或許更佳，因為祂會親臨考場陪伴。

教導天使指點寫作過程

　　原來，當我決心寫這本書，祈禱請求上帝的指引時，教導天使就開始在我身邊來來去去的。每一次，我察覺需要更多新的資訊時，祂就會悄悄出現。在書店時，當我在靈性類別書籍前駐足，祂偷偷在我耳邊告訴我該閱讀哪本書，範圍很廣泛，靈性概念、寫作技巧、出版資訊全都涵括在內了。

祈求教導天使協助學習才藝

　　不僅是在課業上可以祈求教導天使，也可以在學習才藝上祈求祂協助你克服困難瓶頸，喜歡這項才藝帶來的樂趣。

　　有一回，在十字路口停紅綠燈時，我恰巧聽見身旁一對母子的對話。後座的年幼男孩穿著跆拳道制服，看來正準備去上課。我聽見媽媽鼓勵他再試試，不可半途而廢。當時心想，如果這位媽媽懂得為他的孩子祈請教導天使，為他打氣鼓勵，讓他在訓練過程中得到信心該多好。

　　如果父母在安排孩子學習才藝時，能事先和孩子溝通練習必須付出的時間、精力，並邀請教導天使在上課時前去鼓勵，下課後前來陪伴和專注練習，相信對孩子很有益，學習過程也會增加較多自信心，較能夠持之以恆的學習。

　　羅娜曾詳細描述了教導天使現身家中，指點她的女兒校稿《Angel at my fingertips》此書。她的女兒僅請求一位教導天使前來，但羅娜卻看見3位教導天使同心協力，各司其職的一起協助她的女兒。一位天使手中拿著該修改的清單，另一位天使俯身看著羅娜女兒校稿某一段落後，微笑告訴手拿清單的天使，女孩已經正確完成一項，祂可以劃掉清單中其中一項了。我不禁想像這一幅溫馨的畫面。

　　不妨試著為孩子們祈求教導天使吧！然後，靜待他課業上進步或喜歡上練習才藝的佳音。天使永遠樂意陪伴我們學習，展現隱藏的潛能。

4.3 禱告天使

靜心祈禱是我們和上帝說話，傾聽直覺則是聆聽上帝給我們答案。
——偉恩‧戴爾博士

羅娜大人告訴我們，當我們祈禱時，守護天使及「禱告天使」也會一起陪同我們禱告。「禱告天使」（Prayer Angel）先將我們的禱告詞加強或修飾一番，然後禱告詞宛如光束一般，冉冉上升直達天際，穿透雲層，直達上帝那兒。

羅娜僅有五歲時，禱告天使開始前來教她如何禱告。禱告天使總是以女性的面貌出現，身形優雅高挑，穿著一襲長及腳踝的美麗長袍。祂以纖細明亮的手指碰觸羅娜的手指。指尖是全身最明亮的部分，瞬間轉換為金色，並有一道光芒流向羅娜的手。

禱告天使在羅娜的生命裡來來去去，並持續地陪伴羅娜一起禱告。但是並不是只有禱告天使會陪我們禱告，其他天使也會。有一天，大天使麥可來到房間裡與羅娜談話，然後屈膝執起她的雙手，要求羅娜和祂一起為特定的事禱告。

約爾牧師曾提到「代禱的大能」，解釋了上帝的確是用心傾聽人們的無助禱告。

天堂安靜下來，天使停止奏樂，宇宙的創造者開始留意，傾聽這些來自人間的禱告。

上帝身為我們天父，祂非常看重摯愛子女們的大大小小需求。祂創造了我們，希望我們快快樂樂生活著。因此，當我們透過禱告有求於祂時，祂必有解決的方法，並派遣祂的天使協助我們，安排貴人善待我們。

　　當我們擔憂時，負面情緒非常容易佔據所有心思，以為我們孤單面對困境。一旦我們開始祈禱，請求上天的協助，事情會慢慢開始有轉圜的餘地，甚至是奇蹟出現。

　　為了能夠與上帝相遇，禱告之後我們必須一再練習靜默和聆聽。透過靜默，我們就能慢慢聽見、感覺到祂的指引。守護天使會持續地傳遞訊息、暗號、愛的能量、解決的靈感給你，只要我們用心感覺，觀察，依循這些指示，朝對的方向去採取行動，相信一切的發生都按照其神聖的秩序發生著。

　　正面思考、保持堅定的信念也都是必須的。一路上，天使不斷透過各種方式鼓勵你，傳送暗號來喝采你的努力與付出，增強你的信心，讓我們有再接再厲繼續前進的勇氣。真正的神聖指導總能使你走上正確的道路。

　　這些祝福有助於重拾平靜和一份踏實的心安。知道無論如何，每一個時刻，每一個階段，都會有來自宇宙的力量助你一臂之力。上帝、天使陪著我們一起走向未來的旅程，任何時刻都絕不是孤軍奮戰的。在現實生活中與創作上，我一再的經驗這些細微的領悟和過程，才能脫胎換骨為今日自信和樂觀的我。

　　我喜歡在晨間禱告，為美好的一天拉開序幕。送孩子們上學後，我就到公園晨走並向上帝禱告，那是我和上帝相處的時間。道聲早安，謝謝祂的指引、眷顧、恩典、保護，向祂傾吐我對未來的擔憂或是期盼，請求祂派遣天使守護我的家人。請求祂賜予我智慧去發展我的天賦和影響力去幫助別人。一旦養成了習慣，若偶爾沒這麼做還會掛意，盡量在外出時，順道繞過去公園走走。

　　在工作特別多的日子，以禱告開始一天的序幕會讓一整天順暢許多。祈求天使在任何方面都協助你，守護通勤路上的安全，協助你順利找到停

車格，工作時靈感湧現，協助你順利聯繫上客戶等，或是請求天使讓你的體能維持最佳狀態。無論是有形或無形的需求皆可以，當你發出這些請求，守護天使就會允許不同的天使前來協助你。

除了為自己，也試著為家人朋友，或是新聞上的陌生人禱告，送上祝福吧！馬丁・路德說：「代禱就是送別人一位天使。」為別人祈禱可以為自己帶來力量、信心、安慰和堅強。因為，我們在祈禱詞中放進我們的關愛和希望，這讓我們的心多一份柔軟，同時間增強了力量。

4.4 力量天使

當我們覺得疲倦或是體力無法勝任時，可以請求「力量天使」（Angel of Strength）為我們補充能量。

羅娜曾親眼看見力量天使現身在一位疲倦男士身後，為他補充元氣。某一天在咖啡廳，她聽見眼前的男士祈求上天賜予他力量，因為他感覺筋疲力盡無法繼續工作。

他的祈禱很快就應許了。見到力量天使快速出現在男士背後，羅娜替他感高興。這位天使的體型幾乎有男士的十倍大。天使和男士的身體部分結合，充滿力量與無限愛意地將能量傾注到男士的身體中。

「這位男士累壞了，他在農場裡孤軍奮鬥，無法雇用幫手分擔工作，也擔憂無法支撐家庭的開銷。不過，他等一下就會感覺有精力繼續工作，心靈上也會正向一點。」力量天使靜默的向羅娜解釋。

睡眠不足的清晨，送孩子出門上學前，我經常簡短的祈求天使賜予我意志力和能量，好讓我打起精神專心開車。出門後，我常感覺到精神提升了，不再那麼無精打采。

某個睡眠品質不佳，愛睏又沮喪的早晨，懂我的守護天使即時性的指點我翻閱羅娜的《Message of hope from the Angels》這本書，看見當下最需要的訊息。

「當你感覺虛弱或沮喪時，請求你的守護天使賜予你勇氣和力量，起身完成日常生活中的任務。只有靠你自己才能擺脫黑暗。迎向光明，走向商店，和朋友見個面，或是打個電話，天使們會盡全力讓周圍的人善待

你，幫助你的。」

　　知道天使會鼓舞我的意志力，給予心靈安慰，甚至會耳語叮嚀身邊的人給予實質上的協助，我很快轉移注意力，克服只想在家休息補眠的想法。不再只想著「沒睡飽好累喔」，「不想出門」，讓負面心思占據整個腦袋，無法聚焦在任何事上。

　　我走向公園迎向陽光，讓微風吹走無法改變別人的沮喪。慶幸那天預約了spa，會見到總是貼心開導我，幫助我轉化心情的好朋友。

　　做完家務事，找空檔小睡一會後，覺得所有負面情緒都疏通了，不再感覺體力不佳，以平常心安然度過那一天，也完成所有全職媽媽應盡的任務。

　　另一次感覺到力量天使，是在分身乏術的2019年歲末。

　　某個早晨起床時，肩膀疼痛很不舒服。一想到即將面對忙碌的一天，接下來先生連續晚班2天，還要抽空回娘家陪媽媽購物，頓時覺得很無力。

　　我知道需要來點宇宙能量，趕緊趁空檔到公園曬曬太陽，聽聽「You Raise me up」為心靈打氣，也請求力量天使為我灌注能量。神奇的是，回家小睡一下後，感覺肩膀好多了，原本安排下午去復健減輕疼痛，似乎可以取消不必去了。

　　留意內心感覺，也許天使會提醒你和某位有正能量的朋友聊聊，如果時間不允許，提筆書寫抒發心情是個好主意。當然，你還是得聆聽自己身體的需求，找時間休息補眠，放慢步調，微調一下行程。

　　為熬夜的學子，半夜哺乳嬰孩的媽媽，早起做生意，辛苦照顧長輩的家人，上夜班晚歸的家人祈求力量天使吧！為他們祈求一份撐下去的力量。參加馬拉松或游泳比賽，覺得力氣用盡時，不妨請求力量天使為你灌注能量好撐到終點吧！

　　感恩上帝創造了力量天使，讓我們在任何時刻都能補充能量。

4.5 停車天使

你們相信「停車天使」的存在嗎？我是深信不疑的，因為祂曾給予我數不清的協助。

在朵琳‧芙秋（Doreen Virtur）的《光行者-人間天使工作手冊》書中讀到，有一種天使稱之為「停車天使」（Parking Angels），祂們掌管、協助停車。我有一種「哇！原來如此」的恍然大悟。

駕駛與停車天使（Driving and parking angels）：這些力量強大的天使能幫助你找到自己的目的地，準時到達，並且找到停車位。你可以在抵達目的地之前先在心中請求一個停車位，好讓天使有時間安排一個絕佳的車位給你。

旅居美國時，我已學會祈請天使幫我尋覓停車格，並將這觀念教給當時年僅2歲的大女兒。某個周末，我們前往市區熱鬧的市集。離開時，大女兒看見一輛車子被拖車拖吊了。

「媽咪，為什麼他的車子被拖走了？」

「因為車主違規，沒有把車子停在格子裡。」

「喔！那他應該要請天使的幫忙的！」我很高興她聽進去了。

停車天使是在日常生活中給予最多協助的天使。只要是駕車出門，快接近目的地前，我總會在心中默默祈求天使幫助我尋覓一個車位。說真的，天使幾乎不曾讓我失望過，不管是在繁忙熙嚷的街道，或是一位難求的購物中心。

漸漸的，我學會靜靜等待天使捎來訊息，告知停車位的方向。許多時

候，選擇停下來在一旁等待是最佳方式，而不是一圈又繞過一圈的尋找空位。禱告一會兒後，方向感似乎總會突然浮現腦海中。

我接受到的指示大致是如此：「再繞一圈試試看」，「前面路口右轉」，「就在前面」，「待在這裡等一等」，「看看前面的圓環」（五福路/中華路），或是「沿著那排停車格找一找」等等。驅車前往時，很奇妙地，都會有個停車位等著我，或是正有人準備離去。有時天使還會給我驚喜，安排一個目的地正前方的停車格，例如餐廳或商店的門口。雖然逐漸習以為常，但我和孩子們還是經常讚嘆天使的精心安排。

我越來越信賴這些方向性的直覺，信任天使會回應我的禱告。高雄捷運開通後，市區的停車格明顯刪除了不少。以往外出用餐，總是為尋覓車位頭疼不已。如今選擇餐廳時，雖還是會煩惱能否找到車位，但我已學會保持樂觀，相信停車天使將盡力協助。

拜訪小蘑菇老師

2013年暑假某一天，我和Katie一同到北高雄拜訪插畫老師-小蘑菇老師（註）。

在工作室附近繞了許多圈之後仍找不到停車位。不宜將車臨停在附近學校旁的黃線，於是只好繞回工作室前碰碰運氣。這時，停在工作室門口前的卡車似乎準備離去。我搖下車窗詢問駕駛，當他告知正要離開時，我和Katie忍不住歡呼，也馬上謝謝天使的精心安排。

高雄漢神巨蛋

有一回，Katie的鋼琴老師和我一起到北高雄的購物中心逛街。這個停車場的動線不佳，是出名的複雜，大家都形容它宛如「迷宮」，許多顧客常常忘記愛車的停放位置。平時甚少至那裡購物，即將進入停車場前，我默默請求一個停車格，也有點緊張焦慮。身邊的鋼琴老師睜大眼睛幫忙尋覓車位，我一邊開車一邊和她聊天，其實挺擔心會不會錯過天使的指引。

突然間，直覺告訴我應該左轉，繞往入口的另一邊，此時隨即看見一個停車位空出來。Oh my God我的祈禱無庸置疑的得到了回應。這個車位就在手扶梯入口旁，是很容易找到的位置。我開心地感謝天使的絕佳安排，來此購物中心無數次，這是停得最靠近入口的一次呢！

貼心的天使知道，趕回南高雄接Katie放學的路程有點遠，特地安排了最方便進出的停車格，好讓我們能迅速找到車子，不因匆忙而影響行車安全，也不會耽誤接Katie的時間。那一刻，我真實的感受到了天使之愛。袖們的確可以讓我們的日常減輕焦慮，多一分平靜。

公公也被潛移默化

女兒長大懂事了，也見到每次媽咪請求「停車天使」幫忙時，一定是有求必應的。於是我帶著她們說簡短扼要的禱告詞：「Angel幫，媽咪要停車」。假日出門換先生開車時，禱告詞則改成「Angel幫，爹地要停車。」

幾回下來連公公也被潛移默化了。每次帶女兒回婆家，由公公或大伯駕車帶我們外出時，公公會問她們：「妳們要不要請Angel幫忙找停車位啊？」她們立刻琅琅上口：「Angel幫，阿公（uncle）要停車。」因為太習慣說「媽咪」，偶爾忘了改成「阿公」，姊妹倆就會笑成一團。

有一年中秋節假期，帶孩子們坐火車回婆家，照例是由公公到車站接我們。晚餐將在市中心用餐，沒想到快靠近餐廳時，竟然聽見公公喃喃自語。「Angel，Angel，我需要停車位。」公公轉頭示意我們先下車，他自己去尋覓停車位。帶著難以置信的心情下車，我默默祈求天使的協助，希望公公順利找到車位。

和朋友分享「停車天使」後，她甚至還告訴天使預計何時到達目的地。當然，她也如願地找到停車位了，尤其遇上下雨天時，她萬分感激停車天使的協助呢！

祈禱只需在心想著或默念，天使們就能聽見了。不知你是否躍躍欲試呢？

註：小蘑菇老師（顏蕙芬）：插畫藝術家，是溫馨小空間「小蘑菇畫室」的主人。

摩托車位抽籤

寫這篇文章時還未知道太多天使的觀念，僅知道祂們會在人們耳邊低語，告訴他們該怎麼做。

2013的歲末，天使以奇妙的方式，送給我一份我非常需要的新年禮物，讓我承租到一個很方便的停車位。

12月31日這天是大樓的摩托車位抽籤的日子。一戶只分配到一個車位，若還有需求，便得登記抽籤公有車位，或是向大樓住戶承租車位。我一早便到管理室等候。等待的同時，心中持續地請求天使的協助，只希望能搶頭香抽個好籤。

輪到我時，緊張的手微微抖著，往箱子內隨便抓支籤打開，沒想到竟是支空白籤。霎那間，心情是無比低落。以往沒有車位時，曾經向其他住戶承租過，也領教過其中一波三折的過程，沒想到這次公有車位抽籤還是撲空。心情沉甸甸的，忍不住懊惱著天使怎麼沒回應我的禱告呢？

管理室裡幾家歡樂幾家愁。運氣好抽到車位的，連忙到車庫查看新車位，沒抽到的則嘰嘰喳喳討論該怎麼辦。還好主任和祕書一眼看穿我的憂心忡忡，主動告訴我，他們會商請不使用摩托車位的住戶釋放車位，好讓需要的住戶承租。

忐忑不安的回家，失落的心情是一時難以平復。然而，殊不知此時天使才正開始使勁全力的幫忙呢！以下是我猜想的過程：

1. 祕書打電話給15樓鄰居：「請問你們願意把沒用到的摩托車位出租給其他人嗎？」鄰居回答：「好啊，沒問題！」
2. 主任和祕書商量：「他們的車位是208，正好在沈小姐那棟的電梯旁，我們就把它分配給沈小姐吧！」

3.祕書打給我：「沈小姐，告訴你一個好消息。我們幫你分配到車位
　208，趕快去看看吧！」

聽到這好消息，我喜出望外，擱下手上的家事飛奔至B1車庫。才剛踏
出電梯，就看見緊鄰著門邊的208號車位。哇！真是太棒了！趕緊向天使的
精心安排致謝。這車位既不必走遠，也非常方便出入，在十萬火急趕著送
孩子上學的早晨尤其方便。

再次驗證了，請求天使的協助時是有求必應的。如果，我沒抽到空白
籤，天使又如何介入做這樣的安排呢?!讓人放心的是，是向同棟熟識的親切
鄰居承租車位，毋須擔心溝通上會有問題。

某一年，車位的主人賣掉房子，一直到年底前我才知道屋主換人了，
我不能繼續承租，而那時早已來不及登記公有車位了。還有一回，遇上一
對糊塗的老夫妻，同時把車位租給我和其他2個人。

我由衷感激天使的相助，也要感謝鄰居、主任和祕書聆聽他們守護天
使的耳語，讓這一切完美的安排順利進行，好讓我能享有一整年停車上的
便利，我想這應該也屬於停車天使管轄的範圍內吧！

天使VIP停車區

在所有高雄市購物中心裡，夢時代的停車場是動線規劃最佳，空間寬
敞，最明亮也容易進出的。車子進入B1車庫後，可選擇直走，然後左轉進
入後面的VIP貴賓專屬區，或是右轉往下至B2及B3樓層。在這之間，有一小
區離電梯及出口車道都近的區域，是我認定的VIP專屬區。

出了shopping mall的電梯直走，上車後轉個彎，只需要1或2分鐘後就在
出口車道上，即可離開夢時代。平日下午到夢時代購物，總得抓好時間，
趕在4：10時抵達學校接女兒放學，對我來說，這無疑是最方便的停車位
了。

根據以往的經驗，平日下午來匆匆，去也匆匆時，這一區似乎總有一個空位留給我。幾次下來，我很快地發現，原來那是「停車天使」的眷顧與保留，特別為我安排的專屬VIP區，因此我暱稱它是「天使VIP停車區」。

Katie小學時也曾和我一起信仰天使，並且相當入迷。當我感受到任何來自天使的幫助，總是喜孜孜的第一個與她分享。接她放學時，有時我們的對話是如此：

Katie：媽咪，你剛剛去夢時代喔？

我：是啊！你猜我是不是停在天使VIP停車區？

Katie：當然有，對不對？

從以下的記錄，你可以看出我的心路歷程，如何慢慢建立起對停車天使的信任。從一點點的懷疑、不確定，到百分百的信任。最後，我給予停車天使全然的信任，相信不論在何時出門，祂都會盡力為我安排一個方便的停車格。我不再焦慮，學會等待和聆聽直覺，等待天使在我耳邊輕聲細語停車格的方向。

2014/9/16

星期二午后，想至夢時代書店翻閱書籍。一進入車道，看見燈號顯示有6個車位，正猶豫不決是否該前往「天使VIP區」尋覓停車格。直覺告訴我：「去試一試，並停下來等待。」

進入「天使VIP區」，並沒見到空車位，我還來不及懊惱，身旁突然傳來以鑰匙遙控解鎖的嗶嗶聲。循著聲音往左邊一看，原來正有人準備離開呢！又一次的完美時機，就在我抵達時為我安排好車位。

2014/12/18

今天我決定給予停車天使100%的信任。不管剩餘車位的數字，也不理會保全指揮我往右轉。帶著篤定的心態前往「天使VIP區」，當然有個位子

為我保留了。感謝天使的協助。

2015/10/01

今天下午決定到夢時代看書。出門時已是2點多，再加上今天是H&M旗艦店開幕的大日子，想必人潮是不少的。那麼我還有機會停在「天使VIP區」嗎？只猶豫了一秒鐘，還是決定信任直覺，便前往「天使VIP區」。是的，天使再次展現祂的慈愛，幫我保留了車位呢！

姊妹倆星期四課後都有補習，是我最輕鬆的一天，也不必趕在4點回家。準備離開時，懷著無限的感激向天使道謝：「親愛的天使，感謝你依然為我保留停車格，即使現在我已不須匆忙來去了。」

就在回家途中，一輛有著333車牌的跑車，突然從左方插入前方，我不禁微笑，明白這是天使向我表達，祂聽見了我剛剛誠摯的道謝。

2015/12/18

「聖誕餐盤」趕工的早上，時間飛逝。午休醒來已2pm，只剩下不到2個小時的自由時光。下午到夢時代的任務是為家人採購聖誕禮物。匆忙出門前，仍不忘在心中默默請求天使的協助。這麼短暫的採購時間，可一定要在「天使VIP區」為我保留車位啊！開進車道後，遠遠即看見「天使VIP區」有一輛車亮著車燈，但似乎還不急著離開，一直到我緩緩靠近時，那輛車才慢慢駛出停車格。喔耶！打從心底萬分感謝天使的介入。謝謝親愛的天使，讓我不必浪費時間找尋車位，並有充裕的時間購物。

PS.再一次的，我感受到天使溫馨的提醒。

在玩具反斗城付款時，赫然發現信用卡不見了，不在我的皮夾裡。心裡很慌張，實在沒有印象信用卡遺落在哪個專櫃。採購完成即將離去，時間很緊迫，我感覺到心跳很急，焦慮感直線上升。此時，貼心的天使立即傳來訊息：「包包專櫃。」當我加快腳步來到專櫃時，迷糊的櫃姐竟渾

然不知她並未歸還我的信用卡呢！只見她驚慌失色的翻下筆電螢幕，查看後方的刷卡機，瞧見我的信用卡還插在上面，我們兩人不約而同的鬆了口氣。無比感激隨行的守護天使提醒，讓我在離開夢時代前就取回信用卡，不必再跑一趟。

2016/1/24

333車牌插隊，天使預告一定有車位

帝王級的寒流來襲，台灣多處竟有一大片皚皚白雪的奇景，讓大家度過一個異常冷冽，難忘且興奮的周末。大家的行程不外乎是上山追雪，躲進棉被中，擠進百貨公司添購衣物，或是圍著火鍋暖胃暖身。我們忙著準備2天後北上旅行的行李，直到晚餐時才出發，前往夢時代來個火鍋晚餐。

周末進館內的長長車隊總是令人想打退堂鼓，放棄排隊。我不停叮嚀女兒們快快祈禱，請求天使的協助。我邊開車邊默默祈求天使為我保留車位。今天是周日，且在晚餐時段才過來，其實有點不敢奢望。

就在接近入口時，突然有輛車插隊到我前方。氣憤之餘，卻發現車牌上有333。於是我清楚明白這是天使傳來的暗號，告知祂將伸出援手。開進車道後，我以篤定的心情前往「天使vip區」，接著很順利的在那找到車位，根本無須尋找停車格呢！太棒了！天使萬歲！

這些美好的經驗，發生在夢時代還提供免費停車那幾年。每每回憶起停車天使帶來的便利，我總是心懷感恩。

豪雨中陪媽媽去醫院

2016年的尼伯特颱風雖已離開台灣，但是夾帶來的驚人雨勢持續多日。

周一午後，我陪媽媽至奇美醫院作電腦斷層檢查。滂沱大雨以驚心動魄的氣勢傾倒而下，然而路上急忙趕路的車速並沒因此減緩下來。媽媽的電動車我不太熟悉，亦甚少於大雨中駕車。至奇美醫院的路程將近有40分鐘。這一切因素讓我隱隱不安，我很清楚必需仰賴大天使麥可保護豪雨中的行車安全，並協助尋找停車格。

　　媽媽也擔心停車格會一位難求，她認為看診完畢的民眾有可能因躲避大雨而暫時不去取車，那麼空格的機率將更少了。但我頗具信心地安慰她：「別擔心，有天使在一定會有停車格的。」

　　到達醫院後，先讓媽媽下車，我緩緩在停車場繞了一圈。就在此時，前方有輛車恰巧在我抵達時才離開，這樣完美的時機，我明白正是天使的精心安排。停好車後，我注意到地面上的車格號碼是144。根據直覺，這應該也是天使數字，傳達某些訊息。

　　進入門診大樓找到放射科，只見媽媽已換上醫院衣服坐在走廊等候。穿著綠色防輻射衣的媽媽，一臉平靜對著我微笑，在焦躁的人群中是那麼顯眼。她告訴我有多位病患因大雨而逾時，因此下一個就輪到她了。

　　檢查完畢後我先去取車，就在前往停車場的路上，天使開始捎來訊息，一輛47車牌，一路逆向而來朝我接近。我衷心感謝天使即時的協助，讓媽媽準時在預約時間接受檢查。更感激天使提升我的勇氣，克服膽怯，不慌不忙的在大雨中行駛，安全抵達醫院。

　　多日後，我才有機會察看144天使數字的意義。果真，連停車格的數字都深具意義，並且相當符合當時的狀況呢！是的，天使已在我祈禱時釋放了我的恐懼。

　　144：天使督促你保持想法的正向，因為你的樂觀會吸引最高的美善。祈求天使釋放恐懼，它便會被釋放。

4.6 麥可大天使

關於大天使

　　大天使的身形通常較一般天使巨大，祂們也比守護天使更有力量。祂們的任務廣泛，因此祂們被稱為天使的「管理者」。祂們經常帶領一大群天使（天使軍團）協助召喚祂們的人類，完成特定任務或願望。大天使也沒有肉身的限制，能夠在同一時間出現在許多不同地方，因此祂們在同一時間幫助不同的人。所有人都有資格去請求大天使的協助，只要在心中啟動意念即可。

　　大天使絕不會妨礙你的個人自由，沒有得到我們的允許就插手干預，一定要等到我們發出某種形式的許可，例如禱告、求救、許願，或觀想的畫面，正面的肯定語詞或起心動念。大聲說出，默念或是寫下你的請求都可以，只要是你以正向，肯定的方式來請求。大天使並不在乎你以何種方式去請求，重要的是你確實提出請求。

　　當你不知道該請求哪位大天使的協助時，只要靜下心與上帝連結，或和你的守護天使溝通，祂們會知道該派遣哪位天使前來支援你、安慰你、療癒你，助你一臂之力。羅娜告訴我們：「天使長就像是天使的將軍，統領許多天使和靈魂，所有天使都遵從他們。天使長派遣天使到宇宙各地執行上帝的意志，傳遞祂的訊息。麥可是其中力量最強大的天使長。他是太陽天使長，加百列則是月亮天使長，所有天使長彼此和諧，圍繞坐在寶座上的上帝身邊。」

　　朵琳夫人在《天使之藥》中說明：

「大天使是守護天使的督導或主管。祂們非常壯碩、威風凜凜且慈愛。雖然大天使不具性別，他們的特長與使命，會讓祂們具有男性或女性的能量特性。如同所有天使，大天使不隸屬於任何教派，並會援助任何有求於他們的人。由於大天使不受制於時空，每位都可以同時伴隨眾人。任何請求大天使的人，皆能如願以償，無人例外。」

　　以下介紹的幾位大天使，是我在生活上較常連結的大天使。

　　大天使麥可（Michael）和加百列是唯一兩位在《聖經》中被提起的大天使。祂是所有天使中最著名的，也是猶太教、基督教和伊斯蘭教共同承認的天使。偉大英勇的大天使麥可，有明顯的男性能量，是天使中最強大的戰士。辨識大天使麥可很容易，祂手持一把藍色光劍，就有如星際大戰中絕地武士Jedi手中那把光劍。祂不僅捍衛我們的有形的人身安全，也可以斬除無形的負能量。祂也能夠賜予我們力量、勇氣，減少對未來的恐懼。大天使麥可也是警察的守護神。

大天使麥可的保護力

　　黛安娜‧庫柏（Dinna Copper）在《啓動天使之光》中說明：「**如果你召喚大天使麥可，祂會站在你的右手邊，手持他的劍與盾，準備好來護衛你。祂會把深藍色的光罩圍繞著你，作為身體與心靈的保護，其他人的負面能量會從他們身上滑落、離開。**」

　　萬一感覺到家中或房間裡的能量不太對勁，你也可以請求大天使麥可在夜晚守護你的家人孩子，為你們斬除恐懼，淨化空間裡的磁場。這也是我會做的事情，尤其是在農曆7月時。

　　有一次我和家人回家後，同時感覺身體不太對勁也很疲倦，擔心將外面的負能量帶回家中。我馬上靜下心來，呼求大天使麥可的臨在，斬除任何依附在我們身上的負能量。很神奇的，接下來我馬上抽到一張大天使麥可的卡，上面明白寫著：「你是安全的。**我保護你遠離較低的能量，並守護你、所愛的人與你的家。**」這真是讓人大大鬆了口氣啊！

《Memories of Heaven》書中，一位來自印地安納州的小男孩，在小時候就經常提起上帝與天使。大約7歲時，他向媽媽抱怨夜晚經常惡夢連連。於是，媽媽建議他向大天使麥可請求協助。隔天，小男孩很高興地告訴媽媽：「大天使麥可就像個天使英雄。祂穿著一件白色長袍，腰間繫有黃色皮帶，手上拿著一把劍，勇敢地對付我夢中的壞人。」

布萊恩‧衛斯博士的《前世的因，今生的果》這本書，著重於探討前世回溯帶來的理解和療癒效果。當我讀到一篇有關於大天使麥可的訊息時，倍感欣喜。

個案描述他在回溯中看見一道門，門後的光色彩繽紛，幾乎無法以詞彙形容的美麗。很顯然，這是通往天堂的門。走進那道門之後，對天使僅有初步認識的他，直覺到大天使麥可就站在他眼前。

看過那一世的影像回溯後，他問麥可他還需要知道什麼？在腦海中他聽見麥可說：「當你需要保護時，一定會有人前來。」

約爾牧師也曾在講道時，轉述天使前來保護一位女孩的神蹟。

上夜班的女孩下班後，獨自走向幽暗的停車場。不遠處，有三位歹徒準備伺機攻擊她。機警的女孩發現自己身陷危險，無路可逃，只能默默禱告，求助上帝的保護。雖心中恐懼，但依然保持平靜，知道自己終究會平安無事。就在歹徒朝她前進時，突然間，個個瞪大了眼睛，不知瞧見了什麼，面露恐懼狀，轉身快速逃離停車場。

幾天後，被逮捕的歹徒對媒體解釋。當晚他們準備傷害弱女子時，突然有位臉龐散發著明亮光芒，身形高壯，有著結實手臂的男子現身，擋在女孩身前，手中握有一把長劍護衛著女孩，因此他們落荒而逃。聽聞這故事，我立刻知道是大天使麥可拯救了那女孩。

羅娜在著作中詳細描繪了她眼中的大天使麥可：「大天使麥可的穿著，適切的輔助他所要表達的事物，也讓我更深入了解祂的訊息。這一晚，祂看起來像王子，頭戴金冠，一身白色與金色長袍，腰間繫著金色與黑色相間的腰帶，腰帶寬鬆往下垂掛到膝蓋上方。祂手中拿著一份卷軸，

頭髮長及肩膀，輕柔得如微風一般。湛藍的眼睛一如往常光芒四射，臉上帶著天堂般的笑容。雙腳穿著荊棘涼鞋，鞋帶交錯往上延伸到腿部，雙腳上方各有一個金色十字架。大天使麥可散發著驚人的明亮光芒。」

由以上得知，不論是具有靈視力的羅娜，年幼純真的孩童，或是心懷不軌的壞人，他們眼中大天使麥可的形象都如出一轍，一樣英氣煥發，威武英勇。

羅娜在自傳中經常提起大天使麥可，祂是最常現身在她身邊的大天使。大天使麥可經常為上帝傳達旨意，與羅娜話家常，並且教導她許多事情，就有如老師及兄長般平易近人。

大天使麥可總是突然現身在羅娜家中，先與她打招呼，然後告知祂來訪的原由。祂會將手搭在羅娜肩膀上，或握住她的手給予力量。有時候，會待久一點陪同羅娜一起禱告，或是向她展現影像，「預見」一些未來即將發生事情的畫面。有時候，祂只是短暫停留傳遞上帝的訊息。大部分時候，大天使麥可傳達訊息後，會告訴羅娜祂必須離開了，然後隨即不見蹤影。（大天使們是來來去去的，不如守護天使總是形影不離的待在你身邊。）

大天使麥可曾對羅娜說：「上帝要我來告訴你，祂聽見了你的禱告。上帝派我將這篇『療癒祈禱文』傳達給妳，希望妳和大家分享。」羅娜將祈禱文寫下來，並影印給向她尋求諮商的人們，協助大家在生病時，祈求療癒天使的療癒之光，輔助醫療，早日康復。（附於書後）

這些真實的描述，讓我對大天使麥可有份親切感，顛覆了以往天使們總是遙不可及，神聖不可親近的形象。大天使麥可是我經常召喚的大天使，祂的英勇、保護力讓我十分有安全感，不知不覺地越來越依賴祂。我最常使用的方式是**在心中默念，尤其是身處人群中，或是移動行進中時，無法靜心閉上眼禱告時，我就在心中默默提出請求**。外出旅遊時，我一定請求大天使麥可守護全家人的安全，尤其是近年來的寒暑假，我單獨帶女兒們出遊時。有了祂的守護，我知道不論身處於世界上哪個角落都會平平

安安。

大天使麥可主動現身保護我

令我較訝異的是，有一回我並沒有召喚大天使麥可，祂竟主動前來保護我。

那一天，我去找朋友介紹的「靈乩」紫紜問事，那是我第一次見到她。地點是在她的芳療館三樓的教室，我隨意坐著，她則在窗邊擺了一張神像的照片。燒了香，念念有詞的祈請神明臨在，在紙上寫下我的名字及住址。這陌生的一切讓我感到不安和緊張。

沒多久，她感應到一位天使現身了。

「現在有一位較大體型，有男性能量的天使來了。」

「祂手上握有棒子狀的東西，就站在那個方向。祂是來保護你的，因為我們第一次見面。」紫紜指著她的右前方，一邊以手勢比出天使握著東西的樣子。

「那一定是大天使麥可。」我毫不遲疑回答她。

「有祂的照片讓我看一下嗎？」不熟悉天使的紫紜，希望有照片確認她眼前這位天使符合大天使麥可的形象。這有什麼問題，我很快在手機裡地找到麥可天使卡的照片。

「嗯！滿像的。手上握著東西，祂現在還披著斗篷，靜靜地站在那兒。」聽見天使披著斗篷，我更加確信是大天使麥可。知道大天使麥可正陪伴保護著我，我感覺非常安心，瞬間提升了安全感。

維護行車安全

大天使麥可的許多事蹟都跟車子有關，譬如救護車與巴士，祂會適時地瞬間出現拯救生命，之後又消失的無蹤無影。大天使麥可隨時都能保佑你，無論你搭乘汽車、船、飛機或是火車。你唯一需要做的就是祈求。在緊急危險的時刻，呼喚麥可前來相救，就如同召喚觀世音菩薩或耶穌一樣

具有强大效力。

曾有位媽媽在朵琳夫人的臉書上留言，提及大天使麥可神蹟，讓大家莫不驚呼連連。事發時，她正在公路上行駛，迎面而來一輛違規超車的大貨車。在極短時間內，她必須做出抉擇，是等待迎面被撞，還是將方向盤往右轉，偏向右側的湖畔，落湖溺水。當她還來不及做出反應，說時遲那時快，貨車似乎撞上什麼而瞬間停下來。

這位媽媽緊急煞車，毫髮無傷的下車查看狀況。只見貨車駕駛手臂受傷，頭部流血，一臉驚恐的喃喃自語著：「我到底撞上了什麼不明物體？」但是，並無任何具體有形的東西夾在他們雙方的車子中間。我相信這是大天使麥可瞬間降臨，夾在中間保護雙方，免去重大的車禍傷亡。

請求大天使麥可護佑我和家人的行車安全，早已經成為我的習慣之一。尤其是在雨中，巔峰時段或大卡車充斥的高速公路上，或是擁擠的連假車潮。每回上高速公路之前，我必定請求大天使麥可守護行車平安，讓我們平安抵達目的地。

2018年春天某個連續假期，我們準備回台南慶祝爸爸80大壽。宴請親朋好友後，還得將媽媽送進醫院療養躁鬱症。那天高速公路上車況非常擁擠，先生駕車的壓力及心浮氣躁顯而易見。我持續祈求大天使麥可的保護，同時在手機上通知家人會晚點抵達餐廳。當我一抬頭，先生正在變換車道，但幾秒鐘後，突然緊急煞車，又快速轉回原來的車道，因為前方有一輛滿載瓦斯罐的大卡車。我嚇出一身冷汗，慶幸剛剛已向天使祈求護佑。我願意相信，隨行的天使們及大天使麥可盡全力協助我們及時煞住，才沒造成車禍耽誤了大事。

趕著上班上課，快遲到必須加速趕路時，不妨請求大天使麥可守護你的行車安全，可別讓焦慮影響健康或上班前的情緒。

斬除負能量

另一件我經常做的事，是請求祂以光劍移除管教女兒們累積下來的負

面情緒。或是出入能量複雜的場所，例如醫院、機場或充斥「無形低頻能量」的百貨商場時，我也會召喚大天使麥可前來，為我罩上一層白光，抵擋負能量入侵，攪亂我的敏感氣場。

有一陣子，我花許多心力開導一位朋友。我已經收到他抱怨的訊息一段時間了，接收到很多他的負能量。可是生活的不順遂讓他變本加厲想要尋短，他的負能量太強大，強到我已招架不住，無法再承受。

某天我在公園靜心時，守護天使提醒我，該召喚大天使麥可來切除我與這位朋友的能量連結了。我聽話照做，幾分鐘後，竟明顯感覺背部深層隱約一股抽痛，就如同師姊收驚時的反應（負能量被移除了）。我很欣慰真的感覺到麥可的協助，也立即覺得平靜多了。後來，我決心與朋友保持距離，不再為他的情緒負責，同時也保護自己的敏感氣場。

大天使麥可介入物質修理電器

大天使麥可也很擅長修理電器產品和機械。祂曾多次協助維修洗衣機和電腦的小故障。祂的神蹟解除了我的焦慮，也讓日常行程順暢進行。

大天使麥可關照著生活上各個層面，我的生活中早已少不了大天使麥可全面性的護佑，希望大家也有機會感受到大天使麥可的強大保護力。

祈禱文

「親愛的大天使麥可，請來到我身邊，以你的保護盾和光圍繞我和我的家人，讓我們時時刻刻都安全，遠離危險。並賜予我勇氣，謝謝。」

「親愛的大天使麥可，請在旅遊期間保護我及同伴的安全。謝謝」

「親愛的大天使麥可，請保護我和家人遠離任何低頻能量，並將低頻能量送到光中。謝謝。」

颱風天為朋友禱告

2016年中秋節連續假期前，來了位超級不速之客。

強颱「莫蘭蒂」造訪，夾帶的破壞力令人震撼至極。令人難以置信又畏懼的災害畫面，一次次的在電視上播報著、重複著、糾結著所有人的心。

午後2點，颱風急速通過高雄。13級的狂風，竟然將高雄港邊巨大的燈塔，狠狠地攔腰折斷。高高疊起的貨櫃也不敵強風，像一片片樂高積木般散落一地。沒有間斷過的狂風怒號，猛烈咆嘯了約一小時。前所未有的恐懼，折磨著我每一個膽小的細胞，即使身處於安全堅固的大樓裡。心跳亂了腳步，絲毫無法安靜下來。最後，我決定離開客廳，進入臥室午休，讓眼睛暫時遠離，玄關外，大樓中庭那些狂風驟雨造成的駭人景觀。

然而，午休後，我的心跳無法克制地再次加快。在五專同學的群組裡，瞧見了讓人膽戰心驚的訊息。芳，在這危險萬分的颱風天，竟然還留在公司加班！一向以工作為重心的她，颱風天是從不缺席的，這一次也沒例外。同學們全替她捏把冷汗，紛紛留言催促她快收工回家，安全至上。

我實在無法想像，身型纖細嬌小的她，獨自在13級狂風中，駕車搖晃前進的畫面。心，七上八下的懸著，祈請大天使麥可守護她行車安全的念頭，在腦中盤旋不去。5點多了，我心不在焉的準備晚餐，差點把花旗蔘片當成柴魚片丟進魚丸湯裡。最後，我決定關掉瓦斯，打開臉書私訊給她，詢問了她的車牌號碼，也找出暑假同學會的合照。深深吸口氣，盡可能保持平靜，看著芳的照片，心中默唸著她的車牌，祈請大天使麥可前去守護她返家的路程。

「風略減弱了，但雨依舊大。」幸好，她不時捎來消息，沒有因埋首工作和大家失聯。

「風變小，雨變大了，我準備回家了，謝謝大家的關心。」6:15分，芳終於捎來準備啟程回家的訊息。

「我回到家了，謝謝佳蓉的天使保佑。」6:50分，她在群組報平安。幸好熟悉路況的她，知道哪兒有安全的路徑，很快的抵達家門。

這一刻，相信不只是我，所有的同學終於都安心了。

稍晚，基於好奇，我拿出天使卡想與天使直接溝通，確認祂們聽見我的祈禱，的確守護著芳的雨中行車。猜猜天使是如何回答我的？一張大天使聖德芬的圖卡彈了出來，上面寫著：

勝利！Victory。大天使聖德芬：「你的祈禱已被聽見，而且已得到回應。要有信心！」

我非常滿意天使的答案。此時此刻，我只想靜靜地感覺著溫暖的天使之愛，和風雨中這份得來不易的平靜。

日後，我詢問芳當天的細節。她回憶起那天回家的路程其實相當驚險。

「當時，風大雨大視線不佳，但一路開回家很順暢。來到林森路時，一截大樹枝橫倒在路上。我看見時已近在咫尺，如果臨時煞車太危險，心想算了，就直接開過去吧！希望不要卡在車底。就這樣，連續壓過2個大型障礙物都沒事，很快地就到家了。」

我猜想，也許隨行的天使在經過障礙物時，會助她一臂之力，沒讓障礙物卡住車子底盤（天使可以介入物質）。我非常感激天使保護同學的雨中行車，並平息了所有人的焦慮。

當你感受或面臨危險時，記得為自己或其他人發出求救的訊息。天使們會盡祂們所能的方式來回應、協助、並安撫你。即使我們的肉眼看不見祂們，感覺不到任何事，但天使已經在我們請求時展開行動。聆聽直覺，也許那是來自天使們的警告，讓我們避開危險。天使也會為我們打氣，協助我們臨危不亂、鎮定下來、保持希望，甚至鼓舞我們的信心，靠自己的力量離開危險區域。

冰箱沒電Katie腹瀉

某個周一清晨，我這家庭主婦，因供電不穩的冰箱感覺壓力頗大。看似家庭主婦平凡無奇的一天，但我真真實實領受到來自大天使麥可與醫生天使拉斐爾的協助。首先，擅於修理家電的大天使麥可，施展神力協助失去電力的冰箱繼續供電，撐到下午師傅前來維修。大天使拉斐爾，則前往學校治癒Katie的腹痛，讓她能暫緩不適，繼續下午的課程。

近來，冰箱供電不太穩定，不時讓我七上八下，為食物的保鮮度緊張兮兮。一早打開冰箱，竟再度黑暗一片，無法供電。早上6點多，還不能打電話申請維修，我急得像熱鍋上的螞蟻，一會將孩子們的早餐送進微波爐，一會打開冷凍庫查看食物是否呈現退冰狀態，完全陷入心神不寧狀態。望望時鐘，6:30了。再過10分鐘，就得化身聒噪的鬧鐘，叫醒女兒起床上學。趕緊趁著幾分鐘空檔，默默請求擅於修理家電的大天使麥可，協助冰箱繼續供電，至少可以維持正常運轉，不讓食物腐壞，撐到師傅前來維修。

好不容易打點好家人上學上班，趕緊撥電話申請維修。幸好，總機小姐告知我今天師傅應該可以前來維修。然而，一想到師傅不知何時才會和我聯絡，讓我著實不知如何安排午後的自由時間。我可不願意留在家中苦等浪費時間。

接近中午，在廚房為晚餐稍作準備，告一段落後，正坐下來午餐。

突然間，Katie新導師來電，心頭反射性地緊張了幾秒。不出我所料，電話那頭傳來壞消息。老師告訴我，Katie早上腹痛，並多次跑廁所腹瀉。她想徵詢我的意見，是不是讓她先吃點白飯就好？暫時讓腸胃休息，若下午有狀況再致電給我。

放下電話後，1/4部分的心，慶幸Katie能遇上細心的好老師真是福氣啊！但是3/4部分的心仍是心神未定的。我決定為Katie祈禱。先祈求天使醫生拉斐爾前往Katie的教室，協助她康復，提升她的體力，好讓她下午能夠

繼續上課。食量不算小的她，一點點白飯一定不夠。補習前，再帶個三角飯糰讓她充飢吧！

向天使祈禱後，我的心終於平靜下來，也體會到書上讀到的一句話。十九世紀丹麥哲學家說：「**祈禱不能改變上帝，改變的是祈禱的那個人**」。

可不是嗎？認識天使以來，受益最多的是，我能夠隨時隨地為家人祈福，以祝福替代擔憂，不讓自己陷於恐慌無助中。我可以請求適合的特定天使前去協助，或是選擇與對方的守護天使溝通。

下午的時光，傾聽內心的聲音到café寫作。2點半左右，竟莫名其妙地錯失了2通未接來電。依著顯示電話回撥，果真是來自國際牌維修中心。接下來，我和總機小姐持續撥打師父手機，可是都連絡不著師傅。總機小姐猜測，也許師傅將手機留在車上，因此一直連繫不上。

掛掉電話後我再次陷入焦慮。眼看著時間分分秒秒流失，越來越接近Katie放學時間，我只能再度祈求天使協助我與師父連繫上。師傅來的最佳時機點，會是在4:30Katie補習的時間。這樣一來，我就能使用廚房烹飪晚餐，不耽擱到6點接Katie回家用餐，緊接著，7點到補習班接回大女兒。

謝天謝地，師傅終於在4點左右回電了，同意在4:30過來。通話完畢，我騎摩托車飛奔至安親班。見到Katie，我追問她好點沒？大概何時感覺舒服一點？

「肚子好餓唷！下午第一節課時，我感覺好多了，也沒再跑廁所了。」見她精神尚可，沒有虛弱的樣子，我才真正放心下來。她開心的接過飯糰，然後我匆匆忙忙趕回家。

師傅準時前來，還好稍早通話中已了解狀況，攜帶了該替換的零件。

我詢問師傅，遇到冰箱無法供應電力時該如何做？「要儘快請我們過來維修，不然冰箱將會完全失去電力。」此時，我更加確信，今早大天使麥可一定前來施展神力，協助供電，因為這情況已不是第一次發生。依照師傅的說法，今天冰箱當機的機率是非常大的。

接下來的流程都相當流暢，完全沒有耽擱到晚餐時間，或是姐妹倆不同時段，不同地點的接送。接回大女兒後，一整天的忙碌總算告個段落。Katie的腸胃已無礙，似乎也沒有必要去醫生那報到。謝天謝地，家庭主婦總算可以下班了。

如果你請求天使介入協助，天使很願意在日常生活中幫助你，讓你的生活更順暢。養成習慣請天使幫忙大小事，結果會讓你感到驚喜的。在靈性法則下，如果可以的話，天使會幫忙，但是如果不可以，你必須用現實世界的方式來處理問題，因為那是你的挑戰，你需要學習某些事情。在你打電話給水管工、機械工或是朋友之前，養成先祈請天使的習慣。這可以省下受挫的時間。

感覺大天使麥可的祝福

2015年的歲末，我參加一堂領受5位大天使祝福的課程。

課堂上，大家一起祈請大天使麥可的臨在。伊莉莎白老師要我們閉上眼，試著去感受大天使麥可強壯的翅膀從背後給予愛的擁抱。老師舉例說，在台北場時，有位同學感受到大天使麥可將她整個抱起，另一個噸位較重的同學，則說她僅僅感覺到大天使麥可給她一個熊抱。

我充滿期待的閉上眼，希望也能感受到麥可充滿安全感的擁抱。幾分鐘後，我不確定是否感覺到了，但是腦海中卻立刻浮現去年車禍的畫面。我瞬間紅了眼眶，心中湧起無限的感動。

好幾年前，一位算命師早已預言，在44歲那年，我會遇上一場無關生命危險的車禍。去年車禍發生後，我曾想過，在那當下天使是如何保護、安撫我呢？就在此時，我明白了也得到答案。是大天使麥可介入保護我，讓傷害減至最低。高中女學生騎電動車，因雙載煞車不及，撞上我的保險桿，因此我毫髮無傷地躲過一劫。

平日開車時總會祈請麥可的保護。趕著送女兒上學的清晨，或是行駛於滿滿車輛的高速公路上時，一定馬上呼求麥可前來守護。我怎會忘了大天使麥可總是護佑我的行車安全呢?!

　　接著，老師請大家拿出天使卡，在心中詢問大天使麥可，祂是否會誓死保護我們？悍衛我們的安全？然後洗牌5次，看看是否會抽到有麥可圖像的卡片。幾分鐘靜默後，聽見幾位同學驚呼一聲，原來他們真的抽到大天使麥可卡。還有同學的天使卡上，明確的寫著「YES」。

　　雖然接觸天使卡好幾年了，但我並不知道可以這樣的方式與大天使對話。回家後，拿出一副印有各個大天使圖案的天使卡，我也默默詢問大天使麥可，祂是否會一直保護著我？Guess What? 我也抽到大天使麥可的卡片。熟悉的金色光芒，手中持著發光的藍光寶劍，那正是英勇的大天使麥可。

　　天使卡上寫著：

　　記得你是誰Remember Who You Are

　　大天使麥可「你是有力量、有愛與有創意的神之子，你被深深的愛著」

4.7 拉斐爾大天使

拉斐爾（Raphael）的名字表示「神所療癒者」，祂率領「療癒天使」將神的治療之光帶到人間。大天使拉斐爾的任務是負責協助療癒所有人類和動物的疾病，也會與祂的助手天使一起完成「能量療癒」。療癒天使有極大的慈悲和憐憫，祂們會回應你的禱告，以神聖的療癒之光減輕你的不適。

睡前是請求拉斐爾天使的臨在的好時機，許多人在睡夢中得到大天使拉斐爾的療癒。因為在睡夢中，我們的心理與身體皆處於最放鬆的狀態，頭腦也不會抗拒或質疑天使療法的真實性。

天使啟動自我療癒機制

黛安娜・庫柏在《啓動天使之光》這本書中，解釋了大天使拉斐爾和祂的療癒天使如何療癒我們。

祂們會以三種方式來療癒，有時當祂們碰觸你時，會啟動你的自我療癒機制。有時候，祂們化解你在疾病底下的情慾與心智障礙，所以自然而然就治癒了。有時祂們在光中調解，產生奇蹟般地療癒。不過，如果你的靈魂需要一場疾病才能學到功課，那麼祂們將不會將這個學習的經驗帶走。

2018年認識與天使合作的寶治老師後，有2回一對一的脈輪修復經驗。我只需放鬆躺平，寶治老師會邀請聖天使團隊前來（麥可大天使、拉斐爾大天使、加百列大天使、聖德芬大天使），一起聯手修復我的身體。這是

非常神奇有效的經驗。

　　寶治老師徵求我的同意，開啓我的阿卡西紀錄後，便交由天使做工。老師站在不遠處，完全沒有碰觸到我的身體，僅只是轉述天使們正在移除我身上阻塞的能量，其他世的印記，或深層的負面情緒等。過程中我似睡似醒，身體多處隱隱約約有感覺到一些疼痛不適感。很神奇的，讓天使修復之後，我的背痛、脖子紅癢都改善很多。

醫師的守護神

　　大天使拉斐爾是天使界的醫生，也是醫師的守護神，祂可以協助醫師決定對某位病患要選擇哪種治療方式，或是療程要持續多久。不少醫生告訴羅娜，進行手術前，他們不忘先禱告，祈請上帝、拉斐爾大天使和療癒天使的協助。他們信任守護天使和療癒天使都會隨侍一旁，在必要時請求祂們神聖的支援及指引。

　　有一則關於拉斐爾天使協助醫生的真實故事令我感動。羅娜在《Message of Hope》這本書的「自我療癒的能力」（We all have the grace of healing within us）章節，描述一位急診室的醫生在天使的引導下，找出病人身上細微的子彈碎片。

　　故事大概是這樣的，有位弟弟去探訪哥哥，一位對自己已喪失信心的醫師。

　　分手前，弟弟在行囊中發現，他無意間攜帶了一本關於天使的書，因此便將書留給哥哥，並要哥哥答應他，一定要找機會閱讀那本書，了解「守護天使」的存在。哥哥答應了。

　　某一天，這位醫師在急診室搶救一名身中槍彈的病患時，因為找不到較細小的碎片而焦急萬分。他是當天唯一值班的醫師，並無任何援手可以求助。在這危急的情況下，他突然間記起可以向他的守護天使請求協助。於是，他在心中默默請求他的守護天使給予支援。瞬間，他隱約感覺到持著手術刀的手，似乎被一股「神奇的力量」引導著，在病患身上游走。很

快的，他終於順利取出細微的碎片，也成功挽回病患的生命。這次可貴的經驗不僅讓他恢復了自信心，也開始相信天使的存在。

　　天使能協助我們免於恐懼，保有信心。當危急的狀況發生時，我們能夠仰賴天使，相信一切安好。我們可以倚靠祂們，信任上天的安排，因為祂們帶來天父無條件的慈愛。

　　這些觀念及資訊，讓我在家人生病住院時受益良多。爸媽動手術時，在家屬休息室等待時，我會在心中默念羅娜夫人分享的「療癒祈禱文」，請求天使們帶來神聖的療癒之光，指引醫生讓手術順利進行，也協助家人早日康復。祈禱協助我保持平靜，不帶著擔憂的情緒等待。

　　2018年4月，Katie因劇烈經痛多日無法上學。奔走醫院後，竟檢查出Katie的卵巢裡，長了顆8公分大的畸胎瘤，必須儘早開刀切除。我陷入難以言喻的恐慌。

　　在那段期間，守護天使、大天使拉斐爾、療癒天使們，再度成為我的靠山。除了賜予我堅強的意志力外，並多次顯現羽毛徵兆，表明祂們與我同在，我並不孤單，更指引我求診於一位信仰上帝的好醫生。

　　明白在就醫與開刀過程中，必有神與天使們看護著，我尚能在慌亂中沉著下來，評估多位醫生的意見後，做出正確判定由誰來執刀。最後，我聽從直覺，選擇專業、親切、信仰基督的T醫師。他不僅一口答應我的要求，為Katie做手術前的禱告，還特別以較安全，減少傷口的方式縫合，保護Katie尚在發育中的身體。

減輕或消除暫時性疼痛

　　大天使拉斐爾可以協助你減輕或消除暫時性或長期症狀引發的疼痛。你可以在任何時間請求祂的協助，不必擔心打擾到祂。將疼痛的問題全然交託出去，這位大天使就等你准許祂出手治療。你可以對神與天使說：「我將一切交託給你。請將疼痛帶走，我已無法承受。」大天使是沒有肉身的光靈，不受時空的限制，很樂意協助任何召喚祂們的人類。

有位青少年成功地請求天使協助他止住鼻血，也有人請求拉斐爾大天使陪同看牙醫，減輕緊張感及疼痛。有位女士的病情已達急性致命的程度。在急診室等待就醫時，她因身體撐不住而昏厥過去。恍惚中，看見拉斐爾天使的光暈和辭世的祖父現身，告訴她時辰未到。最終，醫生在拉斐爾天使指引下將她成功治癒。

希望以下的資訊，可以幫助你相信靈性引導有助於身體健康。我在生物化學家桑德拉·巴雷特(Sondra Barrett，PhD)的著作《細胞的靈性療癒》中讀到，**細胞會傾聽難以量化的溝通訊息包括：意念、靈性導引、禱告。**

伯德是舊金山綜合醫院的心臟科醫師，他對「禱告的力量」做了一番研究。在病患不知情狀況下，探討禱告對加護病房的病患有否實際幫助。結果顯示，受禱告祝福的人，他們的心臟突發狀況和併發症，比沒有受禱告的病人還少。其他的類似研究也得到相似結論：接受禱告的病人，身體健康皆獲得改善。有位研究隔空治療的科學家認為，禱告的能量，以極低頻的電磁波動接觸並影響細胞。

平日若有身體不適時，除了就醫服藥以外，我也會召喚拉斐爾天使，請求祂療癒我的症狀，盡快康復。生活上，我已經非常仰賴拉斐爾大天使的療癒，不管是暫時性疼痛或是就醫時的指引，我都深深體會過。

大女兒跨區就讀國中辦理遷移戶口時，因不曾做過這樣的事感到非常緊張。夜晚來臨，白天的緊張感仍未消退而引起腹痛。我一向最擔心就寢前不舒服無法好好休息。於是，我想起可以求助於大天使拉斐爾。果真，大天使拉斐爾立即消除我的腹痛，我無需服用止痛藥，終於可以安然入睡。

在國內或出國旅遊時，我必定召喚大天使拉斐爾，請求祂讓我的健康維持在最佳狀態，好好放鬆心情玩樂，享受假期。

有一年，在北海道欣賞札幌雪祭時，我並不知情雪靴的鞋底已破損，冰冷的雪水浸濕我的腳後，才驚覺凍傷的可能性非常大。當時，我已在雨中行走一小時，暴露於外套帽子外的頭髮也淋濕了。回到飯店後，一邊猛

灌熱薑茶，吹乾頭髮，一邊祈請大天使拉斐爾的臨在。受寒狀態下的我，非常擔心當晚會發燒頭痛。幸好，隔天一覺醒來後，安然無事，沒有任何感冒的不適症狀。

2017年冬季和家人到東京自由行。某一天，為了要上米其林餐廳午餐，需做合宜的打扮而身著裙裝和毛褲襪。

當天氣溫僅有4度，飄著小雪。冷冽的寒風，不斷地從頭上、腳上灌入我的身體。入夜後，氣溫降至零度。在室外觀賞燈光秀時，又累又冷的我直打哆嗦，體力已透支，感覺自己虛弱到極點。搭電車回飯店途中，我以意志力請求大天使拉斐爾盡快前來協助我，帶走受寒引起的頭痛和所有不適。在睡夢中，我再次領受天使帶來的療癒之光。隔天醒來，奇蹟式的安然無恙，一切安好。

不論你在天涯海角的哪一處，大天使拉斐爾都能為你診療，所以千萬別忘了召喚祂一起同遊。為家中的老老少少祈求拉斐爾大天使的護佑吧！不論是心靈、情緒、身體上的不適，都可以求助於祂。請求祂指引我們照顧長輩，不論是就醫的指點，或是減輕身體上的長年病痛，讓他們感到舒適些。

祈禱文

「親愛的大天使拉斐爾，請看顧（對方名字），並協助他維持健康，幸福與強壯，也請您指導我如何協助與幫忙。」

旅行的幫手

「感謝您，拉斐爾大天使，一路上陪伴我與同行的夥伴，協助我們與行李抵達目的地。」

減輕疼痛

「謝謝你，大天使拉斐爾，請帶走我的疼痛，讓我的身體感覺舒適與安好。」

推薦醫療服務

「親愛的大天使拉斐爾，請指點我找到最適合處理個人症狀的治療師，並協助我預約療程。」

生病期間仰賴天使

家人生病時是我最依賴天使，藉以保持身心安寧的時刻。這幾年進出醫院頻繁，爸媽陸續動過幾次手術，小小年紀的Katie還動了「畸胎瘤」手術。幸好，這些年來的靈性學習，讓我在慌亂求醫、送醫、等待病房的焦慮過程中，懂得向上帝天使們求助。依靠祂們，信任祂們必垂聽我的無助禱告，為就醫做最好的安排。

祈求天使界的醫生，拉斐爾大天使的臨在是不可缺的。祂是醫生的守護神，不僅會在手術室裡指引醫生，也會帶領療癒天使與生病的家人同在，給予療癒的力量協助病人康復。一次次，天使們透過各種方式捎來訊息。慈愛的向我保證，祂們必會在幕後奔走，在人們耳邊耳語，請求他們伸出援手，善待我們，提供任何一個環節所需的協助，例如：交通上的安全，單人病房安排，找尋善良可靠的看護等。

一如以往，天使總是將羽毛傳送到我眼前，或是持續透過車牌、手機時間傳遞特定的天使數字，表明祂們一直與我同在。這不但鼓舞我的意志力，也讓保持正向思考簡單許多。有一回，天使甚至在我腦海裡灌注一句台語：**有神也要有人**。（需要神蹟，也須醫生高超的技術相輔相成的一起醫治好病人）知道一切有祂們看顧著，我一回比一回鎮定平穩，做出適當抉擇，肩負起照顧爸媽，也兼顧家庭的重大責任。

媽媽的躁鬱症

除了身體病痛的手術，媽媽的躁鬱症也讓我有更多機會求助天使。

媽媽身為長媳，與爺爺奶奶同住，因此自年輕時便因壓力大，睡眠障

礙患上躁鬱症。不過,當時她熱中拜佛,因此躁症病發時脫序的行為舉止都和佛教相關,我們一度以為她是中邪,曾請師父協助解決。

年復一年,隨著天氣變化,媽媽的症狀在春秋季節交替時總是很明顯——情緒大幅度起伏,睡眠出現相似的頻率,脫軌行為的症狀雷同,我們才明白媽媽生病了,也越來越容易辨別,媽媽是處於春天的躁期,或是秋冬的鬱期。

躁期是令全家人困擾也吃不消的時期。春天時,精神大好,只需少少的睡眠,卻有滿滿的能量。滿腦子有許多能力無法真正勝任的計畫。每晚都捨不得睡,直到半夜才就寢,因為太多計畫想完成。如今回想起來,媽媽的個人插花展,就是在躁症的亢奮精神狀態下熬夜完成的。

躁期長達3個月左右,日積月累下來睡眠嚴重不足,導致判斷力失控,情緒忽起忽落很不穩定——非常易怒、誤會別人,因此等精神穩定時,還得修補人際關係。

血拚是家常便飯,有時還會依心而行大筆捐款,還有幻想、幻聽、幻視等症狀。躁症期間耗盡大量體力又睡眠不足,因此接下來的鬱期就是無精打采、補眠和跌入谷底的憂鬱。

除了躁鬱症,媽媽的右腳因為長途飛行患上「經濟艙症候群」,導致淋巴瓣膜已破壞,回流不佳而腫大。多年來四處求醫,還多次蜂窩性組織炎住院,都只有爸爸獨自照顧媽媽。我和哥哥在海外求學多年,總是只能在電話上不切實際的問候,實在讓我們很內疚也心疼不已。年復一年的,爸媽的身心靈承受各式各樣的壓力,真不知爸爸是如何陪著媽媽撐過來的。

回台定居前幾年,我因女兒們尚年幼,自己是泥菩薩過江還幫不上爸爸的忙。聽聞媽媽躁症時期的衝動行事,或是出狀況時,總覺得心跳破百,還得吃點抗焦慮的藥才能穩住情緒。直到最近幾年閱讀躁鬱症的書籍後,我才明白如何正確應對這些症狀,也開始接到年邁爸爸力不從心的求救電話。

一通通狀況層出不窮的電話，總讓我心驚膽跳。有時，還得事先聯絡鄰近親友，找救兵支援，以防萬一。學會嘆口氣後冷靜應對，處變不驚。綜合多方說法後分析出真相，判斷原因。妥善安排順序，但不忘優先照顧好自己身心靈，聆聽天使音樂紓壓。向上天禱告，請求特定天使介入、協助、療癒，請求祂們的智慧解決問題，重新獲得力量繼續走下去。

　　和遠在美國的哥哥商量後，決定是時候將媽媽送到大醫院的精神病房療養治療了。在醫院安全的環境下，按時規律服藥就寢，並接受心理諮詢，讓躁症顛峰期慢慢穩定下來，對爸爸和媽媽都是較妥善安全的安排，也讓疲於應付的我們喘口氣。

　　將媽媽強制送醫不是件簡單的事，若是請救護車來，還得視媽媽當下的精神狀態是否正常，若還是不對勁方可送醫。第一年還不熟悉就醫過程，我是既緊張不安又害怕。某個周日下午，得知媽媽狀況相當不好，我從高雄趕回娘家，聯絡好台南的親友，視狀況協助我臨機應變。

　　就在安撫媽媽時，我突然嚴重腹痛。星期日沒有門診，只能請救護車來送我到醫院急診。心急的媽媽當然陪我一起上救護車。我感覺極度暈眩不適，原來是腹痛加上緊張，血壓一度飆高至160。抵達醫院後，將自己和媽媽的健保卡交給醫護人員，表明我只是暫時不舒服，媽媽才是真正需要照顧的病人，這才順理成章地將媽媽留院治療。

　　尚未安排好病房前是最焦慮的時候，天使們透過時間暗號希望我保持正向，祂們都聽見我的祈禱，會盡全力讓醫生護士做有利的安排。天使甚至提醒我，祂們也會守護獨自在家的爸爸，讓我不必擔心爸爸。

　　以下的數字訊息是在等待病房時看見的暗號。

　　247：天使說你所有的祈禱症都得到回報。保持信心！

　　711：持續你的肯定語和觀想，因為它們有效。

　　事實上也真是如此。在急診室待了一晚上，醫院在清晨7:11分告訴我，他們已經為媽媽安排好病床。在急診室只待8個小時就等到病房，算是很幸

運的。住院期間，每一回探訪媽媽，我依然持續請求天使們賜予我力量、勇氣、智慧，精神上的支持和靈性層面保護。踏進醫院前，我會稍緩腳步，請求大天使麥可以「白光」為我罩上一道防護罩，減少低頻能量干擾我的敏感氣場。

進入門禁森嚴，有2道門上鎖隔離的精神病房，又是另一回事。第一年不清楚狀況時，我不只責任重大，壓力也沉重到幾乎喘不過氣來。心情忽上忽下的，除了不捨，幾分恐懼，還有更多的不知所措。

媽媽病情尚未穩定下來，有時須被束縛隔離（較嚴重的病患不肯配合會大喊大叫，手腳被綁住約束在另一個房間隔離）。

醫師、護理師和社工，每個人都等著和我聊聊，想知道媽媽的病史，或是告訴我他們的處理方式，和申請補助文件的流程，然後我還得向哥哥報告狀況。雖有親友團提供支援，但畢竟我是主角，他們是配角，許多事等著我做決定再做協調。

終究我承受不住壓力與疲憊，忍不住流淚。資深護理師給我一個溫暖的擁抱，我永遠記得她的指點：「每件事情都有一體兩面，但要怎麼樣把它做到圓滿才是最重要的。」這個人生智慧帶給我很大的影響。

我還依稀感覺到守護天使為我打氣：「孩子，你做得很棒！」

如何帶著愛，正確回應媽媽的「宗教妄想」或是「被害妄想症」；觀察藥物的劑量反應，秉告醫生再做調整；是與非？真真假假？妄想或失智？所有的一切，都迫使我走出安靜創作的舒適圈，在一夕間成長。

醫生會依症狀調整藥物，觀察後再次調整。這一住，少說一個月，否則是不隨便放人的。剛開始調藥時，因晚間藥的劑量較重，媽媽半夜起床如廁時要很小心，以防跌倒。護理長希望我們申請夜間看護，但是看護不是都在上班中，就是不接精神病房的case。我無法24小時都陪伴媽媽，也清楚知道自己的體質敏感，氣場能量容易被醫院裡複雜的負能量干擾，還得花許多時間修復。

靜坐著想辦法時，天使很快地提醒我將這責任交給祂們，甚至讓我回

憶起書上一則小故事。天使們陪伴著，看顧著3姊妹一同在草地上嬉鬧。天使們特別眷顧年紀最小的妹妹，祂們會打開翅膀保護她，避免她直接跌倒碰撞。於是，我知道我也可以請求天使的幫助，攙扶媽媽走穩步伐，萬一快跌倒時給予及時的保護。這些知識，都來自於羅娜夫人詳細描述天使如何在日常生活上協助人們。

家人都不願意讓媽媽待在那個環境太久。雖然，醫護人員很親切專業，但是隔壁床病友的精神狀況是無法預料的。只要症狀減緩，睡眠補足，藥物也調整適當即可返家。因此，如何說服醫師讓媽媽提早出院需要一點技巧。

第一年，我以靈性觀點與前世記憶的存留，以及哥哥寫給醫生的一封信，共同聯手說服醫生讓媽媽提早出院，好讓即將返國的哥哥可以一同赴日本旅遊。喜愛旅遊的媽媽，只要一出國病就全好了。

那天早晨，時間緊迫，我的心跳劇烈加速，完全被慌張和焦慮綁架，最後決定搭計程車趕往火車站。坐上車後，和藹可親的中年司機微笑詢問我的目的地。

「我要到火車站，搭9點的自強號，這時間會塞車嗎？」

「還好耶！你相信我，我相信這部車，十分鐘後就可抵達火車站，你還可以散步進去車站。」司機不疾不徐的回答。

瞬間，我的呼吸心跳平順下來，時間也彷彿暫時凍結。

再一次的，我領悟了書中的道理。**我們每一個人都是一顆種子，栽種在我們這個世界目前的震動之中。當我們發出平和的感覺時，我們會與某種能量共振。**

我感謝司機做了一件善事，讓我的心轉為平靜不再著急。他回答我：「一早做好事，也讓我心情很好。」

望著藍天裡一朵朵潔白無比的雲朵，我打從心底微笑了。靜默虔誠的向藍天外的上帝、天使們道謝，感謝祂們聽見我匆忙中簡短的祈禱，派遣這位善良又專業的人間天使護送我至火車站，不僅讓我平靜下來，也安全

的及時趕上火車。（朵琳夫人也曾請求天使協助安排計程車）

　　攜帶著《從未知中解脫》這本書，默默祈請天使協助我整理出重點，並鼓起勇氣為信仰站出來。首先，我向醫生說明，精神疾病是「生命藍圖計畫」中的一部分，然後提起前世記憶。結論是，媽媽的妄想症是由前世記憶發展出來，而不是毫無根據的胡言亂語。希望醫生能有這個觀念，減少「妄想症」藥物的劑量。我非常高興年輕的醫生，願意保持開放的心接納我提出的靈性觀點。

　　對於家人的過去世，我止不住好奇與猜臆。媽媽對自己的前世似乎略有印象，並且總在夢中領悟許多事情。她個性中有帥氣的一面，也深信曾有一世是位將軍，騎著高大的馬，跟隨於她身邊的小男孩，應該就是爸爸。日常生活中，媽媽給予爸爸的愛與鼓勵，是專注的，更有份令我難以置信的耐心。

　　我跨越了時間的鴻溝，推理所有的可能性。媽媽躁症時的幻想、幻覺、幻視，真真假假，哪些是真實記憶？哪些是假象？永遠只有她最清楚。然而，其中涉及的心理層面，亦或是前世記憶，細胞記憶的療癒，影射出來的所有可能性。我若能得知更多她前世的資訊，或許一切都有跡可循。

　　媽媽是虔誠的佛教徒，也慈悲待人。躁症期間，媽媽總說她是佛菩薩。她觀察到大家對她總是特別禮遇，因為她是佛，不是一般人。從靈性老師口中，我僅得知她的前世修行頗高，還有能力鎖住她的阿卡西資料，不隨便讓人調閱。

　　第二年，突然接到媽媽朋友來電，聚會時媽媽身體不適得送急診。放下瑣事，我匆匆趕往醫院。當我仰望藍天，下意識地向上帝天使們求助，天使很快地透過朋友傳送一張「天使雲」的圖片給我。

　　打開臉書時，跳出兩年前的貼文，竟是一張有333車牌的照片。這些再明顯不過的徵兆，讓我感動得忍不住掩面而哭。這些徵兆全都表明了祂們與我同在，要我不要慌不要擔心。知道祂們守護著我，給了我極大的安

慰，也能夠很快的冷靜下來依序處理事情。

在急診室找到一臉憔悴的媽媽時，我的心都快碎了。媽媽抱怨著，隔壁的精神病患不時大聲吵鬧，她無法入睡。深知在那當下，務必讓媽媽的身心靈先穩定下來，否則對病情更不利。我連忙撥放手機裡的天使音樂協助她放鬆，見媽媽終於睡著，我才趕緊到門診求助媽媽的主治醫師。等候醫生見我時，我不停地祈禱，希望能當天就入住病房。醫生皺著眉告訴我病房全都客滿了。幸好，打電話到精神病房協調後，終於挪出一個床位給媽媽。以下這些訊息和安排病房相關。

111：這數字為你帶來緊急的訊息，告訴你的想法正立即實現，因此讓你的思想模式專注於你所想要的。將任何恐懼的想法交給上天來轉化。

244：你被有力量的天使們所圍繞，他們無條件地愛你。無需懼怕任何事。

對自己誠實Be Honest with Yourself

「我們會在必要的改變中支持並指引你。你可以倚靠我們，為你帶來勇氣與力量好好照顧自己。只要把重心放在你真實的渴望上，它們就會搭乘天使的羽翼來到你身邊。」（在當下真實的渴望就是病房的需求）

住院期間，天使還指引我閱讀《天使量子療法》和《心靈能量》這2本書。於是，我明白了哪些天使療法可以協助母親紓壓，某些關於情緒能量的理論可以和醫生討論。

媽媽的室友換了好幾個，最後這位是個聒噪的年輕女孩。雖然媽媽的病情逐漸穩定了，但女孩的音量一直打擾到媽媽的作息，繼續讓媽媽待在那裡療養不是明智之舉。

明瞭心理學家大衛・霍金斯（David.R Hawkins, Power vs. Force）的理論，情緒反應身體中粒子的振動頻率。任何導致人的振動頻率低於200的狀態會削弱身體，而從200到1000的頻率則使身體增強。我決定以此理論說服醫生讓媽媽提早出院。

準備說服醫生那天，我在火車上召喚大天使加百列協助我增強信心，使用恰當的言辭和知識來說服醫生團隊們。這一切，天使都看在眼裡，很快捎來333暗號表明祂們支持我這麼做，也透過世界時鐘裡好幾個47的暗號嘉許我的努力。（台北時間4:47，美國德州時間下午3:47，美西時間下午1:47。）

不管是147的走在正確的方向，或是347的恭喜我與天使們有清楚連結，我已準確地接收並遵循神聖指引，我都欣然接受也輕易產生連結。

第三年的就醫，因為已熟悉流程，主治醫師也提前保留病房而簡單平順許多。然而，這次的挑戰在於該如何阻止媽媽吵著提早出院，回家整理行李參加住院前早已報名的日本旅遊。這是件棘手的事。

但奇妙的是，就在緊急關鍵時刻，我強烈感覺到連天上的爺爺都來助我一臂之力。

爺爺指點我以託夢的方式，以他的口吻寫一封信勸媽媽那年不宜出國，果真成功打消了媽媽執意要出國的念頭。（這件事會在已逝親友那篇提到）

出入醫院多回，我的感觸頗深。已開始書寫此書，我也思考著如何理解人心，將自己求助上天的經驗，延伸分享應用於別人身上？原來，靈性概念可以輕鬆落實生活上。

有一回在等電梯時，無意間聽見一位媽媽在電話上哭訴照顧生病孩子的辛苦。她說：「好辛苦，我覺得要讓孩子走，離開這個世界他會比較輕鬆。」

我想，如果更多人懂得「靈魂的出生前計劃」的觀念該多好。

每個人在投胎前，都曾謹慎地和指導靈及天使一同計畫來生的學習課題。指導靈會審視我們是否計劃太多艱辛的苦難，再做修改以確保我們承受得起。

每個人都有自由意志，有人選擇接受人生困境的挑戰，也有人會排斥拒絕。選擇如何回應挑戰，是自憐、憤怒，或是愛與付出關懷都由我們自

己決定。當我們明白此生是由自己計劃的，將會理解也有勇氣面對生命中的挑戰與磨難，該如何選擇就變得既清楚又簡單多了。

疾病也是在計畫中。當它發生時，我們可以配合醫生好好治療，改變觀念、作息照顧自己，趁此機會好好休養身體。若是一直怨天尤人，不斷質疑「為什麼是我？」不肯配合治療，結果演變為攸關生死的大病，甚至用上一次回到天堂的機會。

精神病房並不可怕，醫生護士團隊都非常有愛心。精神疾病是慢性病，護理師甚至比一般病房的護理師更有耐心。那裡有電子琴、書報雜誌、電視，也有運動器材供病患運動，護理師也會在固定時間帶大家一起做伸展操。

雖然病房管制嚴謹，訪客的物品得先經過檢查，有些疑似危險的東西需寄放櫃台（如玻璃瓶罐，充電線等可能被拿來當自殺工具），但他們也通情達理，准許病患請假或訪客探視，還曾讓媽媽和遠在美國的哥哥電話視訊。

有次我在病房待得較晚，正巧碰上服藥時間。突然聽見隔壁病房傳來祝福祈禱的聲音。我走向走廊一探究竟，原來是有位女孩正為幾位擔心失眠的病友祈禱，祝他們一夜好眠，真是令人感動。我不禁想，如果醫院能引導冥想或是播放天使音樂，一定能幫助放鬆、穩定神經，有益於身心靈康復。

送媽媽住院療養那幾年，我成長許多。多一點果斷，多一點自信和同理心，並且勇於為信仰站出來。慶幸當我得肩負起這個大責任時女兒們已長大，不需我分神擔心。我的靈性學習完全派上用場，不僅自助也協助了家人。在那些無助時刻裡，我沒忘記要向上天求援，明白上天一定會慈愛地回應我、支持我，並且提供指引和可靠的資源。

求醫、住院、回家休養的過程，經歷許多繁複情緒。人前必須堅強做出決策，露出鎮定的一面安撫家人。休養時的照護，睡眠不足，只能請求天使賜予我力量，強打起精神照顧家人。等到自己獨自一人，可以稍稍鬆

懈時，我會播放天使音樂紓壓。知道守護天使會安慰我，療癒我的情緒，給予我溫暖的擁抱，灌注神聖的力量。

我們都需要朋友的安慰，但是在時間不合適，或是還未聯繫上前，你絕對可以請求天使的陪伴，靜默的分擔你的情緒。祂一直都在你身邊，也看見一切的發生，你無須多費唇舌再說明一次病情。找個可以暫時獨處的角落，靜靜請求天使愛的擁抱，讓祂為你紓壓，灌注宇宙能量。我相信你一定會平靜許多，再次獲得堅強力量。

Katie的腫瘤手術

臨睡前，我們必須將潛意識導向至正面思考，將煩惱交給上天，相信一切依神聖秩序進行，皆有完美的解決方式，唯有如此才能和「吸引力法則」相呼應。

上天會在你耳邊指引解決的方法，毋須過於煩惱擔憂。當時機成熟，答案就會在那裡。唯一你所必須做的，僅只是相信宇宙的助力。

——偉恩‧戴爾博士

2018年Katie讀小六時，因嚴重經痛意外發現卵巢裡長了「畸胎瘤」。整個過程中，我察覺到上天的祝福和指引時時與我同在，因此特別仔細記錄下所有徵兆。

Katie的經痛有點嚴重，蒼白的臉色連老師也忍不住擔心，於是請假在家休息。一整天斷斷續續的陣痛，折磨著活潑好動的她。蜷曲著身體，眉頭緊皺縮在沙發一角小小聲哀號。換了幾種止痛藥後仍不見起色，甚至引發痛到嘔吐的反射反應。全家人的心糾結著，心疼不已。

兩天下來，Katie吃什麼吐什麼。不知所措的我，只好翻閱《女孩的青春祕密》這本書。幸好，一句關鍵話拯救了我：「初經是女孩們看婦產科

的好時機。」闔上書，我們火速奔往附近的婦產科醫院。

護士詢問Katie的疼痛指數，Katie說不出口，但血壓飆高至140，反映了她極度不舒服。超音波螢幕上顯示著她的子宮。原本該是乾乾淨淨的畫面，但是複雜的影像令我冷汗直冒，心情瞬間直墜谷底。

「看起來有好幾顆水瘤，水瘤通常會在月經後消失。不過，下方有一團實心的東西不知是什麼？這個最好處理一下。妳們還是到大醫院仔細檢查吧！」老醫師語重心長地解說，囑咐護士幫Katie打一劑止痛針，並抽血驗一下腫瘤指數，檢測腫瘤是良性還是惡性。

檢查結果實在太令人震驚，Katie的生命藍圖裡怎會有腫瘤這件事？小小的身軀裡竟然有顆8公分的大腫瘤。

止痛針似乎並沒有太大幫助，最後竟連只是喝水吃止痛藥也不行。腸胃早已空無一物，只剩下黃色的膽汁傾洩而出。女兒們成長過程中都還滿健康，只是些感冒、腸胃方面的小病痛，不曾有什麼大狀況或住院經驗。這一次實在讓我慌到極點，束手無策，不知該如何照顧Katie。

「向Katie的鋼琴老師求助。」在這危急時刻，守護天使在耳邊提醒我。

我馬上和鋼琴老師聯絡，原來她不久前剛動過婦科手術，隨即安撫我的焦慮，和我分享就診經驗。只是，我對鋼琴老師提起的醫院並沒有好印象（日後我才知道，原來那家醫院並沒有兒科急診，因此天使直接跳過那家醫院）。

天使指引我在半夜查詢合適的醫師

4月13日

半夜3點多醒來如廁，一反往常，我並沒有急著再入睡。內心微小但清晰的聲音要我打開手機，查詢某家醫院的婦產科醫師。過濾掉幾位年輕女醫師，今天下午的門診，正好有位專長是腫瘤的主任級醫師。

晨曦日光中，睡眼惺忪送大女兒上學，帶Katie去急診的想法越來越堅定。

到了急診室後，小兒科醫師前來告知程序。

「志工先帶妳們到婦產科會診，再回來打點滴。」虛弱的Katie坐上輪椅，志工領著我們穿越人群。

診間外，Katie安安靜靜坐在輪椅上，小口小口喝著水，等待漲尿照超音波。時間龜速的漫步，等候將近一小時了，仍未輪到我們看診。Katie憂鬱的臉色透露了她依然不舒服。直覺告訴我，再這樣下去拖太久了。我決定聽從心裡的聲音，回到急診室和護士商量，可否調換一下流程，先讓我們回急診室打點滴，也再次表明我的意願，希望等到下午，由資深的婦產科主任看診。

「我們這樣安排，是先讓醫生判斷該做哪些檢查，再回到急診一併打點滴，做抽血檢查。」小兒科醫生從急診室趕過來婦產科關照並解釋。幸好，醫師最後尊重我的決定，答應讓我們回到急診室。

「回來打點滴也好，這樣補充水分比較不容易吐，也足夠漲尿做超音波。」

我很高興聽到護士這麼說。雖然，身在醫院必須尊重醫生護士的專業，但聽從媽媽的直覺也是相當重要的。畢竟，在孩子生病的期間，媽媽是最了解孩子的狀況與需求的。

午餐後的天使暗號

午餐後，瞄見12:44的暗號，我安心地趴在病床欄杆上小憩一會。

244：你被有力量的天使們所圍繞，祂們無條件地愛你，無須懼怕任何事。

知道天使們在身邊盡全力協助就診，我的內心平靜，沒有太多擔憂。前陣子，才剛陪媽媽在成大急診室等候病床。相較之下，這家醫院清幽寬敞的空間，也讓我的情緒處於平穩狀態。

2:22時，天使們要我繼續耐心等候T醫師的會診。

222：信任所有一切都完全依其所應然的方式運作著，為其中所涉及的每個人帶來神聖的祝福。

3點左右終於輪到我們看診。

「妹妹是從急診室過來的，嚴重經痛，有長水瘤。」

聽見護士的簡單敘述，T醫師一臉訝異，立刻從電腦前抬起頭。這麼有愛心的瞬間，是T醫師給我的第一印象。年幼的Katie，在一群婦女患者中可是格外醒目啊！

「妹妹你幾歲了？」

「11歲」

「我們到裡面照一下超音波，看看是怎麼回事？」

「這是長在卵巢裡的畸胎瘤！已經有8公分大了。是妳懷妹妹時，受精卵的細胞分裂不完全引起的。」醫生對我解釋。

「可是怎麼會長在妹妹身上？剛好在她的卵巢裡？」我一頭霧水。

「畸胎瘤是一個水瘤包覆著實心腫瘤，內容物可能有頭髮，和一些器官組職。好消息是，大部分的畸胎瘤是良性的，復發的機率並不高。妹妹的劇烈經痛，也許是原發性，也許和卵巢已經開始扭轉有關。畸胎瘤不會縮小，只會持續長大。就像是壞人一直欺負你，擠壓你一樣，不但壓迫卵巢，也會影響卵子的健康和數量，萬一嚴重造成卵巢壞死，必須切除，影響妹妹日後的生育能力可就遺憾了，儘快以腹腔鏡手術取出比較安心。」

「手術前，該做的檢查都做一下比較好，但核磁共振MRI要排很久，可能來不及做。」親切的T醫師，耐心回答我所有的疑惑，也初步解釋腹腔鏡手術的選擇，有3孔腹腔鏡或單孔腹腔鏡。

走出診間那一刻，天使提醒我看一下手機，時間不偏不倚地停在4:44分。

444：天使在你周圍的每一處！你完全地受到天上許多神聖的存有所愛、支持與指引，你無須畏懼任何事。

心情雖五味雜陳，驚訝又焦慮，但因有了天使慈愛的指引，求診於一位好醫師而稍微放下心。腫瘤形成原因未搞清楚前，我曾責怪Katie，這一定和她的偏食，未攝取足夠青菜水果，太常喝冰冷飲有關。如今知道原因，乃是由於我懷她時，一個不長眼睛的迷路卵子附著在她的卵巢造成的，她的第一個反應是：「我好無辜喔！」心疼她承受這麼多，不捨她小小年紀就得動手術。然而，從另一個角度去正面思考，因經痛而發現腫瘤的存在，是因禍得福，真是不幸中的大幸啊！

　　離開急診室，攔了計程車接大女兒放學，母女三人一起回家。5:33分抵達家門時，天使再次提醒我祂們的存在。

　　533：你祈求改變你生命的指引的祈禱，已被許多愛你與保護你的揚昇大師們聽見與回應。

羽毛開始出現

　　晚餐後，一打開後陽台的門，一片灰褐色小羽毛映入眼簾。狹長的後陽台，緊鄰著隔壁大樓，並不曾見過鳥兒造訪。我猜想，天使必定耗費不少力氣才將羽毛送達後陽台。我一點也不訝異羽毛的出現，拾起起羽毛，明白天使又捎來物證——今天的流程有祂們的看顧與協助。天父和天使們，捨不得讓我六神無主，不忍心讓恐懼侵蝕我的每一個細胞，孤孤單單面對焦慮和擔心。

　　在這承受巨大壓力一天，先生上夜班晚歸。天使持續不斷捎來信號，告知祂們依然陪伴守護著我們。一整天下來，我深刻感受到來自上天的愛，我感覺十分窩心，也不再感到孤單無助。

　　親友們紛紛建議，應該多看幾位醫生聽聽他人說法。光是選擇哪家醫院，看哪位名醫就令我頭痛不已，難以抉擇。T醫生的專長是單孔腹腔鏡，又可以儘快排刀。大醫院病患多，無法儘早排刀。一想到得擔心更久，或是風險增加就讓我坐立難安，感覺往後每一天都是是度日如年。最後決定多看看幾位醫生，但以不錯失任何一次T醫生的門診為前提。

這一切的發生與壓力，讓我難以招架。媽媽仍在醫院治療躁鬱症，爸爸年邁不宜讓他擔心。公婆不上醫院就醫，經驗不多。先生多日上晚班夜歸，我只能和他在電話上簡短說幾句話。我連個傾吐心情，商量對策的對象都沒有。幸好，天使提醒我和親切的嬸嬸聊聊。

白天帶著Katie奔波其他醫院看診，回家後還得自己照顧2個女兒，我只能默默獨自承受著巨大的壓力。於是，我不自覺地和天使溝通，想尋求天使醫生，拉斐爾大天使的神聖指引。一如往常，天使卡的準確度令人瞠舌。

第一張：新鮮空氣。是的，我需要在公園獨處，思考下一步該如何做？

第二張：關係。請求神的療癒與指引所有的關係。（意指找到正確的醫師）

第三張：內在。謝謝你支持我拿回自己的力量，聆聽我的直覺，渴望與感覺。

可不是嗎？唯有冷靜，才能決定下一步該做什麼？我信任上天會清楚指引我為Katie做正確的安排。

第二片，第三片羽毛徵兆

定居紐約的小叔畢業於護理系。周末時，我算好時差，準備撥電話和他商量Katie就醫的流程。站在大樓騎樓下，傍晚的春風，溫柔地拂過我的緊繃。

我察覺有一小片灰褐色的東西，筆直地朝我飄飛過來。定睛一看，那不是羽毛嗎？不論是大小或顏色，和上回在後陽台撿到的羽毛幾乎一模一樣。沒幾分鐘後，另一片顏色大小相近的羽毛，再次正對著我飄過來。這麼形容好了，那宛如是打開家門時，興奮的小狗向你直撲而來一般。再次看見羽毛，明白上帝與天使們看顧著一切，我無須過於擔心。

小叔運用台灣的人脈，四處打聽詢問高雄醫院的名醫是哪幾位。有個較

有概念的人解釋、商量細節，讓我頓時安心不少，焦慮慌亂也逐漸減少。

決定由T醫生執刀

在大醫院讓2位名醫診斷後，我很快下決定就由T醫生執刀。

其中一位醫生說：「腫瘤不會長太快，等到暑假再開刀沒關係，這樣才不會影響課業。」但是，腫瘤吸取食物養分，還在持續長大中，它等於是個不定時炸彈啊！我實在無法認同課業比健康還重要的觀念。另一位女醫師經驗豐富，正巧是T醫生的老師。但是要排她的刀也得等照過MRI後，詳細確認腫瘤位置才能排刀。我顧慮到大醫院求診人數多，什麼都得等，最後沒有考慮在大醫院手術。

午餐後，買杯飲料解渴。天使趁此機會，再次捎來數字暗號，持續和我保持溝通。

247：天使說你所有的祈禱正都得到回報，保持信心。

4月17日

送大女兒上學途中，斗大的472公車牌在我正前方，回家後趕緊查詢數字意義。

472：天使們請你信任一切皆在神聖與完美的秩序中。

請假整整一周後，今天是第一天上學，我很擔心沒進食的Katie體力不足，於是拿起餐袋執意要陪她進學校，不容她拒絕。上樓時，Katie大喇喇地一次跨上2個階梯，被我嚴屬制止。回到家，家事告一段落後，饑轆腸腸的肚子催促我該關照它一下。從微波爐拿出早餐的瞬間，守護天使提醒我當下該做一件事：「為Katie禱告」。對喔！健忘的腦袋，早被擔心與繁瑣的代辦事項填滿，都忘了該祈求天使守護Katie的在校時光。這還是第一次發生，天使提醒我必須要提出要求，祂們才能介入。

「親愛的大天使麥可，請前往XX國小，守護Katie的安全。為她罩上一層白光防護罩，不讓冒失魯莽的男生，或是活潑跑跳的低年級生碰撞到

她，也請守護天使叮嚀她慢慢上下樓梯。謝謝祢！」

醫生交代Katie，手術前要特別小心。不可以劇烈運動，不可以太累，更不能被碰撞到腹部。萬一水瘤破裂，液體流向其他器官，不但難以清理乾淨，還會引起沾黏。因此，體育課暫時告假，也交代同學們和Katie保持距離。安全起見，期待許久的畢業旅行也只能取消。

冥冥中天使安排朋友為我代禱，給予力量

4月19日

午休後，我突然很想去「五便士」逛逛，想念被天使圍繞著的寧靜氛圍。雖然「五便士藝術雜貨舖」是我的世外桃源，我很喜歡到那晃晃，但像今天這樣，衝動前往的意念是不曾有過的（非例行性舉動原來是某種指引）。

老闆娘張姊提起她剛動過手術，發現諾麗果汁的營養價值非常高，不但具排毒效果，還可更新細胞。閒聊中，張姐的基督徒朋友剛好來店中，除了熱心分享她自小看遍名醫的心得，還提醒我手術前後該特別注意哪些事項。

我很快覺知到這次不可思議的碰面，正是冥冥中天使的安排。懷著感恩，我允許自己繼續接受指引和關愛。張姐的朋友很熱情，對我的關心絲毫不亞於張姊。她和牧師熟識，甚至邀請我帶Katie到教會接受牧師的特別祈福。再一次的，我感受到守護天使會安排人們相遇，帶給他們需要的機緣。

臨睡前，偉恩・戴爾博士著作上的一席話，宛如為我打了一針鎮靜劑，不僅讓我保持信心，也引導我該如何正確思考好讓我的心願實現。更重要的是，重拾了多日來遺忘的平靜。

「臨睡前，我們必須將潛意識導向至正面思考，將煩惱交給上天，相信一切依神聖秩序進行，皆有完美的解決方式，唯有如此才能和『吸引力法則』相呼應。

上天會在你耳邊指引解決的方法，毋須過於煩惱擔憂。當時機成熟，答案就會在那裡。唯一你所必須做的，僅只是相信宇宙的助力。」

發現T醫師是基督徒

明天有T醫生的回診，上網查過T醫師的背景後，更加確信他是上帝派來的人選，因為他是位教人認識生命的基督徒，也致力於服侍上帝。

從羅娜的書中知道，拉斐爾大天使是醫生的守護神，許多醫生會在手術前虔誠請求上天的指引。我非常好奇，台灣的醫生是否也會這麼做？這是一個絕佳好機會，我很想問問T醫師，是否可以在手術前禱告，請求上帝與天使的看顧呢？

在T醫師第3次回診那天，終於排定腹腔鏡手術的日期。敲定5月2日住院，5月3日手術。解說完手術程序、注意事項，預定了單人病房後，我鼓起勇氣提出盤旋在心中的問題。

「請問醫生，您會在手術前禱告嗎？」微微抖著聲音，我膽怯地提出疑問。

「你自己禱告啦！」面向T醫生的Katie，轉過身來瞪大眼睛給我一個白眼。她以不可置信地的眼神看著我，無法相信我還是問了。在診間外我已告訴她，待會我想詢問這個問題。

「你很有可能會被當作是怪胎。」她用力搖搖頭覺得不恰當。

「這樣好了，手術前查房的時候，我們一起禱告吧！認識上帝是很棒的一件事。」感謝上帝，T醫生爽快地一口答應了。

「妳是媽媽的寶貝，媽媽會擔心啊！等妳長大就會懂了。」key完資料的T醫生，輕輕拍著Katie的手臂，試圖讓她轉向他，希望Katie能理解我的心情。

那一刻，我完完全全地放心了。T醫生是位仁慈又富有同理心的好醫生，他同時顧及了病患和家屬擔憂的心情。再次確信，聆聽來自內心直覺是正確的，天使卡也提醒我該信任我的直覺！其實早在第一次讓T醫師看診

時，心中早已暗自決定，就由他來動手術吧！

出現小天使插畫

手術前倒數四天，我思考住院該帶哪些物品。帶著在圖書館借的文學小說吧！讓Katie打發時間，轉移一下注意力！隨手一翻，映入眼前的正巧是一幅小天使背影的插畫。這樣的巧合性和共時性，讓我震憾了一下。這個徵兆真是太明顯了，再一次的，天使提醒我祂們一直與我同在。

近來，我所需要的資訊都是以這樣精準的方式冒出來。例如：陶藝老師提及他開始聽冥想音樂。我與老師分享，冥想是接收來自宇宙的靈感的最佳方式。翻開朵琳夫人的書時，正好翻到有關冥想的方式。

鄰居小男孩患有氣喘，剛上小一的他依然有「分離焦慮症」，上學時總是哭哭啼啼的不肯讓媽媽離開。某天，一翻開書，正好翻到有關氣喘的資訊。氣喘，和害怕被孤獨留下的不安感相關，是因為第四脈輪阻塞的緣故。

好久沒抽天使卡了，我想知道該從這件事學習到什麼？

第一張——水晶般清楚的意念。大天使麥可：「**清楚地知道你想要的。並以堅定不移的信念專注其中。**」

第二張——展開你的翅膀。大天使亞列爾：「**現在不要退縮，此刻正是時候，而你已準備好起飛。**」

第三張——超聽覺力。大天使薩基爾：「**注意聆聽來自你內心或其他人愛的指引。**」

微笑看著這3張天使卡，我百分百的明瞭天使的訊息。此時，我該專注禱告，相信住院當天一定會有單人房，讓Katie和家人都能自在安靜的休息。

「五便士」的張姊，和親愛的朋友們都非常關心Katie的病情，天天持續為我們禱告。一股感動的暖流蔓延著我心中，萬分感激朋友們的關心和代禱，陪伴我度過這段焦慮的日子。原來，約爾牧師提到的「上帝必派人

照顧你」是這種感覺。

暗號依序出現

5月1日

手術倒數第2天，一連串的天使數字依序出現（777、222、555、111、888）。總結下來的含意是：**你的願望即將心想事成，改變和療癒即將發生，一切都將依神聖的秩序發生。**

手術前一天早上還是讓Katie上學，我猜測醫院可能下午才會通知住院。沒想到，醫院在9點來電通知住院：「請在2小時內到醫院報到。很抱歉，目前只有健保房，沒有單人房或雙人房。」

錯愕中，連忙致電學校，火速把Katie接回家。心慌意亂的整理行李，因為時間緊湊，更因為此時只有健保四人房，怎麼會和天使預告的111心想事成的暗號完全不符合呢？我趕緊再次向上天祈禱，心不在焉的一邊騎摩托車一邊禱告。

家人要我馬上致電紐約的小叔，請他運用台灣的人脈，儘速幫Katie安排單人房。

神蹟顯現，安排入住733單人房

沒想到「神蹟」以迅雷不及掩耳的速度顯現了。醫院於10分鐘後再次來電，告知我們現在有單人房了。不安的心終於鬆了一口氣。這是怎麼回事呢？是醫院搞錯了，還是上天測試我們的虔誠度？就算是小叔馬上傳簡訊請台灣友人安排，也不可能在10分鐘內就搞定。我再一次相信，這一切，是天使們在幕後默默奔走安排，請醫護人員將單人房讓給我們。

報到後，護士領著我們到房號733單人房。熟悉733這個數字，我明白這樣的巧合也是由天使精心安排。手術前一天下午沒有安排任何檢查。天使在5:44分和7:33分再次送來暗號。我很清楚733暗號的同時性絕不是偶然的，這是天使保證祂們將看顧著明天進行的手術，也嘉許我察覺到祂們刻

意安排733病房的含意。

733：揚升大師們非常高興你遵循直覺的神聖指引，這是對你祈禱的回應。

544：你被充滿愛與支持的天使所圍繞，祂們協助你改變你的生命。

廣告看板上有888數字暗號

5月3日

手術當日早上，我拉開窗簾後，意外發現醫院附近的高樓，兩個廣告看板上的電話都有888這個數字。其中一個看板，平日經過時就會看見，但另一個看板，則是從病房往外看才見得到。這樣的巧合讓我感到訝異也很欣慰。3年前，媽媽動肝腫瘤手術時，我曾經驗過一模一樣的事。在病房中往外看，看見888的廣告看板。888即是天使醫生，拉斐爾大天使與我們同在的暗號。

手術前的禱告

T醫生在8點左右來查房，詢問過Katie現況後，還特別為她心靈開導一番。

「你相信這個世界上有真理嗎？但是很多時候，真理是我們不了解的。所以人生就是這樣，我們會碰到很多事情是我們不明瞭的。就像你為什麼會長這個，沒有人知道。醫學再怎麼進步，我也沒辦法告訴你，為什麼是你得這種病，而不是別人？不管怎麼樣沒有關係，我們碰到任何事情，就做該做的事，然後，剩下的就交給上帝。」

「來，妹妹的名字是？」醫生轉頭詢問護士Katie的全名。

「詩芸，非常美麗的名字。」護士微笑回答。

「來，我們一起禱告！我可以握著你的手嗎？」原本站著的醫生，此刻在床尾坐下來，詢問Katie可否握著她的手禱告。此時，我已感動到眼眶泛淚，趕緊按下手機上的錄音鍵。多麼希望，也能將這令人感動的一刻照

相留念。但是，相較於照片，我更想留存禱告詞。

　　早在多日前，忍不住想像這聖潔又溫馨的一刻。想像我們被慈愛的天使們圍繞著——基本成員有醫生、我、Katie我們三人的守護天使，禱告天使和療癒天使，也許還有其他靈性存有一同加入。

　　病房在陽光照耀下一片明亮，我們沐浴在光中，也臣服於神聖的祝福和愛之中。靜默中，我闔上眼一起加入禱告，我們一起誠心地向天父祈求手術順利平安完成，讓Katie重拾健康和笑容。

　　「親愛的天父上帝，我們感謝祢！有許多的事情，我們自己其實不明瞭，因為祢高過一切。祢掌權，祢也賜福給我們，祢讓我們每一天生活都沒有缺乏。但是，祢也把祢神祕的那一面向我們隱藏，讓我們知道祢是存在的，讓我們知道我們不是萬事都知道的，所以我們必須要來倚靠祢！

　　主啊！我們要把詩芸今天的手術，她的疾病都交在祢的手上。求你今天能夠將你的平安放在她的靈內，能夠醫治她，讓她未來都能快樂成長，因為我們知道祢是愛她的。主！謝謝祢，我們把一切的榮耀都交給祢。也求祢真的幫助我們，在詩芸的一生中，能夠帶領她越來越認識祢，讓她知道她可以依靠祢，我們就不害怕遇到任何的事情。謝謝祢垂聽我們的禱告，奉主耶穌基督的聖名，阿們！」

　　那倍受神聖祝福的幾分鐘，是我永生難忘的一刻。T醫生不僅為當下的手術祈福，也祝福著Katie的未來。日後，為我禱告的基督徒好朋友，聽見這段禱告詞也忍不住感動得潸然淚下，因為天父也應許了她的祈禱。

　　大約九點，護士通知我們前往2樓手術室。Katie一臉淡定地坐上輪椅，似乎不緊張。手術室門開著，地上的軌道是一道分界線，即將把Katie和全家人分開於不同空間。

　　Katie爬上手術床躺下，從這一刻起，她將獨自面對人生中的第一個手術。

　　「記得守護天使也會在裡面陪著妳喔！不要緊張，加油！」手術門關上前，我在Katie耳邊向她保證。

我很感激Katie的爺爺奶奶也趕來，陪我們渡過手術時間。

手術室外的等待時光，我選擇獨自坐在螢幕前，握著羅娜的「療癒祈禱文」專心祈禱，也同時回憶起當羅娜動手術時，天使們圍繞著醫生隨時提供指引。手術結束後，守護天使握著羅娜的手一同離開手術室。羅娜的親身經驗讓我處於平靜的狀態。

術前沒有照MRI，因此手術中途我還被叫進手術室，從螢幕上看那可惡大腫瘤的所在位置。腫瘤的巨大尺寸和醜陋樣貌，嚇得我倒退一大步。T醫師向我解釋，是因為卵巢裡的腫瘤太大，導致卵巢開始扭轉絞痛，所以Katie才會疼痛整天。要是再延遲下去，卵巢可能會被絞死就不保了。

手術結束後，天使繼續傳送暗號，黛安娜‧庫柏的IG上出現一大根羽毛的圖片。這是天使再一次向我保證，手術過程中有祂們的陪伴與指引，一切安好順利。

醫生向我們解釋手術時間延長的原因：「我特別用較安全的方式縫合妹妹的傷口，沒有使用一般的電燒增加更多傷口。」我非常感恩他愛惜妹妹年幼的身體。

沐浴在上天的祝福中，Katie和我的痛苦終於結束了。

隔天，暗號持續顯現。11:11分的心想事成，4:44分表明療癒天使會持續看顧著復原中的Katie。在醫院陪伴Katie 3天後，我很開心終於可以回家休息。駛出停車場的那瞬間，一輛333車牌的白色轎車正要進入停車場，多麼完美的時機點啊！每一次，家人入住單人病房時，我總是殷殷期盼能在半夜見到天使出現。雖然這一回我依然沒有親眼見到天使，但屢屢出現的數字暗號和羽毛已帶來祂們愛的訊息。

短褲上出現羽毛圖案

Katie怕痛，下床走動的時間不足，腸子蠕動慢了些。護士在她肚子擦過薄荷油後，終於排氣可以辦理出院。

回到家後，我換上輕鬆的居家短褲，卻瞄到短褲邊緣，有一個約雞蛋

般大小的白色光影。換下短褲仔細瞧瞧，怎麼越看越像是羽毛頂端的圖樣──淡淡的銀光白，不透明的羽毛形狀清晰可見，但又不似印上去的圖案那般明顯。

在燈光下，全家人一個個輪流過來觀察一番，全都為這不可思議的神祕圖樣嘖嘖稱奇。我百思不解，短褲已洗過多回了，從不曾見過這羽毛圖案。只是件家居短褲，不會熨燙，況且這圖案也小於熨斗的尺寸。

結論是，這又是天使傳來祂們在身邊的徵兆。我拍下羽毛圖案的照片和幾位朋友分享，她們異口同聲也一致認同是「羽毛」，沒有一絲猜疑。

就在同一時間，守護天使默默提醒我：「還記得在伊莉莎白老師的課堂上，亞列爾天使曾將專屬於你的『羽毛』印記輸入你的掌心嗎？」老師為我解讀，是「羽毛」能夠帶給我更高的能量。這的確符合目前情況啊！

在此，我想叮嚀所有的女性朋友，不論你的年紀幾歲，都應該維持定期超音波的檢查，因為畸胎瘤會在任何年齡層出現。Katie初經時，已嚴重經痛。直到第二次月經時，經由超音波檢查才發現畸胎瘤。我強烈建議媽媽在女兒初經時，帶到婦產科照照超音波，也讓醫生叮嚀孩子不可在生理期間喝冰飲等。

畸胎瘤會長在身體的任何部位，通常長至5公分大左右，因開始劇烈腹痛才被發現，所以絕不能大意。T醫生某個病患的畸胎瘤長在腦部。其他耳聞的例子是，一位老太太在臨終前才因腹痛發現畸胎瘤。另一個媽媽在生過2胎後，驚駭發現肚子裡有顆18公分大的畸胎瘤。雖然，畸胎瘤大都是良性瘤，但它會持續長大，有頭髮，牙齒，皮膚組織等，不似子宮肌瘤可以服藥讓它縮小體積，所以發現後絕不宜拖延手術。

這一個月來，帶著Katie穿梭醫院，體驗各種複雜情緒，也學會從不同角度去看待分析一件事。深刻體會了上天絕對捨不得我們孤單面對，祂必派遣援手適時介入，幫助我們度過危機。再一次感應到，上天會指引你向朋友圈中有經驗的人求助。因為如此，我們就可以沒有壓力的取得可靠、值得信任的資訊、全然支持和溫暖祝福。

我們唯一該做的是和宇宙的高等力量連結，信任高等力量的崇高智慧，交託擔憂恐懼，然後靜心聆聽指引，為下一步做出正確決定。上帝與天使們細膩、無微不至的關愛，轉化了我的不安，提升了我的勇氣和能量。我無比感恩一切妥善的安排，不管是心靈上的精神支持或是醫生、病房的安排，真的很慶幸在短短一個月內就將腫瘤摘除了。

我深深體驗到，愛是主導生命的力量。愛，讓我們有勇氣面對已知或未知的一切。愛，讓我堅強，克服夜間留守醫院的恐懼。愛，將所有人拉近距離，一起體驗生命的脆弱與堅強。書上這句話完美詮釋了這一切經歷。

「事情會有轉機的，即使在最可怕的境遇之中也是如此，答案會以你的心智未曾想過的方式到來。你必須允許生命的神奇力量接管一切。」

大女兒卡到陰

你可能看不到天使，但我知道上帝會在特殊情況下將天使送到某些人的身邊。天使是一種希望的跡象。總有一位天使可以幫助我們，無論發生什麼事，只要向你的守護天使求助，祂就會知道該讓哪位天使前來協助你。

——羅娜・拜恩

2019年寒假最後幾天，姊妹倆窩在家趕寒假作業。大女兒走出房門，一臉疑惑告訴我：「媽咪，我好像感覺有人打我的頭耶！」。「是不是妳的守護天使碰觸妳，提醒妳寫功課的動作再加快些？」我雖驚訝，但以為是年輕人特有的誇大說法。

開學前一晚，大女兒熬夜趕功課沒睡好。隔天清晨破天荒的早起，抱怨她很睏但睡不著。

沒想到第二天放學後,她告訴我另一件令人汗毛直豎的怪事。

「回家的公車上,明明僅有我一個人,可是我卻聽到有人喊:「救命」。我回頭看沒有人啊!」

準備好晚餐,我們一起開車出門接妹妹。大女兒飢腸轆轆,順手抓了一個餅乾帶上車吃。她滿15歲了,可以坐在副駕駛座。行進中,我聽見大女兒說:「媽咪我好渴,可以買飲料嗎?」我回答她:「時間有點趕,忍一下吧!」

幾分鐘後停下來等紅綠燈,我突然從眼角瞄見大女兒的動作非常不對勁──左手緊抓住行車紀錄器的線,全身僵硬、緊繃、扭曲、抽搐,眼睛發直往上翻,頭往我這邊傾斜,就如同癲癇發作一樣。這一看非同小可,我驚嚇破表,腦中第一個想法是:是不是被餅乾噎著?

接下來短短幾分鐘內,絕對是我這輩子最驚恐、最震撼的時刻。

左手盡力抓緊方向盤,右手托住她的頭,驚恐問她怎麼了?幸好,腦袋還靈光,想起派出所就在2條街外,我可以到那邊求救。在那震驚萬分的幾分鐘,我不知是如何從快車道上,安全地切換到機車道,再右轉停在三角窗位置的派出所前。萬分慶幸正在熟悉的路段上,支援近在咫尺。我停在派出所前,猛按喇叭,搖下車窗請警察幫我叫救護車。幸好,此時大女兒已停止抽搐,臉部表情緩和下來,但一臉呆滯,無法回答我的問題。

雖驚慌不已,但我沒忘記請求天使與我同在,賜予我力量,協助我鎮定冷靜下來。坐上救護車前座,先打電話確認Katie已安全回到家。回頭探看大女兒狀況,救護員正提供她氧氣。駕駛員親切地,以不急不徐的和緩語氣要我放心:「不用太擔心,女兒的生命跡象是穩定的。她很幸運,剛好有媽媽在身邊。若是在學校發生,同學可能也說不清狀況。」我很感恩他的回答讓我冷靜下來。日後,學護理的小叔也告訴我,幸好是在車上發生,大女兒的頭部被支撐保護著,沒受到任何碰撞。

先生很快趕到醫院與我們會合。醫師向我們說明,大女兒除了血壓較高,整體生理狀態算正常。這麼大的年紀才發生抽搐有點奇怪,最好繼續

觀察，檢查一下腦神經內科。

　　拼湊起前2天一連串怪事，先生猜測大女兒很有可能是「卡到陰」。我心裡發毛，馬上向具特殊功力的信義、寶治老師求助。很幸運的，信義老師馬上秒讀我的訊息，也請身邊的寶治老師隔空幫大女兒「看」一下狀況。寶治老師確定大女兒是卡到陰沒錯，的確需要收驚。她徵求我的同意，是否可以開啟大女兒的阿卡西紀錄，查看這事件是否涉及因果關係。

請大天使麥可除去恐懼

　　確認大女兒「卡到陰」後，我馬上致電平日幫我們收驚的師姐，請她等我們。

　　等待打點滴時，我再次向天使求助，祈求大天使麥可帶走我所有的恐懼，穩定我的情緒。就在此時，天使在我腦海中迅速閃過一個畫面。下午進車道前那瞬間，我瞄見大廳管理室的地上躺著CPR用的安妮假人。原來，天使在下午就預先警告我今天會有急救發生。

　　謝天謝地，真是天公伯保佑。那天晚上是農曆初八，正好是拜天公的日子，師姐正在祭拜中，半夜才會離開她的宮廟。知道今晚可以處理乾淨，我放下心中的大石頭。平日就會定期找師姐收驚，尤其是去過醫院看診後，我一定盡量收驚淨身後才返家，不讓負能量跟隨我回家。那晚，去過醫院的我們，身上可是沾染了「雙倍」的負能量啊！

　　9:40分離開醫院時，正好有一輛計程車停在急診門口外。我感覺到天使的提醒：「請司機等候你們收驚，再送你們回派出所取車。」我照做了，幸好司機也答應了。

　　收驚的順序依序是大女兒、我、先生。以下過程描述，請由「沾染負能量」及「靈魂驚嚇程度」兩方面來感受。

　　大女兒剛坐定，儀式才開始，坐在一旁的我已明顯感覺不舒服，師姐手背上也立刻出現雞皮疙瘩，滿眶的眼淚。（這都是接觸到較嚴重的低頻能量的反應。）這全都說明了事態嚴重，不同於平日例行收驚。輪到我

時，症狀也雷同，除了極度不適，有股能量要竄出體外的感覺外，身體還明顯晃了好大一下（負能量離開身體的現象）。

較不合理的是，先生的狀況甚至比更我嚴重一些。先生趕到醫院時，大女兒已恢復意識，他應該沒有太多不安的情緒，也一直表現冷靜鎮定。照理說，在車上時，我就坐在大女兒身邊，直接受到「低頻能量」干擾波及，再加上目睹一切發生，震撼至極，我應該是最嚴重的。於是，我非常確定剛剛請求大天使麥可協助確實奏效了，立刻回答師姊：「其實，剛剛我已經請天使先處理一下了。」知道大天使麥可聽見我的召喚，確實帶走一些我的恐懼情緒，讓我平靜許多。

開車回家後，我依然是心有餘悸驚魂未定。心中掛意著家中的Katie是否有被「低頻能量」干擾？車子寄放在派出所，內外都還未讓師姐淨化過，不知殘留了多少低頻能量？回想起事發時，有一點讓我覺得有些詭異，員警要我挪動車子時，車子突然無法發動，難道是「低頻能量」作祟？

一闔上眼，大女兒抽慉的畫面歷歷在目，我只能再度請求大天使麥可帶走殘留的恐懼。請求大天使拉斐爾協助我放鬆入睡，帶走神經緊繃引起的頭痛，也祈請天使們守護在窗戶邊讓我安心入眠。（我們都會有生氣、恐懼、嫉妒、受傷和其他具體傷害性的情緒，你都可以請求守天使幫助你，在睡覺時釋放情緒的糾結，讓它們在不可避免的形成身體的疾病前，就先被釋放。）

無法想像，膽小易受驚嚇的我，今晚若是沒有天使們的倚靠、協助、療癒，我是否能安然平靜度過，閉眼休息？親眼目擊女兒抽慉和卡陰的那幾分鐘，絕對是我此生最大的震撼。我只能強迫自己正面思考來安慰自己，因為我們真的真的無比幸運。

回想起來，雖驚慌失措，但其實沒有任何一刻感到無助，每一個環節都順暢銜接得剛剛好。信義老師秒讀我的訊息，馬上請身邊的寶治老師隔空查看大女兒的狀況。踏出急診室時，即有一輛計程車在那，司機也願意

等待我們收驚，再送我們回派出所取車。據師姐說，那一晚，大家都到附近的玉皇宮和三鳳宮拜天公，很難攔到計程車的。醫院就位於這2間大廟的中間，何其幸運的剛剛好有一台計程車就在急診室外。

我無比感恩，也深刻體會到信義老師常說的一句話：「**我們都會被神好好照顧著。**」

那天，正是初八晚上拜天公，一切有神、天使、信義、寶治老師及所有醫護人員、人間天使的照顧，順利且快速得到醫療照護和靈魂淨化，在最短時間內落幕。

就在記錄這個事件時，天使在下午4:22分捎來訊息，回應我所有直覺都是真的。

422：這是來自天使們強烈的訊息，你的祈禱已得到回應，請你信任、相信並有信心，因為的確如此。

全面性的身心靈紓壓和淨化

除了些微頭痛外，大女兒並無大礙，隔天就回校上課了。事發時她短暫意識不清，沒啥記憶更沒有太多情緒。表面上，雖然當晚就處理乾淨，但我明白自己多少有「創傷症候群」，唯有把所有不安、恐懼、焦慮、陰影都完全釋放後，我才能睡好。

接下來那一周，我做了全面性的身心靈紓壓和淨化。情緒上大致在2天後恢復，但依然容易受到驚嚇，尤其是自己開車時還有點陰影，一定得打開窗戶讓空氣、能量流通，才不會感覺不安或窒息感。Spa放鬆了頭部的壓力和緊繃的肌肉。服用了一些放鬆和抗焦慮的西藥，持續的請求大天使麥可釋放負情緒，並為我籠罩一層白光保護罩。

信義老師指導我先穩定自己，觀想並祈請：**神的光照耀著我！神性媽媽的愛擁抱著我！**於是，我到公園長椅上坐著，沐浴在陽光下，觀想自己被神和守護天使擁抱呵護著。當我完全穩定下來時，腦中浮現的是：這和朵琳夫人教導相同，光和愛帶來療癒的效果。

羅娜告訴我們：「你可能看不到天使，但我知道上帝會在特殊情況下將天使送到某些人的身邊。天使是一種希望的跡象。總有一位天使可以幫助我們，無論發生什麼事，只要向你的守護天使求助，祂就會知道該讓哪位天使前來協助你。」

向天使們求救，也等於是向神求救，愛我們的天父決不會袖手旁觀。守護天使必會適時伸出援手，保護我們脫離險境的。慈愛的祂們會盡力安撫你的心，在幕後奔走，安排人間天使善待你、協助你的狀況。當然，你必須聽從、信任當下感受到的直覺與指引。

羅娜的自傳中也曾提到天使協助她先生就醫的情況。某個深夜，她先生在值夜班時身體不適請假返家。然而，劇烈疼痛使他臥倒路邊，無法自己走路回家。天使見狀，先告知羅娜在家中做好準備，然後安排了半夜睡不著覺的鄰居開車亂晃，剛剛好行經羅娜先生所在位置，將他送回家。（天使會在他們耳邊低語指點去哪裡）。天使也通知羅娜的爸爸趕到家中協助送醫。

平日聽見救護車駛近時，我總在心中默默送出祝福。美國人常說的「God bless you!」或是「祝福你儘快得到照顧」。我很建議大家這麼做，這份善心是替病患祈求天使的協助，也無形中為自己積功德。

不論是與人類或靈體接觸，都會留下能量上的印記。透過言語、思想表達，每一次情緒震動，都會對人類身體留下不同印記與衝擊。所有我們接觸的物體-我們進入的建築物，居住的房子，都有能量的印記。空間裡的能量可能讓你感覺不舒服，這是因為殘留的能量和你的能量振動不和諧。你必須相信身體的直覺反應，盡快離開。

《量子天使療法》書中提到：醫院、墓地、機場、機場、火車、公車、百貨公司等有大量人口流動的公共場所，會有各式各樣的能量流動，這些場所也是眷戀地球的靈體喜歡滯留的的地方。**能量的附著會引起身體的不適或生病，或是出現負面情緒、能量失衡或低落，無法專心、睡眠品質低落、健康不佳、容易出意外等。**

和鳳山寺師姊的緣分開始於女兒年幼時。某一天，大女兒曾指著天花板說：「媽咪，半夜有人來看我」。師姐為大女兒收驚後，要我們放心，只是祖先來看看可愛的後輩。果然，當天晚上大女兒安然入眠。

　　先生在高雄某百貨公司服務十幾年。一次次的，經由他和同事們的親身經驗，加上鳳山寺師姊的說明，我們逐漸累積一些常識，關於負能量殘留對身體、安全上造成的影響。

　　先生的體質敏感，可以明顯感覺到負能量的存在。接觸到負能量，尤其是進到幽暗的倉庫時，背部會以「緊縮」或「背痛」來警告他。開車外出時，經常感覺到車輛靠得很近，幾乎快被撞上的感覺。這些現象皆讓我們察覺不對勁。

　　有一回先生收驚時，我也跟著師姐哈欠連連，這才知道我也是敏感體質。先生從百貨公司帶回的低頻能量也間接影響到我，那些流動著的低頻能量也會沾染在我身上。每當我一坐上椅子，就開始不停打哈欠。師姐手中的金紙拂過我的背，常會感到一股能量彷彿要竄出身體，感覺非常不舒服。於是我和先生開始定期請師姐收驚淨身，讓眾神明收走低頻能量。

　　先生的同事們在舉辦過大型活動，接觸太多人群或靈體後，身體會感到不適甚至發燒。先生懷疑他們是受到過多能量干擾的影響，也介紹他們到師姐那收驚淨身，通常他們的狀況都立即得到改善。

　　有一回到位於地下室的大賣場購物，先生說他感覺不舒服，我半信半疑。沒想到有一天，一踏上往地下室的手扶梯，我就開始頭暈，抵達地下室後幾乎是頭痛欲裂，只能速速採購完趕快離去。後來，當我懂得佩戴「黑曜石」水晶 ^(註) 趨吉避凶後，這個情況大有改善，我不再感到暈眩，也不必因此而捨近求遠到別處採購。

　　好好照顧自己包含照顧好身體的靈性層面，將自己的氣場和能量維持乾淨、健康是很重要的一件事。信任你的身體直覺反應，知道那些地方陰氣較重就盡量避開吧！

註：黑曜石有減壓辟邪的功效，吸收負面能量。對應到人體七輪的海底輪，可舒緩壓力，吸收病氣，增進睡眠，加強行動力。具有強大精純的能量，防止邪氣趁虛進入，具有平和作用等，也可以平衡極陰、極陽的能量。

脈輪修復

　　十多年前開始探討生命真相時，早已有概念細胞是有記憶的。天生的疾病，難纏的病痛，或是出生胎記，都有可能是其他世遺留下的傷疤。書中一個小男孩的例子讓我印象深刻。這位還有前世記憶的小男孩，主動和父母提起，他的背痛是因為某一世死於戰場的槍彈引起的。

　　首先，我們必須先理解情緒是如何影響我們的細胞及生活。

　　每一個情緒和每一個念頭，都會送出訊息到我們身體。送出的情緒會被儲存在我們細胞的DNA。我們定期與細胞裡的DNA溝通，如果大腦沒有發送出如使者般的神經胜肽，就不會有任何念頭或情緒產生。生命起源於細胞裡的DNA，而每個細胞又被每個念頭與每個情緒所影響。

　　神經科學家研究證實，情緒儲存在整個身體裡。身體有身心連結的網路，而一個情緒或念頭是否被覺察，或是以未被消化的型態儲存於身體較深的層次。

　　我們都攜帶著儲存的情緒，形成了我們的信念和模式，也決定了我們的想法。這些想法就像是種在肥沃土壤（情緒）裡的種子，在我們還是胚胎時就已經在那兒。當我們有了強烈的情緒（例如恐懼），它們就會成長。

　　如果這些情緒的能量與想法遇合，它們產生的振頻會再度製造出磁性反映，並總是將我們所想的如實吸引過來。以這樣的方式，我們創造出我們的實相，如果我們的現實生活看起來跟期望的不同，那是因為我們的情緒與思想並不一致的事實。

歐洲天使夫人，伊娃-瑪麗亞（Eva-Maria Mora），在她的著作《量子天使療法》提到，天使是可以協助我們修復細胞，啓動自我的療癒力量的。

　　我們有許多情緒和程式是源自出生之前，我們把它們帶到了這一世。

　　你要找出問題的真正原因，然後移除這些根源。透過量子天使療法，問題或疾病的根由在天使協助和神聖的指引下，辨識疾病與人生困境的深層根源。透過能量轉化能量、移除負面的潛意識程式，啓動原本就存在的自我療癒力量。

　　從書上讀過不勝枚舉的例子，夜深人靜時，美麗的天使現身床前，充滿光芒的手停留在脈輪上方，抽出低頻能量，並安撫病人一切將沒事。或是，請求病人跟著祂的節奏深呼吸，淨化細胞，神蹟顯現消除腫瘤。

　　在2018年3月，經歷一次由寶治老師口頭轉述，多位大天使們聯手的脈輪修復後，我理解了這個神奇療癒的可能性。

　　瀅妃老師曾經告訴我，她「看」出我的體內還殘有多世的印記，身體其實並不太好。我總是容易疲倦、背痛，體力有如老太婆般弱不經風，就算不愛運動，也不至於如此差。以我的年紀而言，實在有點難理解。這一切，就在那天得到解答和合理的解釋。

　　每到夏天，我整個脖子經常紅一大片，不僅不雅觀，也讓我非常困擾。皮膚科給我的答案是：對紫外線敏感。擦了幾年止癢的藥，吃點類固醇，汗流浹背時，盡快擦乾脖子上的汗水，此外，我已無計可施。

　　因為明白細胞是有記憶的，我曾經有個直覺，脖子紅的原因，會不會和某一世以繩索自我了結生命有關？聽我這麼分析，取得我的同意後，寶治老師開啓了我的阿卡西紀錄，要我側身站立，以眼睛掃描我的身體後，立即應證我的直覺沒錯。

　　令我震驚的是，老師竟「看見」在久遠的年代，我曾多次身為男性上戰場，還被斬首示眾掛在城牆上。也因為頭腦碎裂缺氧，部分腦細胞至今還呈現萎縮狀態。除此之外，身上有多處刀劍傷，因傷人無數的憤怒、委屈、悲傷、憂鬱情緒，遍布隱藏於全身細胞中。無法釋懷的內疚、懊悔、

糾結等負面情緒，終究影響了心臟的健康，難怪我老覺得心臟虛弱無力。

淨化空間後，寶治老師開始召喚多位大天使——麥可大天使、拉斐爾大天使、加百列大天使，聖德芬大天使的臨在，一同聯手為我手術，清理深層殘留的情緒，修復受損的細胞。

老師召喚的都是耳聞過的大天使，當然少不了天使醫生拉斐爾大天使。老師站在一旁，完全沒有碰觸到我的身體，僅負責轉述真相畫面，天使正在身體哪個部位進行修復，還有點燃蠟燭消融排出的負能量。

老師請我做幾個深呼吸放鬆身體，我躺平放鬆，信任天使們即將為我清理創傷，也慢慢感覺眼皮沉重。似睡似醒中，聽見老師平穩流暢的敘述著關於戰場上，深藏於細胞裡的記憶和複雜情緒：「對應到特洛伊戰爭，責備感從背部浮起；靈魂層次恐懼戰爭，有孤單害怕的感受，很深的悲傷意識；左肩有浴血奮戰的刀痕，該釋放掉誓死保衛國家的誓言了；肢體殘破的記憶要從兩隻手臂清理；戰場上不可示弱的情緒，恨的意識必須釋放；執念會影響大腦，腦波對過去的事件產生定義，轉世時仍無法原諒自己傷害許多無辜的生命，因此有半憂鬱的傾向。因內疚產生的習氣，火爆脾氣，影響心臟的健康，現在要被清理。」

這些意識和情緒會從皮膚、嘴唇、瞳孔、大腦前額葉、胸腔、手臂等地方釋放出來。一個多小時的過程中，我的靈魂和潛意識一同回應了這些久遠的記憶，悲傷的眼淚靜靜從眼角滑落，也隱隱約約感覺到手麻、腳麻、左腦痛、前額痛、左腹痛等不適感。

這些描述合理解釋了我略帶憂鬱的個性，不夠女人味，對化妝一竅不通，喜歡牛仔褲的輕鬆自在。外貌看似溫柔，其實耐性不佳。至於脾氣不太好，原來是因為太多情緒沒有克服釋放。熟識我的朋友，知曉我是外柔內剛的。太多世的男性能量依舊影響著我，雖然一時難以接受，但卻是恍然大悟的。因為，過去每一生每一世的經驗，累積成為這一世的我。

很神奇的，在那次脈輪修復後，不僅脖子很少紅癢了，背痛也改善很多，貼痠痛貼布的機率大幅減少（已拔出被刀劍穿刺的印記）。老師說我

的狀態較嚴重，無法一次修復完整，療癒也不是在當下就結束，三周內身體機制還會持續更新細胞。還叮嚀我，必須持續對在戰場上無辜傷害的人表達懺悔，身體才會更健康。

我非常感謝寶治老師與聖天使團隊的醫治，拔除過去世的傷痕印記，將細胞更新也啓動了自我的療癒力量。脈輪修復後，我再次閱讀《量子天使療法》，發現這本書提到的觀念也和寶治老師的脈輪修復雷同。我們自己就可以藉由靜坐、冥想、深呼吸，祈請大天使聖德芬清理並重整我們的脈輪系統、平衡情緒、移除受限能量，協助我們自我療癒。

朵琳夫人在《召喚天使》這本書中也告訴我們：

「你的天使會引導你原諒自己或前世中的某人。請求你的天使幫助你完成這個釋放過程，因為你可能發現很難完全靠自己去經歷原諒的歷程。天使會進入你的細胞和情緒記憶，化解並消融任何前世負面的殘餘。」

透過天使的高頻能量，提高我們的頻率，淨化脈輪系統。新的能量、生命力將取代舊有，阻塞的能量會被轉化，將從所有細胞釋出，這會加速生理、情緒、心智上的療癒，我們的內在、思想和情緒會更容易平衡，減少衝突。脈輪淨化和進行排毒釋放時，身體會產生不適的反應，例如疼痛、麻痺，深藏的情緒也有可能再次浮現。這是能量流動及排毒的現象，也是療癒的一部分，這些都是正常的，代表有害能量已被清除。

2018年，我開始上信義老師的線上課程，每周二是信義老師的靈性觀念教導，周四則是寶治老師的線上團體脈輪修復。每到周四，大家都非常期待脈輪修復的時間到來，似乎日間再忙碌疲憊都沒關係，咬牙忍過去就好了。因為只要9點脈輪修復時間一到，我們就能放鬆躺平休息，輕輕鬆鬆就得到天使的療癒。

同學們有各種方法釋放情緒及排毒反應，嚎啕大哭，暈眩或嘔吐等，但事後都一致感覺輕鬆許多。大家通常都會昏沉睡去，直到接近尾聲才醒來。因此，同學都戲稱周四是上「睡覺課」。（睡著是最放鬆狀態，天使才容易為我們修復）

天使會針對當天大家共同有的狀態做修復。我記得有回脈輪修復的主題非常符合節慶，例如：農曆年結束後，天使幫大家移除年節準備的疲憊，以及家人相聚後言論比較所帶來的壓力感。還有一回，天使幫大家移除由負面新聞引起的恐懼不安。

　　經常脈輪淨化的另一好處是，會讓我們更輕易接收到天使的訊息。在寶治老師每周規律的團體修復下，我的確感覺越來越容易感應到天使的訊息，這對後期的寫作趕稿和陶藝創作都助益良多。

　　有一點可以證明我可以輕鬆接收到天使的訊息。當我去找靈乩紫紜問事時，意外地連結上一直跟在我身邊的小天使們。我非常訝異，祂們竟然稱讚我的靈體很純淨，能夠清楚準確地接收到祂們傳達的訊息。這都要歸功於寶治老師和大天使們定期清理我的脈輪。

　　另外，我想提一下為媽媽安排線上脈輪修復的經驗。

　　媽媽身為長媳，與爺爺奶奶同住，因此媽媽自年輕時便因壓力大而有睡眠障礙，也患上躁鬱症。春天的躁症，秋天的憂鬱，年復一年的循環讓大家都感到不捨。因為自己有感脈輪修復是有效的，知道寶治老師也協助過憂鬱症患者後，我便放心為媽媽安排一對一線上脈輪修復。

　　脈輪修復後，寶治老師向我解釋，天使們已盡力移除媽媽早年婚姻中諸多壓力引起的憂鬱，這對她的躁鬱病情影響很大。我很清楚早期的婆媳關係，奶奶總是為難、刁難媽媽，但媽媽依然很孝順爺爺奶奶。老師還提起，媽媽也很擔心我在嬰兒時期的健康（我是早產兒，在保溫箱待了一個月）。光是從這2件事，我就知道天使真的來過了，寶治老師確實調閱到媽媽的阿卡西紀錄。

　　2019年，媽媽的躁鬱症總算控制住，平順度過春天躁期，秋天時也沒有以往鬱鬱寡歡的症狀，連一年僅見一次面的嫂嫂也察覺媽媽和往年有天壤之別。我非常感激也很欣慰天使與寶治老師聯手合作，改善媽媽的精神狀態。

4.8 約菲爾大天使

「約菲爾」（Jophiel）大天使是智慧與靈感的天使，也是「美容天使」。她是藝術家的守護神，是藝術與美的大天使。祂可以在靈感、創造力、藝術等這些領域上幫助你。

你相信天使是絕佳的購物夥伴嗎？我們可以請求約菲爾大天使的陪伴，在購物時提供建議，協助你找到最合適的物件。

朵琳夫人曾提起，她長年旅行，在世界各地舉辦工作坊，因此她會祈求約菲爾大天使協助挑選合宜的服飾。從此，我開始對美容天使有概念。平日我不常召喚祂，但有幾次約菲爾天使陪我購物的美好體驗，從此留下非常深刻的印象。

美容天使陪同我購物

2015年冬季，約菲爾天使第一次協助我置裝，挑選北海道旅遊的禦寒衣物。外出前，我靜下心來邀請約菲爾大天使前來。

來到喜歡的日本專櫃前，我先佇足在5折的區域。那個品牌以花俏的玫瑰花色服飾居多，然而我一眼就瞧見一件黑色絨毛長褲——素雅的樣式配上蝴蝶結造型的口袋（蝴蝶結是我很喜歡的元素）。試穿後，不僅尺寸剛剛好合身，連厚度、顏色及樣式都恰當，我毫不猶豫就決定購買，這應該是最快下決定的一次了。

接下來想幫Katie找件外套，她長高了，需要一件新的羽絨外套。

來到童裝樓層，天使指引我直接前往常購買的安妮公主專櫃，省去一間間專櫃尋找。熟識的櫃姐詢問Katie的身高後，轉身從倉庫取出一件金色圓點，有腰身設計的香檳色羽絨外套。那件外套相當時尚美麗，不同於一般休閒運動的款式，我一眼就喜歡上它。愛漂亮的Katie對美感有獨特見解，也非常喜歡我為她挑選的外套。那天下午，我確信真的連結上約菲爾天使了。

2018年夢時代周年慶時，我決定再試一回。出門前，先在心中請求天使為我保留個車位，接著邀請美容天使與我同行。果真，天使仍然在「天使vip區」保留一個位置給我，即使我一整年都未曾停在那個樓層。

快速選購完短靴後，我前往日本專櫃看看冬衣。（這是上回我感應到美容天使的專櫃）在5折的服飾區，我挑選了一件領子上綴有珍珠的米色上衣試穿。同時間，櫃姐介紹了好幾件花俏的上衣，全讓我拒絕了。當我踏出試衣間，在鏡子前端詳時，只見櫃姐手上拎著另一件米色上衣建議我試試。

我幾乎是對那件上衣一見鍾情。胸前的圖案宛如項鍊的設計，鍊子的造型還以珍珠裝飾（我非常喜歡珍珠的典雅，創作時也會帶入珍珠的元素）。米色系一直是衣櫥裡必備的顏色。它的樣式略帶休閒，輕鬆好穿搭，但又不失典雅精緻。更棒的是，價位也同樣是5折。

其實我十分訝異櫃姐在短短幾分鐘內，一下子就找到適合我的樣式。櫃姐和我和互不認識，當天是第一次見面，她絕不會有先見之明知道我的喜好或風格。因此我再次確信召喚「美容天使」成功，由祂來指點櫃姐協助我治裝，讓我再次擁有愉快、省時的購物經驗。

另一回，我想為自己挑選生日禮物，在有限的時間中，看看高跟鞋及托特包，於是悄悄呼喚約菲爾天使的陪伴。走進包包專櫃，一個黑色包包吸引我的目光，然而標價上萬元。當我正要離開時，突然間感覺到天使要我放慢腳步，留意另一區的黑色包包。就在此時，我瞧見一個價位合理，

有細緻蕾絲花邊的托特包。雖然，腦袋覺得該考慮一下，但我的心早已是一見鍾情。

我特別喜愛蕾絲樣式。不管任何尺寸的包包，都會選擇有拉鍊款式。這些條件一應俱全。最後，我還是回去購買那個托特包。回到家，把包包收進衣櫥後，立刻瞧見手機上3:33分的暗號，天使明確的告知我，祂剛剛確實陪同我選購喔！

2019年暑假，「美容天使」也協助媽媽治裝。

那天是父親節，聚餐後我陪爸媽逛街。媽媽想為旅行治裝，買了件鵝黃色上衣後，還想找件長褲搭配。媽媽的右腳水腫的厲害，左右腳的大小相差甚多，因此並不容易買到合適寬度的褲子，平常都是訂製居多。

試穿過2件都不太合適，我突然想起，何不呼喚「美容天使」來協助媽媽？祈禱後，我陪爸爸去洗手間。沒想到，當我們漫步回到專櫃時，只見媽媽已換上一件淺灰色的寬鬆長褲，質感長度都和鵝黃色上衣搭配合宜，褲頭還是全鬆緊帶的設計，很適合旅遊。爸爸和我一致認為這件長褲適合媽媽，於是媽媽露出開心的笑容結帳。

由約菲爾天使陪同購物是很美好愉悅的經歷，能夠迅速找到符合你想要條件的物品。不要忘記，天使的身形比人類高大，祂們的視野可以清楚又輕易地掃描到物品的細節。當然，你還是有選擇權去決定天使推薦的商品，價格是否負擔得起？衣櫥裡是否已有類似的衣服？決定權仍然在你自己，天使僅只提供建議喔！

約菲爾天使協助朋友整裝

我的朋友十分感謝約菲爾天使協助她埃及行的整裝。埃及早晚的溫差巨大，加上得搭乘各種不同交通工具，讓她不知如何穿搭。雖然知道該採洋蔥式穿法，但真要搭配得宜還是一大挑戰。

我深知這種感覺，於是建議她邀請約菲爾天使來協助她。幾個小時後，她傳來好消息：「突然間感覺到神或天使來了，我很快的搞定所有衣

飾。」我很開心她可以光鮮亮麗旅行去。朋友本來就是位大美女。日後，當她在臉書分享旅遊日記時，大家皆稱讚她的服裝穿搭非常美麗，挺有女神的氣質。

朵琳夫人在《教你認識大天使》書上提到：

「約菲爾大天使將美注入你生命的方式包羅萬象，包含頭髮的造型、化妝與服飾的搭配.。無論何時希望美化自己的人生，比方選購賞心悅目的衣飾、家具或其他品項，都可以呼求約菲爾。」

約菲爾也是「風水天使」。當你請求約菲爾協助你美化人生時，你或許會有股衝動，想要捐出、轉售不再適用的東西。下次你想要進行「斷捨離」時，不妨記得呼求約菲爾天使喔！

4.9 夏彌爾大天使

夏彌爾（Chamuel）大天使是「尋物天使」，祂如同衛星般的視野可以俯視萬物。

當你遺失心愛的東西時，祂可以協助你找回，只要你仔細傾聽，願意順從祂的指示。假如你感到迷失方向，呼叫這位夏彌爾大天使，祂也會引導你安全抵達目的地。

祈請夏彌爾天使協助你找尋失物時，必須留意你接收到的意念、想法、畫面與感覺。透過這些管道，天使讓你知道該到哪尋找。天使可能會要你查看某些不合理的區域，因為祂有可能將東西移至那個地點。

夏彌爾天使還可以幫忙你找尋更合適的住家、理想工作、心靈相通的伴侶，不論你要求的是無形或有形的東西，都可以請求夏彌爾支援。

姊妹倆都有和夏彌爾天使互動尋回失物的經驗。Katie第一次請求天使的協助時，是為了找她的小錢包。糊塗的她總是丟三落四，有次出門前遍尋不著小錢包，她馬上低頭合掌禱告。幾分鐘後，她很高興的告訴我：「媽咪，我應該去抽屜找找！」並馬上起身到她的粉紅小抽屜東翻西找。果真小錢包就在其中一個抽屜裡。

大女兒則是在畢業旅行途中遺失錢包。在異地團體行動，幸好有夏彌爾天使高空視野的協助，迅速找回大女兒的錢包，沒有壞了出遊興致。

夏彌爾天使也曾協助我出租房屋，覓得愛惜房子的好房客。我的朋友也有請求夏彌爾天協助租房的經驗。佐為與年邁父母同住，因屋主要收回房子所以得另覓公寓，我建議他不妨試試請求夏彌爾天使協助。幾天

後，他回覆我好消息：「真的有效耶！我很快在同一個社區找到合適的房子。」我真心為他感到高興。在同一個社區，不僅搬家省事，尤其對他患有阿茲海默症的父親是好事一樁，可以減少轉換空間的適應不良及困惑感。

《找到自己內在的光》這本書告訴我們，大天使夏彌爾也是掌管「愛」的天使，和心的發展有關。祂可以幫你打開心門，讓愛流動，放下情緒障礙。祂不能讓我們避開生老病死，我們該面對的人生課題，但可以請求祂的協助紓緩痛苦、憂慮、疲憊，打開心房，為困境中的自己或親友祈福，讓天使傳送愛的能量給我們，增添我們的力量。

祈禱文

「親愛的夏彌爾大天使，請協助我找到……。」（簡述物品的外型樣式、顏色。祈禱後，注意腦海中的感覺，該到何處去找看看，或是在那裡再找一次。天使有時會將物品物歸原處，即使你曾經在那地點找過很多回。）

「親愛的夏彌爾大天使，請協助我找到合適的家或工作室。」（描述你想要的合理條件）

尋找Katie的眼鏡

我真心相信，一旦請求尋物天使「夏彌爾大天使」的協助，祂會施展神蹟，讓失物回歸原主。

有一周，孩子們每天都有層出不窮的狀況，讓我疲於應付。周一，大女兒的手機需要維修。周二，Katie疑似感冒留在家休息。周三的狀況令我傻眼，上學前，大女兒為了打跑停在臉上的蚊子，不小心把眼鏡框打斷，鏡片也掉落下來。全職媽媽的我分身乏術，一會往手機店跑，一會帶著

Katie往診所去，一會又得帶大女兒到眼鏡行。

　　周三Katie只上半天課，時間更顯緊湊不夠用。沒想到中午放學後，Katie宣布一個雪上加霜的壞消息：「媽咪，我的眼鏡不見了，我四處都找不到。」我心想她沒帶眼鏡視力不清楚，恐怕也找不到眼鏡吧！嘆口氣，迅速調整下午的行程，先陪她到學校再找一次，但我們失望而返。

　　幸好，我知道最有效的方法是借助夏彌爾大天使的神力。回家後，我請Katie找個備用，一模一樣的眼鏡盒給我。平心靜氣坐於桌前，將眼鏡盒放置於面前，然後緩緩將鏡框顏色描述給夏彌爾大天使聽，請求祂從高空中以祂寬廣的視野，協助找尋Katie的眼鏡，並請找到的人，將眼鏡交回失物招領處。

　　周四下午Katie回家後，我問她找到眼鏡了嗎？她一派輕鬆的回答：「我在失物招領處找到囉！」感謝天使，那瞬間我大大鬆了口氣。

　　夏彌爾大天使被指派偉大任務，其中包含了恢復宇宙和平，減少人類的焦慮。祂非常樂意為我們效勞，去除掉東西引起的焦慮。所以，千萬別擔心因為找尋任何小東西而打擾了夏彌爾大天使。但願你也會得到夏彌爾大天使的協助，不費吹灰之力就找回失物！

大女兒畢旅遺失錢包

　　「媽咪，我的錢包不見了！」國三的大女兒，出遠門到中部畢業旅行，卻在第二天下午傳來令人心驚的壞消息。通過電話知道大概情況後，我連忙教導她請求尋物天使，夏彌爾大天使以衛星般的眼力協助搜尋。

　　離開六福村後，她在內灣老街才發現錢包不在背包裡。到底遺失在哪也不確定，也只能請天使先從這兩個地點找尋。六福村園區已結束營業，只能明天再撥電話。當我致電給內灣派出所留下電話時，警員還有印象剛剛一大群國中生造訪內灣老街。

放下電話，忍不住嘆口氣，本以為只剩下我和Katie的晚上可以好好放鬆休息一下。這下可好，思緒一團亂，正面的，負面的想法一股腦冒出來，將腦袋瓜擠得水洩不通。還好出門前，先生多塞了些現金給大女兒，交代她要分開放，因此身邊還有錢吃飯購物。

大女兒曾向我抱怨，錢包拉鍊品質不佳，有時拉的上，有時會開口笑，須要點技巧才能拉好。我有點擔心現金是否能全數找回？若錢包送回派出所，接下來的程序是如何領回？一定得本人才能領取嗎？煩惱不能解決問題，我決定直接致電附近的警局問明程序。警察回覆說：「錢包會從北部移交過來，你再帶證件過來領取，可能要寫一下委託書。」

書上讀過類似的例子，我知道請求天使以白光保護現金證件是必要的。我靜下心來祈禱，以意念和夏彌爾大天使溝通。

「親愛的夏彌爾大天使，Lily的錢包遺失在六福村或內灣老街。是一個薄荷綠的長夾，請您協助找尋，以白光保護所有的現金和證件，希望會有善心人士將它送回派出所，謝謝！」

禱告後心情終於緩和些，該做的都做了。我盡可能地保持正面思考，將擔憂交託出去，信任天使不會讓我們失望，一定會找回錢包的。不讓焦慮和猜疑剝奪我的夜晚時光，決定早早鑽進被窩休息，為明天養精蓄銳為上策。意識還清楚時，只允許自己有正面思考，心裡持續禱告著，感謝天使從中協助，同時也感恩參與這件事的所有人。一切就交給擁有衛星般視野的夏彌爾大天使吧！

沒想到，一切超乎我們想像的順利快速。一覺醒來，事情有了絕佳進展。

隔天一早，我致電六福村：「昨天有XX國中的學生遺失了一只薄荷綠的長夾。」

「請問學生的名字是？」

親切的總機小姐並沒有告知他們已找到錢包，便開始與我核對大女兒的資料。幾分鐘後我才恍然大悟，原來昨晚六福村工作人員已尋回錢包。

現金數目，與大女兒說的吻合，證件也都沒有遺失。最棒的是，園區當天就可以宅急便給我們。忍不住歡呼一聲「天使萬歲！」真是太好了，短短半天內就找回錢包。感謝天使大力相助後，也趕緊通知還在旅途中的大女兒，讓她放心。

天使擁有衛星般的視野，可以輕而易舉搜尋到物品所在地點。身處於人生地不熟的異地，團體行動無法脫隊折返回去找尋的狀況下，除了借助天使的神力，還會有什麼最好的辦法呢？

傍晚了，就在接大女兒回家前，天使的訊息開始陸陸續續出現。在圖書館停車場瞧見了777車牌。7:11分也是個暗號。是的，天使肯定我保持樂觀，維持正向思考是正確的。

777：天使為你鼓掌——恭喜！一切順利，期待更多的奇蹟吧！

711：持續你的肯定與和觀想，因為它們有效！

大女兒回家後隔天，事情不僅提前落幕，天使還在完美時間點捎來徵兆，向我證明祂們的確介入。周六上午，管理室打電話通知。

「有宅急便包裹要貨到付款喔！」

「喔耶！錢包提早送到了耶！」

當我下樓前往管理室，踏進中庭的那一刻，忽然從眼角瞥見空中有白色片狀的東西，在我面前緩緩飄下。哇！是一小片白色的羽毛！就在取回錢包的前幾分鐘，天使捎來如此明確的徵兆，令我感動萬分。

有了這次經驗，我提醒自己，下回出門旅遊前，除了請求大天使麥可守護安全，拉斐爾大天使確保旅途中的健康狀態，也該祈求夏彌爾大天使看管我們的隨身物品。

天使總以我們無法理解的方式在幕後默默做工，唯有全然的信任即會有奇蹟發生。

出租房屋

位於郊區的公寓已修繕完工，但遲遲乏人問津。我決定跟上時代，上網出租會容易些。在公園晨走禱告時，我祈請天使們為我尋覓合適可信任的家庭租屋。我很快感應到天使愛的指引，整個租屋過程出奇地順利，在短短一星期內簽好合約也拿到押金。

第一次上網出租房屋，我實在毫無頭緒。天使很快捎來指引，腦海中出現一個適當人選可以請教。朋友佐為是最佳人選，他平日出租房屋給學生，在這方面有豐富的經驗。

中午12:47分時，天使捎來信號告知，祂們已聽見我的祈禱。

247：天使說你所有的祈禱正都得到回報。保持信心！

和佐為聯繫上，得知他下午已過去拍照，一切以最快效率，流暢地進行著。

佐為果然專業，不僅將空間拍得十分寬敞，還凸顯出最大賣點：光線充足。照片傳給我後，他特別交代我，務必要將照片調亮一些，增加識別度。屋齡雖已有20年，但屋況相當良好，位於學區，亦是鬧中取靜的好地點。另一賣點是，廚房窗前的視野極佳，正前方有一大片綠油油的稻田，景觀優美。因此，我也將綠色飽和度拉高，強調宜人的稻田風景。

摸索591租屋網站時，還好有佐為分享經驗，在遇上困難時即時為我解答。對於完全不熟悉的網站，還需以信用卡付費儲值，我非常感激有位值得信任的熟人，不嫌麻煩的隨時為我解答。換句話說，這件事正以最快速的效率進行著。

天使繼續捎來令人安心的正向訊息

下午3:33分和6:47分天使捎來訊息。從公園散步回家路上，在大樓前看見472車牌，我明白那也是天使的訊息。我願意信任一切皆在神聖與完美的順序中，佐為提供專業知識，我負責將資訊Po上網路，媽媽則負責接洽，

這也算是team work吧！

333：你完全被仁慈的揚昇大師們所圍繞、保護、愛與指引著。

647：天使們已聽見你呼求幫助的祈求，他們再度向你保證所有一切都被照料。

472：天使們請你信任一切皆在神聖與完美的秩序中，因為它的確如此。

天使顯現幽默的一面

當我正在敲打這段文字時，腦海中瞬間冒出，天使站在人們身後的畫面。原來，天使要我試著去想像天使們站在媽媽身後，一同參與篩選房客的模樣——遊說有意願的看屋者做決定，提出租屋的意願，或是協助媽媽過濾不適當人選。這畫面讓我忍不住笑出來，我似乎可以看見天使們在媽媽耳邊說「YES」，比出「OK」的手勢，或是搖頭說「NO」的神情。

睡前我再次簡短的禱告，指名請求擅長尋找人、事、物的夏彌爾大天使的協助，請求祂留意有責任心的友善家庭來租我的房屋。同時，我也懷著感恩的心，在心中觀想友善的房客入住，讓公寓中彌漫一股和諧能量。

星期一早上再次PO出房屋出租的廣告。有了上次經驗，很快地就搞定所有流程。只是不免擔心，忙碌的星期一大家有心思瀏覽租房廣告嗎？多次查看後，發現多達73人看過廣告，才放下擔憂，更不斷提醒自己，要耐心等待上天安排的最佳時機點。

當天下午，媽媽說將有2組人將在傍晚過去看屋。8點左右媽媽捎來好消息：2人皆有意願租房，考慮後她已決定人選並約定簽約時間。

準備晚餐前的空檔，我瀏覽天使夫人的臉書。這次，她抽出的天使卡是「answered prayer」（禱告應許了）。我忍不住感動得紅了眼眶。此時此刻，最懂得這張牌卡的意義。上帝的確聽見我的禱告，在短短一星期內，就協助我將房屋出租給好家庭。

日後，媽媽提及房客太太是位相當客氣且勤勞的女主人，將房子打掃

得乾乾淨淨，這真是令我非常放心。我忍不住幫媽媽打一劑強心針：「是天使幫我們挑選房客的，一切沒問題唷！」感謝天使的指引和協助，房屋出租事件圓滿落幕。

4.10 旅遊天使

　　循序漸進的，我明白了天使會在旅遊期間寸步不離的守護，並提供必要協助。

　　每一次在國內旅遊時，不論我身在何處，天使都會透過熟悉的333車牌讓我明白，祂們正如影隨形守護我。不論是出發前的計畫，或是旅途中遇上困境或突發狀況，天使們總是及時伸出援手，安排親切的人間天使善待我們，為我們排除難題，不讓這些狀況壞了出遊的興致。

　　當我們尋求天使保護時，天使們會成群結隊前來，這對具有強大力量的天使們是輕而易舉的！

　　朵琳夫人在這方面有許多經驗，她經常在世界各地授課及舉辦工作坊，總是請求天使提供全面性的協助。遇上亂流時，她祈請天使護航，具有靈視力的她，果真由窗邊見到天使們在機翼旁協助穩定機身（其他讀者也證實遇上亂流時，祈求天使的保護特別感覺有效）。她甚至請求得到航空公司、服務人員的配合，以及在班機抵達時迅速取回行李。

旅遊天使隨行

　　好幾回暑假旅遊因颱風攪局，只好重新訂房。有了旅遊天使的協助，每一次都順利重新訂到「家庭房」（暑假的家庭房是最難訂的）。從此，我不再為訂房感到煩躁焦慮，取代的是信任天使會協助我重新安排妥當。

雖然，我還是必須打無數通電話，上網搜尋，但我知道天使會適時在耳邊給我一家飯店的名字，告訴我該致電哪家飯店詢問。訂房成功後，天使不忘捎來徵兆，嘉許我的正面思考、順從指引和採取行動。

有一回颱風離開後，前往台北旅行。天使指引我在東區的絕佳位置訂到家庭房。就在check-in時，我瞧見忙著key資料的櫃台小姐，名牌上的名字寫著「Angelina」。另一回在暑假造訪溪頭時，333車牌的車子在我們抵達時出現，於是我知道天使正與我們同行。透過旅館帳單總金額1247的數字，天使向我顯示祂們聽見了我的祈禱。

大天使麥可能賜予你勇氣，帶走恐懼與不安

經驗過無數次旅遊天使真實可靠的指引，在2017、2018年的寒暑假，先生忙於工作，我只能單獨帶女兒出遊時，增添了很大的勇氣及安全感。我全心全意地信任天使們會陪伴我們三個弱女子，隨時等候我召喚祂們，允許祂們伸出援手。

天使們的視野很高很廣，總是巧妙地就地取材，讓我知道祂們已隨行。有一回，就在台北下褟的飯店附近，天使提醒我瞧瞧十字路口旁的「天使與我同行」看板。那時是晚間瞧見看板的，適時的鬆開我在陌生城市夜間活動的不安感。

搭乘遊覽車旅遊時，不論你是司機、導遊或乘客，你隨時都可以祈禱大天使麥可守護整趟旅程。出發前是會最佳時刻，路途中遇上突發狀況時也可以。在旅途中，你隨時可以依當時狀況請求天使合理的協助。

2019年的家族之旅是到日月潭和清境。我們搭乘的9人座賓士大巴士很寬敞舒適，然而卻不適合某些有高度限制和較狹窄的山路。第一天前往車埕路上，巴士在路上倒車2回，需另尋寬一點的道路繞道而行。我連忙請求天使以祂們的高視野協助找路，並在司機耳邊告訴他方向。

第2天的民宿位於清境山坡上。抵達民宿山腳下後，司機慎重考量是否該開上坡。這一次的坡度起伏很大，路更狹窄了，他擔心民宿那邊萬一有

車輛下山，必須在中途停下來會車，再次啟動巴士會很傷離合器及車子，這將很不利往後的行程。

得知情況，我默默請求天使協助每個人聽從天使的指示，做出最佳的安排。

領隊不斷和民宿聯繫，請他們先派接駁車下來接我們，並管制下山的車輛，好讓巴士空車開到中途的停車場停放。終於一切都如願，我們也得以入住美麗的歐式民宿。當晚我在民宿建築物上看見天使浮雕，還在走廊上瞧見一幅我最愛的天使畫像，相信這都是旅遊天使給我的徵兆。

大天使拉斐爾是「旅行者的守護神」，祂是位雲遊四海的醫師，無論你在世界上的哪個角落都能到府看診。大天使拉斐爾可以減輕或移除你身體上的疼痛。解除一種症狀時，通常會瞬間得到痊癒，這一點在人地生疏的異地特別重要。祂也將療癒力與旅遊天賦結合，確保在出發前及旅途中保持最佳健康狀態。

大天使拉斐爾也常和大天使麥可聯手合作，聯手掃除恐懼與焦慮，一同守護旅人的安全及健康。出國旅遊時，我必定呼喚拉斐爾和麥可2位大天使，隨行守護自己和同行家人。連續幾年在冬季時赴日本旅遊，我都在不同狀況下受寒著涼了，多虧有大天使拉斐爾療癒我的不適，才讓身體維持健康，平安無事地繼續旅程。

因為真實地領受到天使的照顧，如今我已養成為旅行祈禱的習慣。出國旅遊時，當飛機在跑道上滑行，準備起飛前，就是我的靜心祈禱時刻。當然你也可以在登機前的任何時刻祈禱，只是我發覺起飛前是最安靜的時刻。沒有旅客的喧嘩交談，或是準備登機的廣播，也無需擔心視線不能離開隨身行李。

2016年，爸媽和哥哥嫂嫂同遊澳洲，即使我沒有同行，僅為家人祈福，我依然明顯察覺到拉斐爾天使的眷顧。

出發前爸爸已胃腸不適，因此我天天為他們祈福，並請拉斐爾天使特別照顧爸爸。我也讓家人知道，我請求天使陪伴他們同行，若遇上任何狀

況，一定要相信直覺，因為那是天使指引處理的方式。某天早餐後，媽媽看見一根羽毛，她明白這可能是天使在他們身邊的徵兆，這一路上都會平平安安。

雖然，哥哥陸續傳來爸爸不舒服還嘔吐的消息，但大家都很欣慰爸爸一反平日的消極，雖腹痛不舒服但還能忍住，盡力保持開朗心情看小企鵝遊行。我想這一定是爸爸的守護天使鼓勵著他，賜予他堅強意志力。

「爸爸嘔吐3次，要搭救護車去醫院急診。」有天傍晚，哥哥傳來的訊息嚇壞我了，只能持續請求天使守護他們。還好打過點滴爸爸已無大礙，當晚就回飯店了。接下來那2天，爸爸沒再跟團出去玩，自己留在飯店休息，但也沒再進食了。明白有守護天陪伴著爸爸，我安心多了。這期間我也看見羽毛，麥可天使卡告訴我，所有人都被保護著。拉斐爾天使卡則表明「健康狀態好轉」，這些訊息都讓我感動又安心。

準備搭機回國時，我非常擔心爸爸的虛弱身體是否能承受8小時長途飛行，再加上2小時的高鐵。我不停為爸爸祈福，希望身邊的人間天使會提供所需協助，更期盼爸爸的意志力會強過他的體力。

當他們抵達台灣，哥哥傳來爸爸坐在輪椅上還有一絲笑容的照片，我才終於放下心上的大石頭。回國隔天，媽媽立即帶爸爸上大醫院急診，診斷出是胃潰瘍。

在澳洲時，爸爸僅打點滴並沒有任何對症下藥的治療，我相信大天使拉斐爾一定默默療癒過爸爸。我無比感恩一路上天使的陪伴，賜與爸爸堅強的意志力，讓他平安回國再接受治療。

旅途中的驚喜是看見聖像

我喜歡在旅途中見到天使或其他神聖雕像，祂們帶給我很大的安全感，以及「愛一直都在」的信念。

聖母瑪利亞，攝於清境老英格蘭莊園

2015年北海道旅遊時，意外在修道院庭院中見到大天使麥可的雕像。2019年清境之旅，在老英格蘭莊園瞧見聖母瑪利亞雕像靜靜佇立前陽台，面向山巒祈禱。這些神聖存有雕像總讓我特別驚喜與感動，彷彿是上蒼告訴我，無論到何處旅遊，祂們的愛一直與我同在。

　　當旅行一路順暢時，不妨滿懷感恩，感謝上天冥冥中的守護與祝福，讓旅途平安愉快。萬一遇上狀況或有任何負面思想時，那麼就在見到聖像的那一刻交託擔憂，相信一切會有轉機，然後放下擔心，好好活在當下享受旅行吧！相信不論是威嚴的諸佛菩薩，或慈愛的天使們都會適時伸出援手化解危機。

　　得知親朋好友搭機出國時，我一定為他們的飛行送上祝福，祈求天使護航（若能得知班機代號更好）。你也可以為不能同行的家人禱告，或是請求天使在你出國期間看護你的家園及財產。

　　為隻身旅行的朋友祈福吧！祝福他們旅途平安，並遇見善良熱情的人們，留下溫暖美好的回憶。為飛行祈福吧！也許有時天候不佳，但有了天使護航，我們相信親人必將安全的抵達。祝福讓我們帶著一抹微笑平靜分離，然後期盼下一次的相聚。

　　旅遊祈禱文

　　「親愛的天使們，請以白光保護我的家園和財務。請派遣天使守護家中的長輩。」

　　「親愛的大天使麥可，請賜予我旅途上的勇氣，消除任何不安、恐懼並保護我並遠離危險和負能量。」

　　「親愛的大天使拉斐爾，請協助我在旅途中維持健康狀態，放鬆享受假期，並平安返家。」

墾丁行

2016年暑假的家庭旅遊，日期和目的地皆是未知數。8月初了，旅遊似乎遙遙無期，遲遲無法成行。先生任職於購物中心的企劃組，暑假的活動特別多，忙得不可開交。不願再繼續等待下去，或是因冒失的颱風被迫取消，我決定臨時規劃了墾丁行，母女三人搭乘墾丁列車看海去。

在網路上訂到墾丁大街上的民宿，接下來的交通問題則令人頭痛。雖有墾丁街車可搭乘，但車次、時間不準時，若不巧遇上天候不佳，下起雨來更不方便。

第一回獨自帶女兒們出遊過夜，已頗感壓力，我不願意在異地租車，再讓自己肩負更多責任。但是安全的考量最為重要，看來唯一的選擇似乎也只有包車了。從開始考慮到真正決定，腦袋中似乎有個「女司機」的想法不斷迴盪著。於是，我明白是天使傳來訊息，提醒我可以找由「女司機」駕駛的包車，這樣就沒有安全上的顧慮了。

自從在北海道見到大天使麥可的雕像，我便深信祂真實的守護著旅人。自此之後，旅行前祈請天使們前來祝福、守護安全，早已成為不可省略的必要程序之一。除了祈請天使守護一路上的安全，也在需要實質協助時介入指引我們。

出發前一晚，一切準備妥當後，我靜下心來想透過「麥可天使卡」尋求祂的指引。

Let go fear…now

Archangel Michael, please help me feel safe and deserving of your guidance.

哇！大天使麥可希望我立即釋放掉恐懼呢！我萬分訝異天使完完全全知曉我當下的心情。禱告詞上教導我，如何向大天使麥可請求增添勇氣，相信自己是值得祂的指引的！有了天使慈愛的保證，我放下焦慮，安穩進入夢鄉。

熱心的管家協助退房

天空不見白雲，太陽只想躲在烏雲後，我們在陰雨天中踏上旅程。

抵達預定旅店，其位置果真十分便利，就位於車站及便利商店旁。但是，旅店是在酒吧上方的2樓，小小的櫃台位於樓梯上端，非常侷促。

親切的男管家為我們辦理check in的手續。「網路上的資訊好少喔！」我抱怨著。「喔！我們剛接手不久，前一家旅店的評價很不好。」男管家回答。「什麼？」如此負面的評語立即讓我瞬間神經緊繃，忐忑不安。

管家領我們走上三樓，經過狹長擁擠的走廊，最末端才是我們的房間。走廊的配色是鮮豔的綠配上桃紅，有一份我不習慣的俗氣。一股刺鼻的油漆味撲來，一位油漆工人與我們插身而過，原來他正在我們對面的房間粉刷。

就在舉步踏進房間之前，突然間一陣心悸湧上心頭，我猜想或許是我太緊張了。一進到房間，立即發現格局並不優。房間裡擺了2張雙人床，其中一張床幾乎緊靠著門與玄關。鏡子就掛在床尾的對面，我知道這可是最忌諱的擺法。房間其實不算太小，但我卻莫名地感覺到壓迫感，心臟一陣胸悶不適。

體質敏感的我不免狐疑，難道已吸收到這空間的能量？時逢農曆7月，不能說這房間裡一定有什麼不好的負能量，另外還有些「什麼」，但是身體顯現出來的反應已明確告訴我，這裡並不適合我。記得曾看過這麼一段話：**如果直覺告訴你狀況不對勁，信任這個感覺，這是你的身體、高我、大天使麥可與神告誡你的方式。察覺時，你可以請麥可引導你脫離困境。不要試圖適應惡劣的環境，你可以相信和遵循你的敏感度。**

慕然想起，我忘記淨化一下這個空間了。在房間的四個角落畫上第一個靈氣符號^(註)後，我才稍稍心安了一些。接著我苦惱想到，晚上逛完墾丁大街後，回房後若不能好好放鬆休息，一夜好眠養精緒銳，那該如何是好？坐在床邊，我不禁開始坐立難安。沒想到，隱隱不安乘勝追上。「媽咪，妳會睡在最靠近門那個位置嗎？」Katie抱著心愛狗娃娃湊過來問我。

「嗯，應該是吧！」我心不甘情不願地回答。

　　一陣恐懼冷不防竄過全身，因為，床距離門邊僅不到10公分距離。此時此刻，也只能在孩子面前掩飾我的膽怯呀！（就在我寫下這段時，瞬間接收到天使的提醒：可以請求我們在門窗邊守護著。）

　　彷彿一刻鐘也無法待在房間裡，我催促孩子們快快換上泳裝，前往福華飯店前的小灣海灘。雨，暫時停歇，灰濛濛的天空，有如一張灰色的色紙。一波波的海浪夾帶著黃濁泥沙，少了期待中的碧藍，忍不住在心底嘆息。

　　在小灣沙灘短暫停留後，女兒們察覺海浪愈來愈大，決定回旅店沖洗乾淨，放下東西後，再前往青年活動中心看寄居蟹脫殼。小灣狹窄的海景讓人失望，無論如何，都要前往位於幾百公尺外的大灣。即使不能戲水，在沙灘上踩踩沙也好。

親切的旅店老闆娘

　　遼闊的大海就在正前方。馬路邊，一排整齊且顏色鮮明的度假旅店映入眼簾。待我趨前一探究竟，欣喜地發現其中一棟還掛著「尚有空房」的牌子。走廊上擺有大洋傘和椅子，坐在長廊前即可欣賞海的千姿百態。我不禁想像著，那該有多悠閒愜意呀！

　　透過窗戶望進一樓大廳，希臘風情的彩繪透著度假氛圍。慵懶午睡中的小貓躺在海景壁畫旁，時間彷彿封存，這樣的畫面令人舒坦放鬆。「我在這裡。」一位親切和藹的中年婦人，帶著開朗的微笑快步向我走來，原來她是民宿老闆娘。

　　「大街上的攤販要開始擺攤了，濕熱的空氣也會布滿油煙味與噪音。妳下褟的飯店位在pub上方，吵鬧的音樂聲會持續到半夜喔！」民宿老闆娘好心提醒我。

　　「曾經有年長的遊客想早點休息，但又受不了噪音，於是10點多才拖著行李入住我的民宿。先帶你們看看面海的房間。不過，真的沒有必要浪

費錢住面向海的房間，走出民宿就看得見海哦！」接著，老闆娘領我們參觀面向山，光線充足明亮的4人房。淺褐色木質地板，搭配著溫馨的海景布置與柔和燈光。探頭望進浴室，是簡單素淨的白色系色調，一只貝殼鑲框的方鏡掛在牆上，令人放鬆的氛圍瀰漫整個房間。

「算妳3000元就好了。妳快去退掉原先的訂房，多少拿些訂金回來，我會將房間保留給妳的。」見我們只有母女三人，老闆娘很阿莎力給我超值優惠價。我的心在那一刻，二話不說表明「YES」，腦袋也馬上同意了。接過她遞過來的名片，心頭湧上一陣暖意。不經意地打開手機查看時間。此刻，恰好停留在3:47分。

347：你與天使、大天使與揚昇大師們清楚的連結，已讓你非常準確地接收並遵循神聖指引。恭喜你並請繼續保持下去。

迫不及待地快步返回墾丁街上，女孩們步伐緩慢，邊走邊抱怨著：「媽咪，不要換民宿啦！到墾丁大街或是坐車都要走比較遠耶！」

「不行，我一定要換。」一想到原來旅店所帶來的不適感，我毫不猶豫選擇追隨我的直覺。

在大街上，左顧右盼等著過馬路時，瞧見管家跨上摩托車正要離開，我連忙招手攔下他。同時，我也從眼角餘光看到，停在身旁的公車有333車牌，和47車牌的轎車。我非常開心在這時間點，天使傳送明確的數字暗號，表明祂們就在身邊協助、支持我做這個決定。

管家詢問我退房原因後，沒多說什麼便立刻上訂房網站取消退房。我非常驚訝他還致電民宿老闆，想盡力幫我爭取退回一成的訂金。我們已入住房間幾個小時了，照理是無法拿回任何訂金的。幸好，我毋需花費國際電話費用和訂房人員解釋，或是上網填寫任何表格，讓難得的假期多分困擾。他的舉動及服務皆讓我倍覺感激不盡！難怪有幾位旅客曾在訂房網站上，對管家的熱心服務留下很高的評語。

回到房間，趕緊指揮女孩們快速把海灘墊塞進行李箱。穿過的紙拖鞋丟進垃圾桶，拉平微皺的床單，未使用的浴巾歸位，盡量讓房間維持原封

不動的樣子。

入住到面海的民宿後，有了舒適落腳處，心終於逐漸放鬆下來。從那一刻起，也才真正感受到渡假的悠閒心情。天候雖然不佳，亦不是海水正藍，但一波波海浪聲，還是療癒了我的心。一想起剛剛天使指引我前往大灣海邊，我才有機會入住面海的舒適旅店，內心溢滿了感恩。

友善專業的女司機艾琳

第二天雨滴滴答答地持續下著。前晚再次和女司機通過電話，確認來接我們的時間，話筒那端，年輕好聽的聲音讓我不擔心溝通上的問題。

上午的行程，隨著雨勢忽大忽小一再調整，最後終於決定先到恆春的「鹿境」餵食小鹿，在恆春午餐，然後前往貓鼻頭公園眺望海景。

Katie坐在艾琳身後，見艾琳細心叮嚀Katie該從右邊下車較安全，直覺告訴我，她一定也是為人母，一問之下原來她有三個孩子。艾琳已從事包車司機多年，平時只接送「帆船石」附近，或是入住親戚民宿的客人。這一回，是特別應同業朋友的要求才過來接送我們。

服務親切，駕車平穩的她，主動替我們拍照，也幫我照顧女兒們，讓我能夠放鬆遊玩。女兒們在「鹿境」玩起吹箭遊戲時，她在一旁細心指點她們要領。餵過可愛的鹿群，鞋底沾上了些鹿大便，在一旁的水龍頭沖洗鞋底時，她不嫌髒的拿起刷子協助她們洗刷鞋底。這一切愛屋及烏的小小舉動，讓我倍覺溫暖感激。

來到恆春鎮午餐，捨棄網路上的名店，她領我們至「十碗麵」牛肉麵店嘗鮮。

午餐後，我們前往「迷路的餐桌計畫」，一家由醫院改建的餐廳，正好就在「阿嘉的家」旁邊。「妹妹，你來站在那面白色牆壁前面，在『海角七號』幾個字前擺Pose，在這照相比較美。」大概是見Katie拍照時落落大方也滿上相，艾琳停好車，拉起Katie的手，要她站在最佳位置，替她照張美照。彷彿帶個保母出門般，我在一旁輕鬆悠閒地當個觀光客，好好欣賞

風景。

不經意的瞥見手機上的時間，我看見2:47分。

247：天使說你所有的祈導正都得到回報。保持信心！

這是一個多令人放心的暗號呀！可不是嗎？天使讓所有需求都成真了，最重要的住宿、交通，都有善良的當地人接待我們。我由衷感謝一路上協助我們，善待我們的好人，讓這一趟旅行留下美好的回憶。

返家後，針對換更換民宿的事，再度拿出大天使麥可的天使卡，想知道祂是否想傳達任何訊息給我。猜猜祂如何回應我呢？

大天使麥可說：**承認並接受你的感受，並為此做出適當的回應**

的確是如此啊！我選擇遵循自己的感受和直覺，沒有為了節省旅費而委屈自己待在環境不佳的旅店，破壞出遊的興致。

感謝天使在出發前就給出交通上的建議。感恩大天使麥可叮嚀我釋放擔憂，以勇氣取代恐懼。這一趟墾丁行，我跨出了一大步，不再畏懼單獨帶女兒們出遊。這全都要歸功於天使們周全的慈愛守護。

註：臼井式靈氣，第一個靈氣符號

靈氣的第一個符號，主要功能有淨化物體或是空間負面能量，保護空間與物體，能量開啟與結束，或是串聯起不同的能量振福。

它可以讓能量以螺旋狀的方式固定並大量集中在通一個區塊。因此，第一符號能以宇宙力量做出命令。使用符號的同時，等於昭告宇宙「請將能量集中在這裡」，此時宇宙能量由指端經由符號流進了你的意願所在。

北海道之旅有天使陪伴

期待許久的北海道家庭旅遊終於到來。機場入關後，瞧見Hello Kitty可愛彩繪飛機的瞬間，正式開啟了渡假的好心情。登機後，等待起飛的空

檔，我閉上眼，在心中默默召喚天使們守護這趟飛行，觀想以白光保護著飛機，好讓我們抵達函館時，不會遇上暴風雪且平安降落。

其實，家人剛提議要到北海道賞雪祭時，怕冷的我很抗拒這個行程。大伯曾在前年冬季造訪北海道，他回憶起因遇上驚人的暴風雪，飛機得在空中盤旋約2小時，等待安全的時機排隊輪流降落。光是飛機無法降落的消息，就足以讓我打退堂鼓了。我完全無法想像還得在零下18度的低溫，舉步維艱行走，用盡力氣與風雪搏鬥的畫面。

手機上的日本時間4:44分

午後3點，淡淡的鵝黃色陽光閃耀於機翼上，飛機安穩順利的降落北海道函館。

機場超級迷你，僅有2個極短的行李輸送台，出關手續迅雷不及掩耳般完成。落地窗外，滿地的白雪早已迎接著大玩童和小頑童們，將行李箱交給司機後，大家迫不及待的在機場門邊開心踩雪。

北國的天色暗得快，因此第一晚只安排欣賞函館夜景。遊覽車在山腳下停下來時，我瞧見手機上的時間，一分不差的正是4:44分。手機的網路，顯示已由日本的soft bank公司提供。感謝天使，總是透過時間傳達數字暗號，讓我知道祂們已隨行到北海道。

444：天使在你周圍的每一處！你完全的受到天上許多神聖的存有所愛、支持與指引，你無須畏懼任何事。

大天使麥可雕像

第二天一早的行程，是前往函館市特拉普派女子修道院參觀。在皚皚白雪和明亮陽光的襯托下，羅馬及哥德風格摻雜的紅磚建築更顯優美，庭院一片靜謐！

「大家往庭院看，那是大天使麥可的雕像。」導遊向大家介紹。突然聽見大天使麥可的名字，我的心臟猛烈跳動一下。望向大天使麥可雕像，

祂果然如書上所描述般英姿煥發，手中握有一把光劍。

我記得，**大天使麥可身為大天使長，是純淨的守衛者，具有強大的力量與威力，更是力量與勇氣的表徵。他宛如是天使的將軍，統領許多天使，所有的天使都遵崇祂的旨意。（天使長能夠派遣天使到宇宙各地，執行和傳達上帝的旨意。）**

此刻，意外地見到平日禱告詞中，時常召喚的大天使麥可，我真是難掩興奮，也分外覺得心安。彷彿這一路北國之旅，有具最強大力量的麥可隨行保護，我無須有任何擔憂。

雖然，雀躍的大手小手，不停到處摸著軟綿綿的積雪，捏捏小雪球互相投擲，但大家仍是乖乖上前觸摸大天使麥可的腳趾，祈求祂守護旅程一路平安。

離去前，大家全湧進了出口旁的商店，迫不急待嚐起北海道霜淇淋，也去洗手間沖掉手上的黏膩。男性家人描述，洗手間裡不但貼心提供熱水，還有一體成形的設備可供洗手和烘手一次完成。女仕們相當訝異，因為女廁裡僅有比天氣還冰凍的冰水。大家笑說，如此迥然不同的差別待遇，莫非是在考驗修女的意志力啊！

上遊覽車前，導遊問我霜淇淋是否如想像中的美味？無意間，不知怎麼聊到早上他不小心遺失圍巾，因此感覺有些寒意。於是，在位置上坐定後，我悄悄在心中祈求尋物天使，大天使「夏彌爾」的協助，請求祂幫忙找尋導遊的圍巾。

抵達下一站後，我問導遊：「你的圍巾是什麼顏色？我可以在禱告詞中說明。」沒想到他笑著回答：「喔！旅館剛剛來電說已經找到我的圍巾了，謝謝！也許妳的禱告真的發生作用呢！」我微笑著說不客氣，也在心中向天使致謝。

我真心相信天使隨行，也回應了我的祈禱，因為祂已透過手機上8:47分的時間提醒我。47代表著我在正確的方向上，為導遊禱告協助找回圍巾的舉動是正確的。一如往常，請求天使的協助總是快速奏效。我謹記著這句

話：「即使你看不到或是感覺不到任何事，天使們仍會在你請求祂們的時候幫助你。」

日本轎車的444車牌

很幸運的，這幾天天氣極佳，陽光下雪景層次清楚分明，別有一番寧靜之美。我們不斷地按快門捕捉這些絕美畫面。鮮豔牆面突顯其存在感的房舍，排列整齊的枯樹或樹叢，遠山層層堆疊，配上大面積覆蓋的雪白，不論如何組合都是無敵美景。

城市裡的雪景則是另一番風情。商店邊或街角旁，總有些偏灰色的雪堆，宛如一坨坨的灰色小山丘。矗立地面上的招牌，淹沒於雪堆中，像極了在雪中玩躲貓貓般，只露出一部分。我注意到屋頂角落的溶雪，有著流暢的圓弧度，總是順著屋簷融化成圓角形狀。馬路中的積雪全往路邊堆疊，於是形成了一道天然保護牆，隔開了車輛與人行道上匆匆趕路的行人。

突然間，目光移向到左方的日本轎車，我看見車牌上有再熟悉不過的444數字。

這數字暗號再一次讓我明白，此時此刻，天使們正伴隨我悠遊於北海道，一如在台灣其他城市旅遊般如影隨形。一股暖意從心中升起，我默默向天使致謝，也拿起手機留影。我知道這別具意義的一刻，會永遠留存在記憶裡。

逛札幌雪祭時雪鞋破損

第三天的行程是重頭戲，聞名世界的札幌雪祭。每年2月，北海道首府札幌會舉行為期一周的慣例活動。除了市民親手做的雪雕，和精緻的大型雪雕外，並分別邀請世界各地的雪雕和冰雕好手前往參加，每年都有三百多座雪雕和冰雕的作品展出，排列在長達1.5公里的大通公園主場內。

當晚，下起綿綿細雨後雨勢變大了。人潮多時總感覺溫暖，即使下著

雨，我們仍未感覺寒冷，只是不免惋惜著氣溫不夠低無法下雪。絢麗的彩燈，大大小小的雪雕，迷住一雙雙好奇的眼睛。宛如真實建築物的大型雕塑配上3D光影，著實令人讚嘆，佇立欣賞許久不忍離去。我們只戴上羽絨外套的帽子，在雨中逛了約一小時才往集合方向前進。豈料這時，每往前走一步，越感覺右腳底一陣濕涼，一種不對勁的直覺讓我慌張不已。直到去洗手間的空檔時，我才有機會察看鞋底是否有破損。

這一檢查讓我大驚失色，右腳雪鞋不知哪裡破了，滲進不少雪水。在暖氣的回溫下，我後知後覺的查覺到，一陣陣冰涼感已由腳底攀升至小腿肚。厚厚的毛襪早已全濕透了，心中忍不住哀叫一聲Oh No，我意識到大事不妙啊！

與家人在遊覽車上會合後才知道，在出發前一天，公婆雪鞋鞋底的膠完全脫落無法再穿了。前年已穿過這雙廉價雪鞋前往九州旅遊，閒置一年後今年再度出征。我們猜測，或許是因為這次得行走在濕滑雪地上，必須扳下鞋底的釘子才不會滑跤。也許是扳上扳下的次數多，且尖銳的刺進橡膠鞋底，使得已脆化的鞋底產生破洞而滲進雪水。

我非常憂心在這時間點要去哪買鞋？很幸運的，我們的行程正在北海道市區，下個景點即是狸小路購物行程。因此，當大家前往藥妝店大買特買時，我火速奔往ABC Mart鞋店。幸好趕在閉店前順利買到新雪鞋，否則真不知該如何繼續接下來的旅程。

回飯店後，手忙腳亂地晾乾外套，吹乾頭髮和冰凍的雙腳，猛灌幾杯溫熱薑茶，心中不斷祈請大天使拉斐爾的臨在，請求祂的療癒力讓我免於受寒而感冒發燒，才稍微心安下來。

經過一夜休息，隔日一早竟然安然無恙，我完全沒有任何不適或感冒的徵兆，真是讓我大呼神奇。平日最常因吹風受寒引起的頭痛也沒發生，因此我百分百確信拉斐爾大天使一定在睡夢中現身過。這一回親身體驗了大天使拉斐爾的神奇療癒力，祂果真雲遊四海，不管身在何處，祂都能前來診斷我們的症狀。

行前購買雪褲時，店員特別叮嚀我們，選購雪褲時，一定得挑選夠保暖且有防水功能的布料。因為一旦凍傷了是一時察覺不出來的，得等回到室溫下，身體回溫有感覺時才會知道，但此時皮膚是早已呈現灰褐色的凍傷狀態。

如今回想起來，雪鞋滲水還是令我恐懼的。如果我的腳已經凍傷，而神經遲鈍沒發覺，或是沒即時買到新鞋替換，後果將是不堪設想的。前年冬天，大伯與我們同遊九州環球影城時，也曾因鞋底破洞有雨水滲入。他感覺到身體受寒，在旅程結束前已感到不適。回國進入海關時，還被機器偵測出體溫升高，呈現發燒狀態必須立刻戴上口罩。

這趟北海道之旅，是我第一次明確感受到，在海外旅遊時天使們也會隨行相伴。身體不適時，大天使拉斐爾果真聽見我的呼喚，以祂的神力療癒我，讓我維持健康狀態繼續旅行。這些經驗帶給我信心和對天使更強的信任，因此日後旅行時，我必定祈請大天使麥可和拉斐爾聯合守護旅程。

註：特拉普派修道院是1898年（日本明治31年）由法國派遣來日的8位修女在日本設立的第一間女子修道院。充滿了歐洲中世紀的羅馬風格及哥德風格摻雜的紅磚建築群、泰莉西雅（Theresia）、貞德（Jehanne Darc）、天使麥可（Michael）等聖像及資料館等，值得一看。

天使護佑東京自由行

一晃眼，東京自由行結束了。旅行的記憶或許慢慢淡去，然而，確實感受到天使們協助我提升能量的感動是一絲未減的。深深烙印心中的，是大天使拉斐爾的特別眷顧，讓我在連續受寒2天後，不可思議的並無任何感冒症狀，在健康狀態下繼續旅行，平安返家。

祈禱增加能量和守護飛行

定居紐約的小叔返鄉過年，特地配合女兒的寒假時間，一起到東京旅行。出發前，其實對自己體力欠佳感到忐忑不安。左腳多次足底筋膜炎發作，右腳的膝蓋關節大概是提早退化，只要是穿錯鞋，或是多走點路就會疼痛。有這麼多狀況，怎麼能不憂心忡忡呢？除了多運動鍛鍊體力和肌力，還準備了紅蔘精隨身包，攜帶出國隨時補充體力，聽從醫生的建議，連護膝也備齊了。

2017年東京的氣候偏濕冷，2月初出發前，早已在新聞上見識到大雪紛飛。農曆春節後，僅有幾天的時間收拾行李。南台灣一向溫暖，冬衣一副事不關己的在衣櫃裡慵懶冬眠。將一家四口最厚重的冬衣大集合，又洗又曬，再加上搭配、整理一番，我忙得焦頭爛額。在已有限的時間裡，還得為長高的姐姐添購上衣，臨時衝往賣場選購大皮箱。這一切全由我自己一手包辦，實在是耗盡不少體力。

啟程當日，在小港機場候機時，我明顯感覺到疲憊和一陣陣腰痠。少了一點雀躍，多了一絲不安，除了貼上更多撒隆巴斯，我唯一能做的是一再祈請天使們提升我的能量。牢記心中，深信不疑的是書上讀過的這些字句。

天使可以保護你，也能提升你的能量。天使幫助我們治療身體的挑戰，也協助我們有更多的能量與活力。守護天使一直都在你身邊，但你也可以請求更有力量的大天使幫助。即使你看不到或感覺不到任何事，天使會在你請求祂們的時候幫助你。

飛機準時離開空橋，緩緩滑行於跑道上。閉上眼，我照例默默向旅人的良伴，大天使麥可和拉斐爾祈禱。告知祂們，東京自由行就在這一刻正式啟程，請求祂們派遣更多天使一同守護這趟家族旅遊，一行6人為期6天的東京自由行，特別是年幼的Katie，千萬別讓她在街頭人群中走散。

有過敏性鼻炎的Katie，乖巧地戴上加濕口罩，坐在我身旁安靜看著電影。我不必擔心會像上回一樣，因空氣太乾燥，只是打個噴嚏就大噴鼻

血。我感覺到守護天使的叮嚀，除了用餐外，盡可能的閉目養精蓄銳，儲備體力。沒有欣賞最新電影，沒有聆聽音樂，只是一心一意，專注地請求大天使麥可灌注力量給我（後來才知道有力量天使，可以請祂補充元氣）。

天使捎來保持信心的訊息

即將降落日本前，我瞄了一眼手機。日本時間2點22分，天使捎來第一個訊息，提醒我要保持信心。這完全是符合現況的最佳訊息啊！我的確是為每個人祈福，當然還包含了小叔的朋友。

222：信任所有一切都完全依其所應然的方式運作著，為其中所涉及的每個人帶來神聖的祝福。放下並保持信心。

機上充分休息3個半小時後，我覺得精神似乎已恢復許多。從成田機場搭乘「利木津巴士」進入市區，需一個半小時車程。對其他人來說是段不算短的車程，但對我而言，則是多了一個半小時的休息時間。

四點左右，抵達位於新宿的飯店後，可愛的機器人Pepper在大廳接待我們，大家都忍不住和它對話。比預計時間提早抵達市區，安置好行李後，大家都很開心有足夠時間前往伊勢丹百貨B1品嘗美食。離開飯店前，時間不偏不倚地停留於4:44分。看見這熟悉的暗號，我悄悄感謝天使們的訊息，此時此刻祂們已隨行至東京，我只管放輕鬆好好度假！

祈禱良好睡眠

根據以往經驗，旅行第一晚通常因不適應新環境而難以入眠。行前的繁複準備讓我疲倦不堪，急需一夜好眠。輾轉難眠的夜裡，我憶起天使能夠幫助我們睡得更沉，達到深層睡眠。於是，我請求拉斐爾大天使協助我快快進入夢鄉。

祈禱語真的奏效了！前一晚，輾轉反側至半夜3點才入睡。一早7點多醒來，雖只有短短4小時的睡眠，但我感覺重新恢復精神與活力。早上的行

程是前往築地，在外場品嘗了不少美味的玉子燒。那些巨大尺寸的海鮮燒烤，讓每個人都大飽口福，全露出滿足愉悅的笑容。午後的行程，是於東京車站內及附近百貨逛街。3:33分，天使透過手機上的時間，再次向我保證祂們的存在。我也相信天使們的確提升我的能量。雖然睡眠不足，一整天下來走的路是平日的好幾倍，但我並不覺得像在家時那麼容易累，常需要小憩一會。

333：你完全被仁慈的揚昇大師們所圍繞、保護、愛與指引著。

333數字的出現，特別讓我感覺心安、平靜與鎮定。有如在人生地不熟的異鄉見到熟識朋友的感覺，心頭暖暖的。回想起來，每次出遊，不管只是在國內其他城市輕旅行，或是出國旅遊，我都會看見這個數字。天使們一次也沒讓我錯過這個數字。許多時候都是以333車牌的方式，驚鴻一撇出現。

我明白所有人都會被安全保護著，即使有些時候，喜愛美食的小叔與朋友安排了不同的行程，與我們一家人分開逛。3:13分時，基於好奇，也快速擷取下手機畫面。查詢天使數字書時，我不禁微笑，天使的訊息再次協助我活在當下，享受旅行的樂趣耶！

313：倚靠現在正圍繞著你的揚昇大師們正向且充滿愛的能量，因為他們將你的想法提升到快樂生活的更高層次。

旅行前三天，很幸運的皆是晴天，我們得以享受溫暖明媚的陽光。

第三天，參觀三鷹之森吉卜力博物館後，在「井之頭恩賜」公園發現提早綻放的淡粉紫色的「河津櫻」，真是令人萬分驚喜！

第四天，一行人分成兩派前往不同的行程。先生陪女兒們前往海洋迪士尼童心未泯一下。我，小叔和他的朋友三人是想遠離市區喧鬧，需要舒壓的那一派。我們參加當地行程，搭乘大巴士前往河口湖、富士山，來個一日郊外遊。

記得，行前我掙扎了好久。海洋迪士尼沒去過，我到底「應該」陪女兒去迪士尼歡樂一下，還是聽心裡的渴望到郊外紓壓。也許這是最後一次

和她們同遊迪士尼。但是我真的不愛擁擠的地方，而且還得早出晚歸太累了。整個寒假相處下來，我很需要和她們分開一天，讓自己放鬆一下。最後我依心而行，做了一個「愛自己」的決定——到郊外賞雪，而不在樂園裡排隊才能真正放鬆。

很煞風景的，天空灰濛濛一片，天氣轉冷並飄起雨來。天氣預報僅有1度，會下雪。山上的溫度更低了，抵達神社時，大雪開始緩緩落下，我們忘神的四處拍照，幾乎忘了該洗手參拜。半透明的雪花緩緩翩飛而下，連居住於紐約，一向不愛下雪天的小叔，也悠閒地享受這美好片刻。「要是雪下大一點，伴隨著強風打在臉上可是很痛的。」小叔說。

凝視著一片片約一公分大小的雪花，輕輕柔柔，緩緩飄落在小叔墨綠色的外套上。六角形對稱結構，是如此的清透又無比細緻。一如童話故事裡所見，或是畫筆下的形狀。這一刻，時間彷彿靜止了，我看見了最純淨、最自然的美。（彩色圖附於書後）

下一站是世界遺址忍野八海。大雪依然持續紛飛不停，就有如下大雨般打落在我們身上。富士山就近在咫尺，無奈大雪讓我們無緣近距離親睹其真面目。遍地皚皚白雪，一度讓我有身在北海道的錯覺。

即使身著了暖和的長毛衣和羽絨大外套，我依然感覺寒冷。低頭一看，布鞋前端堆積了不少雪花，這才發現，原來布鞋早已淋濕了，雪水已滲入毛襪，難怪寒氣直逼上身。

傍晚回到市區，我們在銀座享用美味的鰻魚飯，然後搭電車回新宿。

上車後，瞬間湧進一大群黑衣上班族。就這麼突然地，也毫無心理準備下，我們體驗了耳聞中，在日本電車裡當「沙丁魚」的擁擠。我完完全全不能動彈，不需急著找把手拉，只能將手臂緊緊依靠著站在右前方的小叔，也無法轉頭，不知背後夾攻我的是型男還是辦公室OL。

「在紐約，這種情況下大家絕對不會沉默以對。他們會開始吼叫：Don't Push me! Don't touch me! Take next train!」小叔很不以為然的比較著東西方文化的差異。

閃過我腦海中的唯一念頭是：幸好現在不是穿著單薄衣裙的夏天。我無比慶幸，身上有厚厚的羽絨長外套，隔開陌生人任何肢體上的接觸。

　　然而同時間，我敏感地意識到不安困惑的情緒？一種異樣的感覺由上而下，在背脊附近游移。這是怎麼回事？說時遲那時快，直覺回答我：「別人的氣已經侵入到身體裡了。」我萬分震驚，愣了一會兒，這才想到完全忘了該使用白光保護自己。情急之下，趕緊閉上眼，觀想自己被一圈白光籠罩住，希望還來得及抵擋低頻能量呀！

　　「上過靈氣課程，接受過點化，我有些脈輪是打開的。」我告訴小叔。「那趕快關起來。」小叔貼心回應我。

　　電車上的時光有如渡日如年，就在感覺近乎要喘不過氣時，新宿站終於到了。

　　說來奇妙，下車後我猛吐了好幾口氣，彷彿是身體啟動了自癒能力，開始自我調整，將所有不屬於我的氣一股腦全吐出來般。我覺得舒服許多，剛才的焦慮不安也一併消失了（深呼吸可以淨化身體）。

　　我的體質敏感，因此盡可能地避開人多的地方，因為別人的能量會與我的快速交換。不僅我的氣場被干擾，還會被動地照單全收他人的能量，因此容易感覺疲倦與不適。出國前，早已擔心會招架不住日本街頭的擁擠人潮。詢問依莉莎白老師我該如何保護自己？老師教導我，可以召喚「火龍」來淨化自己。看來回飯店後真的得試試召喚「火龍」了。

　　回飯店後，趁著女兒還未回來，趕緊整理她們的行李箱，才能挪出空間放置迪士尼的戰利品。待想起該喝點薑茶暖身時，只能買販賣機裡的蜂蜜檸檬熱飲罐頭，去去身上的寒氣。

　　周五是原宿和表參道美食行程。小叔喜愛美食，托他的福，我們將前往表參道上的米其林一顆星餐廳Ukai-tei享用鐵板燒午餐。

　　第一次上米其林餐廳，當然要氣質優雅，無懈可擊的出席。那就入境隨俗，學日本女孩的標準裝扮——長大衣外露出一小截短短的裙擺。我決定身著淺灰色高領羊毛衫，黑色褲裙和絨毛內裡的厚褲襪，再搭配深藍

色的合身長大衣。美中不足的是腳上依然是好走的布鞋，沒有漂亮鞋子搭配。

　　天氣依舊極冷，僅有4度，還飄下零星小雪花。雖然長大衣有50%的羊毛，但暖和度還不夠。冷風直接穿透單薄的褲襪，雙腳不禁打起哆嗦。Katie穿著一身可愛的Hello Kitty洋裝，她最能感同身受我的冷。

　　「還好我在褲襪外多穿了一件毛絨內搭褲。」她非常慶幸自己的明智之舉。搭電梯上四樓餐廳時，有位媽媽推著嬰兒車進來，我忍不住笑著跟Katie說：「媽咪好冷，好想跟baby借毛毯哦！」

　　午餐後，我們移到另一區享用甜點。服務生推來一車精緻可愛的甜點任君選擇，並以美麗的皇家哥本哈根瓷盤盛裝。望向窗外，只見烏雲慢慢聚集，小雪伴著強風飄落餐廳外的陽台，大家全跑到陽台上看雪照相留影。然而，怕冷的我已無詩情畫意的心情欣賞飄雪。

　　離開餐廳後，瞧見幾家商店的櫥窗布置偏年輕休閒風，趕緊晃入店內，想找件牛仔褲換上。但日本女生的骨架偏細，即使是31吋腰圍的長褲，我仍無法將自己塞進去，真是沮喪又無奈。出國前，曾看到日本計程車費率降價的新聞。那一刻，我超級想搭計程車回飯店換上褲裝。最後的下下策是，到Lawson再買件褲襪套上。

　　晚餐後的「汐留」聖誕燈光秀，是我最期待的行程。汐留Caretta Illumination聖誕燈光秀是少數幾個延續到2月的燈光秀。今年的主題打造出「藍色精靈森林」世界，中間有敲響精靈森林中心處的「精靈鐘」，8座高度不一的光牆便會產生共鳴，為精靈森林點亮奇蹟之光。

　　夜幕低垂，溫度持續下降中。氣溫僅有一度，但體感溫度大約是零下五度。冷風咆嘯襲來，我抓緊帽子，感覺身體凍僵再也承受不住寒冷了，趕緊躲入商店裡避寒。然而幾分鐘後，Katie哭喪著臉說：「媽咪，我扭到腳了，好痛喔！」這可怎麼辦呀？我自己可是泥菩薩過河，自身難保啊！一想到昨天擁擠的電車，以現在虛弱受凍的身體，實在沒力氣再搭電車了。我要求先生能否搭計程車回飯店？攙扶起腳痛的Katie，他搖搖頭說：

「我們在中城，回到新宿大概得花上一萬元日幣。不必再換其他線，撐一下吧！」

幸好電車上人潮不多，我和Katie還有位置坐著休息。我很擔心會因受寒嘔吐，於是默默請求拉斐爾天使的守護。回飯店後，我只能打起精神收拾行李，明天中午就得前往機場了。所有戰利品歸位，一切整理妥當早已是半夜1點半了。雖筋疲力盡到極點，癱在床上時，我沒忘記再次呼喚大天使拉斐爾前來療癒我和Katie的不適。

祈禱再次奏效，我一夜好眠，隔天一早醒來時竟已9點多。非常神奇的，我感覺安好，並沒有出現任何感冒症狀，既沒有頭痛鼻塞，也沒有喉嚨痛。在台灣時，我算是弱不禁風的。冬天早晨，僅只是早上騎摩托車送孩子上學，就很容易著涼受寒。

經過2天的極低溫氣候，衣著不夠保暖，沒有喝薑茶幫助血液循環，去除寒氣，還能平安無事沒有發燒感冒，對我來說真是奇蹟顯現啊！我確實感受到醫生天使，拉斐爾大天使的照顧！我深深相信，在睡夢中拉斐爾大天使一定來訪過，帶來療癒之光，讓我以健康狀態完成自由行，平安返家，也留下美好回憶。

既北海道之後，這是第二次在海外旅行時，深感拉斐爾大天使的療癒奏效。

花蓮大地震後的台北行

2018年寒假，計畫在過年前帶爸媽及小朋友前往花蓮散心，然後到台北看些創作，品嘗美食，待一晚再回高雄。東部火車票原本就難買，整個過程讓我繃緊神經，頭昏腦脹。好不容易買到去程車票，取票後又臨時決定改搭飛機前往花蓮，因為5個小時火車行程對爸媽太過勞累了。

我對孩子報告：「這一趟旅行，我們將搭乘5種交通工具。先搭飛機到

花蓮，坐一段火車到宜蘭，然後再搭乘客運進台北市中心，最後一天搭高鐵返回高雄。」「哇！這麼複雜！」交通工具各式各樣，訂票的程序複雜度非常高！還好有大女兒當3C小助手，訂票一樣樣搞定了。

然而計畫跟不上大變化。2月6號凌晨，電視上花蓮6級大地震的消息，在我們心上投下一顆震撼彈，我整個腦袋一片空白。樓塌地裂的畫面太觸目驚心，花蓮行即將在2天後成行，真是心有餘悸，慶幸逃過一劫。回過神後，決定如期出門旅行，母女三人就直接前往台北吧！

一夕之間計畫全部變更，5人行縮減為3人行，交通、住宿全得取消重新訂。一封封取消和重新預定的簡訊令人眼花撩亂，我的理智在搶票、取票、退票的程序中一點一滴的流失。「唉！我像不像旅行社上班的小姐啊！」電腦前的我苦笑自嘲。

時間緊迫，我分分秒秒地處於一心二用狀態下。晚餐後，整理好廚房，我回房間收拾衣物。迎接我們北上的是冷颼颼的強烈寒流，我叮嚀孩子一定要把最保暖的衣物塞進行李箱裡。

交代Katie快去倒垃圾，她卻還慢條斯理，試穿搭配從未曾露臉過的厚重冬裝。

我心急之下，脫口而出的竟是：「廚餘也要帶喔！」

「哈哈哈！幹嘛帶廚餘啦！」Katie跌坐地上大笑不止。一整天忙碌下來，疲倦的大腦，直接以短路的方式抗議該讓它休息了。

一連串暗號出現

這是第二次單獨帶女兒們外出度假。雖然台北有朋友在，但還是得自己搭捷運前往一些景點。我一向是先生眼中的豬隊友，只能倚賴方向感較強的大女兒帶路了。

心有餘悸尚未退去，行程未確定，可想而知我是多麼焦慮不安。高鐵上，我闔眼默禱，祈求天使們一路隨行陪同，保護女兒們的安全，賜予我靈機應變的智慧，提供我任何所需的協助。

抵達台北後，邊走邊討論行程，直到前往行天宮為這趟旅行也為花蓮祈福後，情緒才逐漸平緩，轉換為度假的輕鬆慢步調。親愛的天使們真的太了解我的心思了，2:33分，2:44分和2:47的訊息，再次叮嚀我祂們與我同在，要我放下擔憂，放鬆心情度假。

233：你已祈求許多揚升大師的協助，就如同你所祈求的，他們現在與你同在。

244：你被有力量的天使們圍繞，他們無條件愛你，無須懼怕任何事。

247：你所有的祈導正得到回報，保持信心！

發現實用旅遊APP

猜猜接下來天使如何實際幫助我呢？就在步出捷運站前，守護天使提醒我瞄一眼牆壁上，一張宣導「現在玩台北APP」的海報。天使的確在我身邊，在這完美時間點提供如此實用的資訊幫助我安排行程。

我馬上下載APP，發現內湖公園正有櫻花季。才2月就能賞櫻，真是令人雀躍無比。幾回出遊下來，女兒知道我喜歡賞花行程，二話不說全力配合，決定隔天一早先到郊外賞花，再回到市區用餐逛街。

一整排盛開的櫻花讓人心情繽紛，我們彷彿置身世外桃源。時光很愜意悠閒，母女三人沿著櫻花步道盡情拍照。下午4:44分，天使又捎來熟悉的444暗號，再次安定我的心。

就在計劃第三天行程時，天使突然在我腦海中塞入一個景點：「品墨良行」。

「品墨良行」是家賣紙的專門店，在我的口袋名單多年，但一直沒有機會造訪。我一時沒想到，因此確信是由天使提醒的。

造訪文創氣息濃厚的「品墨良行」時，女孩們在店內選紙製作筆記本，我則挑選材質特殊的紙，拍攝作品時可以當作背景紙用。最開心的是再度看到喜愛的陶藝品牌「小陶器」，這個景點可說是完美ending啊！

3天來的行程皆大歡喜，賞花、購物外並欣賞不少美麗創作完成充電。

深深感覺賞花和「品墨良行」的行程，皆是來自天使的指引。它們不在計畫中，但皆是我喜愛的旅行風格，彷彿是天使為我客製化的行程。

再一次領受到天使無條件的愛，祂們不只是保護我們，療癒身體病痛，也衷心希望我們能快快樂樂，享受生活中的樂趣。

韓國行奇蹟顯現

2019年暑假的韓國行是我感觸最深的。每回出國前的準備總讓我筋疲力盡。這次因大女兒「椎間盤突出」的狀況，我不但少了幫手，還得天天接送她去復健或上瑜珈，讓我心理及體力上都壓力極大。

我非常擔心大女兒是否能勝任這趟旅行，雖是選擇跟團，但最後2天是自由行。一想到出國後也不能放鬆，還得照顧大女兒，心中不免憂鬱起來，憂慮幾乎淹過喜悅。除了儘可能做好周全準備，加買她的旅遊保險，借了輪椅準備在機場使用，當然還要請求拉斐爾大天使的守護。

飛抵韓國第一晚，在樂天漢堡店用餐時，天使及時提醒我，抬頭仔細看看身後的精緻插畫。

Guess what? 我從插畫其中一角瞄到「angel in us coffee」路牌。於是知道天使捎來暗號，表明祂們已隨行守護。「angel in us」的涵義真是太令人放心了！我不得不讚嘆天使再次就地取材，給我徵兆的功力。

事實上，大女兒在第2天突然覺得腰和腿都不疼了，也不需要護腰。她的體力和在家時簡直是天壤之別。在家時，躺著休息的時間很長，或坐或臥，走沒幾步路就累了。但到了韓國，可以跟上大家步伐走一整天，晚上再搭地鐵夜遊也沒問題。體力比我好很多，好幾晚都是我先回飯店休息，父女三人繼續逛。

我一直很疑惑，到底是復健拉腰有成效，椎間盤突出的地方縮回去了，還是拉斐爾天使施展特強療癒力，讓大女兒回復健康狀態。對我來

說，這無疑是奇蹟顯現啊！

最後2天自由行，就在逛街時，答案終於揭曉。當我在街上發現一個可愛小天使的logo，才知道「angel in us coffee」原來是樂天集團旗下的連鎖咖啡店。

這一次除了感謝麥可天使去除我的恐懼，拉斐爾天使的療癒力，還要特別感謝力量天使為我和大女兒補充元氣，讓大女兒出外一條龍，勝任這趟旅行。全家人都放鬆地開心旅遊，也在自由行時造訪不少景點。行前擔心的顧慮一樣都沒有發生，僅留下美好的回憶。

4.11 加百列大天使

加百列（Gabriel）大天使是「信使天使」，名字意味著「神是我的力量」，有純淨潔白，帶金色光點的神聖光暈。祂是《聖經》裡唯一說話的天使，總是帶著一支喇叭宣達上帝重要的訊息，就是這位大天使宣布聖母瑪利亞懷孕的喜訊。嬰兒誕生的時刻，祂會到場監督守護。加百列大天使帶有女性能量，是位溫柔典雅的大天使，與白衣天使的形象相似。

加百列大天使也是溝通工作者的守護天使，祂會幫助他們將訊息傳給世界。祂能夠幫助你發揮最大的潛力，指引你明白自己今生的使命，引導你認識正確的人，幫助你完成使命。祂也會賜予你靈感，溫柔堅定的督促你採取行動，釐清思緒或建立紀律，一步步指引你，協助你去完成計畫，遇上阻礙時指引你找到合適的資源。

如果你想要表達內在的感受，或透過文字傳遞訊息，可以祈請大天使加百列協助你，讓你能夠更有靈感、更能專注地創作，同時為你吸引一切所需的資源出現。

任何與創意相關的職業，都可以召喚大天使加百列的協助。例如：作家、記者、老師、演員、編劇、音樂家、詞曲家、舞蹈家、建築師、科學家以及任何提升藝術的人。你也可以請求大天使加百列在這些事情上幫助你：

・生育能力和受孕
・領養孩子
・寫作或新聞工作

‧藝術創作

‧廣播和電視台的工作

指點書寫的所有程序

在書寫這本書的過程中,我真實感應到加百列天使的指引。

從一開始,加百列天使透過天使卡,明確告知我的生命任務含括了「創意書寫」。

然後,一步步帶領我按部就班去閱讀、蒐集資料、筆記、紀錄和天使的真實互動、歸納分類文章、校稿等步驟。祂會在我腦海中,督促我分配時間和精力來寫作,下一步該做出什麼調整,或是何處尋求資源,我才能在全職媽媽的零碎時間裡,自律又規律的善用時間完成這本書。這本書的誕生,加百列天使是最重要的幕後功臣啊!

加百列大天使也是我最頻繁感應到的大天使,因為書寫、瓷繪、陶藝創作全是屬於祂管轄的範圍。開始寫作後,我經常播放有關加百列大天使頻率的背景音樂,讓自己專注並和祂產生連結。在電腦前,我常常感覺到靈感源源不絕的浮現,適當的詞彙接二連三地在腦海中冒出來。或是完成一個句子後,會另有一個更合適的語句立即浮現,提醒我更改一下措辭。當寫作接近尾聲時,這個情況發生得更頻繁了。

也曾在半夢半醒的狀態下,腦袋中清晰浮出整個句子的經驗。幾回下來,我非常確信大天使加百列是陪伴著我書寫文章的。一如「寫作」天使卡上的圖片,**天使在身後輕輕握著作家的筆,注入一股能量到筆中**。只是當今時代,是透過電腦鍵盤。每一回,當我從家庭主婦身分抽離,利用有限又零碎的時間書寫時,天使必定立刻捎來933這個天使數字,提醒我的生命任務是和天使、揚升大師們合作,致力於在世界中產生正向的改變,帶來療癒力。

933:你的生命目的與揚昇大師們共同合作有關,以便在世界中產生正向的療癒與改變。

有一回，我印象非常深刻，加百列大天使在我腦海中塞入一段清晰的句子。

　　那天思緒枯竭，於是我請求天使協助，讓寫作繼續流暢進行。就在傍晚時刻，祈禱不其然的應許了。當時我正忙著烹飪晚餐，突然接到大女兒電話，要我提早去接她放學。匆忙將熱騰騰的蔬菜盛盤，待清洗的鍋鏟扔進水槽裡，抓起車鑰匙衝出門。上路沒多久後，一連串的句子突然從腦海中清晰地蹦出來。

　　日復一日的，天使與我持續的密切互動，讓我開始期待祂們的回應與訊息。上帝與天使們，雖然存在於另一個空間、另一個次元，但距離似乎不再那麼遙不可及。

　　我很快意識到，這段句子是來自於天使。怎麼說呢？因為，剛剛那陣小小慌亂，從廚房轉往車水馬龍的馬路，我的心思完完全全不在寫作上。天使道出的正是我心底深處最真實的感受。縈繞腦海中的這些句子是如此清晰，並以我慣用的詞句呈現好讓我理解。

　　在書寫這本書時，我一再體會這些細微的感受，與真實適切的指引。

　　4年前開始動筆時，僅只是斷斷續續記錄與天使互動的經驗，並沒有每天規律書寫。直到2017年，天使督促我該花更多時間在寫作上，將蒐集的文章資料分類或作筆記，這些都有助於列出大綱，或歸類分納已完成的文章。

　　2018年開學後，我付出雙倍的時間在寫作上。有好幾天，我幾乎無時無刻強烈感覺到祂的神聖指引，頻率比以往更頻繁一些。在我打理家務時，或是心思不在寫作上的時候，祂會簡短又切中重點地提醒我，這個章節別忘了加上某個觀念；生活上的小故事要歸類在哪一個章節；這句話再修飾一下，更生活化一點；大綱再重新整理；先寫哪一個段落等等。

　　當我依循指示修正後，347和433的暗號出現了，再一次應證祂們的確

指引著我。那些細微的感受真是非常奇妙，唯有親身經歷才能體會。

347：你與天使，大天使與揚昇大師們清楚的連結，已讓你非常準確地接收並遵循神聖指引。恭喜你並請繼續保持下去。

433：你完全地被天使們與許多鍾愛的眾神所圍繞、深愛與支持著。

加百列天使指引藝術創作

藝術創作的過程，有許多與腦袋、心靈、內心情感對話的時刻，亦有找不到解決細節的時候。知道加百列大天使掌管藝術創作後，我便時常召喚祂，請求祂的指引。學習陶藝後，我經常感應到祂捎來靈感，我明白那些靈光一閃，是來自祂們的建議，因為不同於我的構思。

第一次捏製天使燭台時，天使細長的雙手輕放在蓬裙上。我感覺她的腰部有點空洞，但不知該添加什麼裝飾，於是悄悄祈求天使指引。幾秒鐘後，很快地靈光一閃，拿起工具在腰部點上一圈圓點，再以陶瓷顏料彩繪成金色圓點。

那天下課後，正巧在網路上看到一篇有關加百列大天使的文章，有一句話吸引我的注意：「加百列大天使散發出金色光點的光芒。」哇！原來加百列大天使的確在上課時回覆我的召喚，指引我為祂的形象做了完美詮釋。

當你感覺思路枯竭時，為企劃案絞盡腦汁，為學校報告傷神時，召喚大天使加百列來指引你吧！祂會給你真實可信賴的靈感，但別忘了要帶著信任付諸行動。

天使們知道你真實的天分、熱情和興趣，也知道如何幫助你以這些個人特質來協助他人。祂們時時扮演著老師的角色，非常樂意協助我們完成計畫。

寫書動機和天使協助過程

當你跨出第一步，你所需要的一切資源將開始整合。例如：勇氣、靈感、新的夥伴和朋友、機會、技術、靈性智慧等。你必須先勇敢地跨出第一步，然後宇宙會開始指引你每一個步驟，提供真實的指引和資源，一步接一步的實現夢想。

——Mike Dooley（邁克·杜利）作家，演講家

2015年決定動筆寫這本書前，大約有一星期的時間，宇宙密集地以音樂、email、天使數字等各種方式來說服我，鼓勵我去實踐這個生命任務。

這些帶著愛的訊息，讓我心深處的自卑、不安、疑慮，一點一滴退去，取而代之的是相信自己做得到的勇氣。整個寫作過程中，我深刻領悟到這一點：「別害怕改變，上帝會賜予我們所需要的資源。當你踏上新的起點時，天使會握著你的手，陪伴你一起冒險。」

天使透過音樂鼓勵我

你知道嗎？天使會選擇特定的音樂來傳遞祂們的訊息。那陣子經常聽到我喜愛的歌手演唱鼓舞人心的音樂。在林俊傑尚未大紅大紫前，我已開始聆聽他的歌曲。

〈I am alive〉是由林俊傑和美國著名創作歌手Jason Mraz（傑森·瑪耶茲）合唱。歌詞非常激勵人心，宛如為我打了一劑強心劑。其中幾句歌詞我特別喜歡。

I am here to shine, and not afraid to fly. I get up, get up and keep trying. I am loveable.

I am alive

I know, I know Life worth living.
I keep on, I keep on giving.
I'am giving it all I got
And giving it my best shot
I get up, get up and keep on on trying
I am here to shine
And not afraid to fly
I am loveable I am invincible
I am tough enough
And I am ready to catch the falling sky
I am alive

我知道，我知道，人生是有價值的
我會繼續，繼續付出
付出我擁有的一切，付出我最好的一面
我會振作，振作，繼續嘗試
我要在此發光發熱
我一點也不怕，我要展翅翱翔
愛是我的力量，我是所向披靡的
我足夠堅強
我已能夠舉起塌陷的天空
我感到活力滿滿

　　在MV尾端，傑森‧瑪耶茲還說了一段感性談話：「It's never too late to
share your dreams, share them openly with the stars at night, and you will be surprised

how the stars, the universe, the world around you will deliver the dreams to you.」

在星空下，和宇宙分享你的夢想吧！任何時候都不會太遲！總有一天，你會驚訝整個宇宙和周圍的世界如何幫你達成夢想。（直到寫作後期，我才明瞭這就是和宇宙連線，或是和宇宙下訂單的概念。）

〈You Raise Me Up〉這首歌也很常聆聽。一次次的播放，一次次累積內心的勇氣。我全心全意信任上帝，相信有了祂的鼓舞，我能夠超越現在的自己，邁向另一個層次。猶如約爾牧師所說：「上帝不會讓我們面對我們做不到的事。上帝賦予我一個任務，必將提供我所需要的機會，資源，人脈，智慧。我是裝備好的，我只須倚靠祂，保持信心，相信祂會帶領我克服任何困難」。

有天，一封來自朵琳夫人的email，大大鼓勵了我寫書的意念。

郵件的標題是：「**When you share your story, you help others.**」（當你分享你的故事時，你幫助了別人。）

另一句話也同樣重要：**也許你內心渴望寫一本書來啟發眾人，也許你的心中有一本書想要與世界分享。**（What if there's a book inside of you that would inspire people. What if you have book inside of you that you would like to get out into the world.）

美國賀氏出版社（Hay House）的發行人認為：「寫書是與人分享知識最簡單直接的方式。」在簽書會上，人們總是懷抱感恩告訴他，他出版的書籍為他們的生活帶來巨大的改變。

接下來，一張「YES」的天使卡，終於讓我停止猶豫。

整合這些訊息的涵義即是：

Yes！下定決心寫書，分享你的故事吧！一切會依著神聖秩序發生著。不用擔心任何事，你所需要的資源會在適當時機出現，天使們會與你同在的。

早在2014年左右，我不斷的抽到來自大天使加百列的「創意書寫」這張天使卡。

創意書寫：騰出時間在日記中寫下你的想法，撰寫文章或一本書

另一張「Book」天使卡說明的更完整。

你的生命任務與書寫、閱讀、編輯相關，或是販售以靈性概念為基礎的書籍。

原來，這就是天使在協助我憶起我的生命目的。依稀記得，在美求學時，曾經在一個藍色星星紙盒中放進願望紙條。其中一個願望，正是寫一本書啊！

文字一直是我的好朋友。青春歲月時曾加入詩詞社團。畢業後，有段時間受陳樂融的《日安，我的愛》影響甚深，後來還迷上歌詞創作。「天使暗號」即是以歌詞創作分享數字暗號的概念。婚後，在育兒的忙碌中忙裡偷閒的書寫，紀錄生活裡的喜與憂。

年過40再次拾筆寫作，明顯感覺詞語不流暢，以及書到用時方恨少。曾經無比喜愛的詩詞，早被放逐至腦袋最邊疆的角落。畢竟，上了9年的藝術學校，再加上全職媽媽的角色，這一切全讓我對寫作越來越陌生，語文表達能力也僅僅涵概著生活瑣事，和對小孩嘮叨的功力。

某天，佇立在圖書館一排排書櫃前，一個不服輸的聲音悄悄自內心升起，也堅定地激勵自己：「這麼多人都可以寫書，為什麼我不能？我想我應該也做得到。」

即便如此，我仍然不知從何下筆，因此持續請求天使的協助。

一開始，僅只是斷斷續續地紀錄我和天使的互動。累積一些文章後，才開始列大綱，分類文章和歸納收集的資料。某天，我發覺資料太散亂了，該整理一下。接下來，天使很即時的指點我到7-11雜誌區，買了一本「如何做筆記」的雜誌。我依然記得當時看見那本雜誌的欣喜，真的有如即時雨般。

日後，我才察覺這些經驗正如同以下資訊。

朵琳夫人在《光行者手冊》中告訴我們應該聆聽來自高等能量的指引。

神與天使會給我們一個完整、按部就班的指示。不過，祕訣在於記得神一次只會提點我們一個步驟。我們所接收的指示，經常以重複想法的形式（或感覺、影像、字句，視我們靈性傾向而定），告訴我們去做「某件事」。這「某件事」通常看似鎖碎的小事：打電話給這個人、寫這封信、出席這個會議或讀這本書等。如果我們遵循指示並完成步驟A，以同樣重複的形式，我們會收到步驟B的指示。循序漸進地神一路指引我們實現自己想要的一切。

天使提供資訊

　　寫作的這些日子，深深感覺到資源不斷的在最恰當的時間點出現。

　　我擔心自己的靈性常識不足夠，無法寫出好文章，或是可信度不足，因此開始閱讀一本又一本的靈性書籍。每一次，當我需要更詳盡的資訊時，一打開書，總是看見當下最相關的訊息。幾回下來，我開始察覺到一定有天使在一旁指引，是天使指示我去翻閱特定的書籍。於是，我更常請求天使指引，協助尋找適合我閱讀的書籍。印象中，天使從來沒讓我失望過。

　　上圖書館時，琳瑯滿目的書有時讓我心急。要在短時間內找到適合又想借閱的書，有時需要點運氣。這時我會默默請求天使協助。天使會在我腦海中傳來訊息，要我前往特定的方向尋書（通常是靈性類別），並且指引我的目光去搜尋適合的書籍。很多時候，我並沒有查詢館藏，或有特定目標借閱哪本書，但天使總是指引我借閱相關書籍。以下這幾本的內容對我幫助頗大。

　　例如：《找到自己內在的光》、《33個天使陪我去上學》、《量子天使療法：結合天使與能量療法的療癒科學》、《看不見的世界教會我的事》、《向宇宙召喚幸福》、《天使之藥》。早在寫作初期，天使就已指點我借閱《你也可以成為暢銷書作家》，以便對自費出版有初步概念。

　　逛書店時，常會對某本書有一見鍾情的衝動，略翻幾頁後便毫不猶豫

地買下它。燕雪老師幫我做「靈魂記憶閱讀」時，一開始便提及寫書的過程，天使一針見血的點出我時常否定自己。的確，有個自卑的聲音不時在我腦袋裡嚷嚷：「你的文筆不夠好。」

考完國中會考的大女兒，曾經直率的潑我冷水：「媽咪，老師念了同學A++的文章給我們聽。比較起來，你的文章寫得不太好耶！」再一次的，天使感應到我的需求，指引我買下一本寫作工具書——蔡淇華的著作《寫作吧！你值得被看見》。

來自天使們的鼓勵與支持總是令人開心雀躍！我積極利用零碎時間寫作，記錄浮現的靈感。我享受在家的自由，也自律謹慎地規劃我的時間。有一回，我以天使卡和天使溝通，針對寫作，有否任何訊息給我？

天使這麼回答我：極佳的點子！是的，你的點子是由神聖所引導的……請採取行動，讓你的想法開花結果。

另一次，是由我熟悉的大天使麥可回答我的問題，其訊息依然是再適切不過了。

大天使麥可說：「水晶般清楚的意念-清楚地知道你想要的，並以堅定不移的信念專注其中。」我明白這是大天使麥可適時提醒我，在那段忙碌的期間，該試著調整時間，好讓寫作與待辦事項達到一個平衡點。

那陣子專注於陶藝創作。歲末時節，接踵而來的節慶和孩子們的寒假，每日的行程填滿了忙不完的瑣事，大大小小的安排與計畫。然而，心裡無比明白，我是迫切渴望能夠抽空寫作的，讓那份靜謐又充實的感覺，安靜地滋養我的靈魂。

我把這本書當作寫論文，過程中慢慢培養了勇氣、組織力、分類歸納等，這些是在藝術創作和全職媽媽的角色中無法養成的能力。

我喜歡與天使合作，祂們以全然的愛為出發點，隨時給予我適切又實際的協助和支持。一句話，一張天使卡，一個畫面都有可能是來自祂們的訊息。每一刻都陪伴在側的守護天使，當然也看見我努力。祂經常抓緊機會，利用天使數字向我展現祂的鼓勵。

重覆出現的447

447這個數字，總是出現在書寫告一個段落後，或是任何為此書所做的微小努力。例如：構思封面設計，留意版面排列，尋找出版社等等。

447：天使們恭喜並鼓勵你，因為你走在讓你所有的夢想完全成真的正確道路上。

2018年暑假，知道生活即將有重大變動，我該加快腳步，歸納整理寫好的文章。當我煩惱如何擠出更多時間寫作時，天使提醒我，將所有從圖書館借閱的書籍一併歸還，我手邊已有足夠的資料，不須再為續借書籍往返圖書館，這樣我就有更多時間寫作。非常實際清楚的指示吧！

天使也希望我開始接觸印刷流程。和爸爸工廠合作多年的印刷廠商，就位於婆家附近。某年暑假，我鼓起勇氣按鈴登門拜訪。開門接待我的，恰巧是爸爸的老朋友，讓我減輕不少緊張感。知道我的身分和需求後，爸爸的老朋友親切的給我許多實質建議，包含印刷、紙質的選擇，印刷的大致流程。就在我們相談甚歡時，天使在4:47分捎來鼓勵的暗號，嘉許我積極採取行動。

書寫終於在2019年暑假前進入最後階段。關於天堂及轉世投胎的章節，需花大量時間閱讀和融會貫通，我的進度明顯放慢。同時間，天使提醒我該篩選一下，哪些文章是最想放進書中的，或是精簡某些篇幅，有些則可以整合在一起。

天使懂得我的遲疑，擔心資訊不周全。我清楚感覺到加百列天使的協助，祂經常提醒我該補充什麼？去哪一本書看哪一段。拼湊哪一段到哪個章節。好幾本旅美期間看的書，早已遺忘看過什麼重點，幸好有天使貼心提醒我再次翻閱。

除此之外，當我在街上奔馳，腦海中若有似無浮現一些句子時，天使們再次將933車牌號碼的暗號送到我眼前，表明我的生命任務是要與他們合作，祂們會一直與我同在，協助每個環節，要我別擔心任何事。

印象非常深刻的是，有一次我的祈禱在同一天快速得到應許，讓我感

覺很不可思議。那天早晨，我照例祈求上帝派遣可以協助我的人選進到我生命中。當時，我已開始留意出版社的風格及排版方式，也鎖定了幾家出版社。心想是否該請曾在雜誌社上班，有出版社人脈的安妮先幫忙打聽一下。

沒想到，當天下午安妮就主動捎來訊息，關心我接洽出版社是否順利？這真是太神奇了。我明白這一定是天使在安妮耳邊低語，請她和我聯繫啊！平日都是和安妮話家常，從不曾提到出版社的事。當我告訴她，當天早上我才為此事祈禱時，她也十分驚訝：「好巧喔！我突然想到該關心一下你的寫作進度。」

我心儀的那家出版社，正是由她朋友的媽媽經營，她立刻幫我詢問朋友一些基本問題。我很快得到回覆，這家出版社只負責印刷，並不符合我的需求，不需列入考慮。

宇宙看到了我努力趕稿，修正細節讓內容更流暢豐富，也看見了我因還未想到書名擔憂不已。祂們提醒我靜心冥想並和宇宙連線，就能得到關於書名的解答。事實上，書名幾乎是在交稿前一周才想到的，其中的關鍵字「幸福旅程」即是冥想得來的。

上天的確在每個階段派遣個性親和，具專業知識的貴人分享經驗，為我解惑。

就在準備交稿前，另一位貴人出現了。

經由伊莉莎白老師牽線，認識了剛剛幫老師出版新書的新朋友李豪(註)。同樣是老師的學生，我們在靈性方面上的溝通上完全接軌。他非常親切隨和，除了耐心解答所有我提出和出版相關的問題，並安撫我的焦慮。他告訴我，只要配合出版社按部就班去準備，就能夠一一完成，將書出版。知道我的願望是將書銷售到海外華人圈，他也祝福我能如我所願。

某一天，我為自己設定了封面設計的進度。一直想嘗試書的封面設計，但畢業後就很少碰平面設計，這方面的能力早已遺忘了。挑選好封面照片但不確定如何應用。我決定去趟圖書館充電。看著一排排琳瑯滿目的

書籍，我立刻獲得封面設計的靈感，感覺收穫不少。回家後，繼續專心趕稿，也到公園冥想，請求加百列天使繼續賜與靈感。Guess what? 一整天下來，天使向我顯現無數個47的暗號。

早上有7:47分、11:47分，下午有1:47分和3:47分。

綜合這幾個暗號的意思是：你正走在正確的方向上，你與天使、大天使有清楚的連結，你已非常準確地接收並遵循神聖指引，恭喜你，請繼續保持下去。

本來預定2019年12月交稿，但是一想到歲末一連串的節慶活動，春節和寒假讓我掙扎好久，擔心若在此時交稿必會分身乏術，忙不過來。然而，內心還是渴望趁女兒放寒假前專注趕稿。

聽見我的禱告，2020年一開始，上帝很快應許我的心願。我自己上緊發條，天使也讓我的思緒暢通，常常提點我做哪些修改。因此，我幾乎時時刻刻都在腦海中編輯文章，一心一意只想坐在電腦前打字，恨不得有人幫忙處理家庭主婦的瑣碎雜事。長時間打字導至我的肩頸酸痛不已，也深深體會必須更懂得照顧自己，才有體力跟上神的帶領。

誠如信義老師所說：「思想不屬於我們。」因為頭腦裡這些來來去去的思想和聲音，有些是來自宇宙，來自諸神菩薩或天使。當然，你可以不加理會，但我選擇聆聽這些值得信賴的聲音，再經過我的頭腦消化、重組一番，再將這些聲音化為文字。事實上，在2020年3月，聯繫出版社後，我開始另一階段的校稿及內頁平面設計時，加百列天使依然持續的捎來指引。祂明白我的想法和自我要求，想要呈現乾淨，timeless的感覺，還指點我添加創作上常用的小元素，延續封面上淺藍色的應用。我完全領悟了朵琳夫人所說，當她出版書籍時，大天使加百列是個很稱職的經紀人。

如今，當我再次聆聽〈I am alive〉這首歌，內心有一份難以言喻的感動。

最難得的是，〈You Raise me up〉的主唱人馬丁・賀肯斯（Martin Hurkens）於2019年12月來訪台南，為聖誕節一系列活動開唱，我當然是親

臨現場聆聽。當主辦單位臨時開放合影，我衝上台與他合照前，還找到機會親口說出對他的感謝。他的歌聲鼓舞了我寫書的意念，意義深遠啊！

書寫這本書的過程，我完整的經驗了這句名言：

「當你真心渴望一件事時，整個宇宙的力量都會聯合起來幫助你完成它。」是的，我確實和宇宙分享了我的夢想，宇宙也以神奇的方式帶領我寫完這本書。

註：李豪

埃洛希姆智庫有限公司負責人。李豪白光神祕學，和獨角獸色彩靈數創辦人。聖目之書身心靈媒體創辦人。英國天使靈氣和神聖月光獨角獸靈氣高階療癒師，靈性直覺牌卡占卜師。

我不要去拔牙短詩

多年前一個寒流來襲前的周末夜晚，先生、Katie和我，心滿意足地走出薑母鴨店。路經寶雅時，先生問Katie：「要不要去寶雅逛逛呀？」

幾分鐘前，Katie才向我抱怨，她的門牙搖搖晃晃的不聽使喚，啃不動鴨肉。

回家後，靈感突然源源湧現。「寶雅」和「拔牙」的音很相似啊！我在2小時內，完成一篇以「雅」這個字為靈感，虛擬了我問Katie要不要去「拔牙」的對話，繞著「食物」架構，以口字旁辭彙組合而成的短詩。至今我依然相信，在創作當下一定有大天使加百列臨在，才讓我帶著莞爾一笑，迅速完成這篇短詩，也在Katie換牙時期留下有趣的回憶。

我不要去拔牙

「要不要去拔牙呀？」
我嘟著嘴回答說不要
我的門牙還不搖

「你要去拔牙喔？」
我說下課後要去寶雅
你卻聽成要去拔牙
是今天風太大 佳被吹走了
所以你聽成拔牙？
我的頭無奈搖了搖
哼 就是不要拔牙
只要不張開口
誰都拔不走我的牙

「快來吃香噴噴的咖哩飯！」
可是萬萬沒想到呀
咖哩飯裡竟有雞胸的許願骨
就這樣 我的門牙被拔掉了
我的頭無奈搖了搖

你嘮嘮叨叨催我吃飯
不能像baby咿咿呀呀飯來張口
只好嘆口氣
用吸管喝喝奶茶啃啃吐司
我的頭無奈搖了搖

聖誕手繪點心盤

　　儘管因背痛不適，已向瓷繪老師請假，但午休後仍然搬出顏料，想嘗試畫畫Xmas禮物盒的效果。繽紛熱鬧的xmas時節一天天接近。我萌發一個想法，何不畫些聖誕系列瓷盤來販售呢？家庭主婦身負營造家中節慶氛圍的重任，何不以美麗的瓷盤，讓聖誕餐宴多一份細緻優雅？

　　我構想了一小段文宣：

　　節慶中，每一個細節都該美麗繽紛

　　餐桌上，美味點心營造一份幸福感

　　以美麗的瓷盤，增添一刻感動

　　妝點主人一絲優雅品味

　　讓歡樂是瞬間也是永恆

　　設計美學，就在生活裡

　　在圖書總館，我埋首於一大疊國外雜誌，拼命吸取資訊和靈感。旅居美國時，一直很喜愛的高級家飾店，有著現代風格且不失典雅的Pottery barn和Crate&Barrel，也從記憶中悄悄冒出。一家英國餐盤設計公司，非常有創意的以現代珠寶排列成動物圖案，這些全都悄悄內化成為我的靈感。

　　在餐具店裡，發現一只6吋的骨瓷小圓盤很特別，外緣有一圈好似珍珠的點點浮雕。我想這圓盤挺適合盛裝點心。一向偏好簡單大方，精緻的現代感，既然紅色、綠色是不可缺的基本色，就以類似色調來表現高雅的質感，帶出聖誕氛圍。

　　取出粉紅珠光色陶瓷顏料，順著曲線形狀淡淡拍上一層，似乎有了那麼一點夢幻美。內層較小的圓點，則以金色點出高級的質感，順著V字形的圓點，以線筆輕輕勾勒了一個愛心，瞬間呈現一條愛心項鍊。（請見彩色頁作品圖）端倪著盤子，我心想：「啊哈！如果畫上藍色，豈不是有了Tiffany項鍊的感覺呢？」坐在餐桌另一端，公主派的Katie，正在大圓盤上

開心畫著金黃色皇冠。

Katie超級喜歡我剛完成的愛心盤，不停央求我再畫一個盤子送給她。「那是給公主用的喔！」她一臉正經地聲明。

客廳空間不大，無法擺放聖誕樹，就畫個「聖誕樹項鍊點心盤」應景一下吧！

回想起藝術大學的課程，製作一系列作品時，必須一併考慮到使用者的性別及年齡層。以穩重高貴的古銅色來搭配綠色，和粉色盤的金色搭配得宜，增添精緻感，也是適合男主人或男賓客的色彩。

藝術創作果然具有療癒效果。成品帶來的滿足感，讓我暫時忘卻肩頸的疼痛，也有效轉移了不適的注意力。愛心項鍊瓷盤Po上臉書後，大受朋友好評與讚美，這大大提升了我的自信心。這組聖誕餐盤，是在課堂外獨立設計完成的第一件瓷繪作品。設計餐盤真的樂趣無窮，我的心滿溢著創作的單純喜悅。

天使捎來鼓勵的暗號

隔天送大女兒上學後，回家路上才轉個彎，477的車牌隨即出現在眼前。下午還見到444車牌。我為新想法——畫Xmas plate for sale興奮不已，在公園散步時，心中若有若無的希望看見暗號。幾分鐘後，一輛333的賓士從身邊呼嘯而過。經過市場時，47的摩托車就在左方。我很開心收到來自天使的鼓勵。

幾天後，帶著聖誕餐盤，忐忑不安來到樓下的費奧納咖啡館，想與老闆Jack商量將聖誕系列餐盤放置於櫥窗，接受訂製的事。

認識老闆約8年了。那時剛搬來高雄不久，大女兒4歲，Katie才一歲多，當時我獨自在異地照顧2個幼女，憂鬱症悄悄出現了。接大女兒放學回家的路上，必會經過他的咖啡店。推著娃娃車裡的Katie，一旁跟著大女兒，我常常是一臉憂鬱，緩緩走過他的咖啡店。在窗邊泡咖啡的老闆，總是抬起頭來，給予我最真誠開朗的微笑。雖不常至咖啡店用餐，但偶爾過

去總是感受到他的親切與溫暖。

　　Jack很爽快地答應我了請求，他說：「先拿過來展示，以後再送給我吧！」他既不抽成費用，也沒有打算收下我送他的聖誕餐盤。

　　11月底某個下午，我將盤子擺進café Fiona。周五咖啡店內不如以往的熱鬧，一絲絲冷清倒是減少我的緊張感。老闆Jack放下手邊的事，帶著親切的微笑前來關注。我小心翼翼地將盤子擺放在展示架上，將它們轉向窗外。Jack一同與我步出咖啡店，在櫥窗前一起細細欣賞聖誕餐盤。

　　他為我喝采：「恭喜妳做到了！」簡短的一句話讓我倍感窩心與溫暖。

　　我想起了約爾牧師說的一句話：「**不需要贏得所有人的認同，只要對的人認同支持你就夠了。**」

　　447似乎出現地更頻繁，333也出現了。一早繃緊了神經趕路，得讓大女兒在7:30前到校，沒想到前方有輛車無敵龜速，讓人急得只想猛按喇叭。定睛一看，車牌卻是333，原來是天使送來暗號，讓我無法忽視。最令我訝異的是，在路口停下來等紅綠燈時，天使提醒我望向前方的天空。原來，前方的大樓屋頂，懸掛著出租辦公室的布條，而電話號碼是以333開頭的。

天使又幫了我一個大忙

　　到市場拿取訂購的盤子，發現盤上的點點浮雕很不明顯，與第一次買的品質相差甚遠。不僅立體感不夠，連在圓點上金色顏料都會相當吃力。

　　回家後，為了盤子的品質而焦慮不已，不知上哪兒找一模一樣的盤子？

　　今天是Katie只上半天課的星期三，時光飛逝且忙碌緊湊，更讓我繃緊了神經，感覺分身乏術。我的腦袋與行程，在全職媽媽與Soho藝術工作者之間不停的切換著。

　　中午出門接Katie前，心中默默想著：「找盤子這件事，不知天使是否能幫得上忙？」就在前往學校途中，突然一輛333的摩托車從左方呼嘯而

過。早已熟悉暗號的我，心情瞬間由憂慮轉為喜悅，清楚地知道天使早已知曉我的心事，也將會伸出援手。

幾乎是同時間，我的腦海中閃過「佳洲」這兩個字。那是另一家餐具店，因為位置較遠只去過一回。天使傳來的訊息讓我開心不已。接到Katie後告訴她，午休後我們得去一趟餐具店。

午休後，帶著我的小圓盤來到佳洲餐具店。我詢問店員是否有相同的圓盤，他馬上領我進到店裡查看。當他找出一模一樣的圓盤時，掛在我臉上的微笑大概是要咧到天邊了！請店員幫我訂購10個盤子時，我依然還沉浸在難以置信中，只感覺真是太神奇了。一如書上瞥見的一句話：「**當我和天使連結上時，一切事情都變得容易許多。**」

12月中旬，老闆Jack終於稍來我期待已久的好消息──我的盤子大受好評。

「有客人詢問訂製價格？可否客製圖案或寫上文字？」

「有個大男孩想到店中慶生，希望能以聖誕餐盤來盛裝他的生日蛋糕。」

「另一位女孩在費奧納咖啡店的臉書上留言，想詢問訂製價格？」

這些好消息真是令人太開心了。

雖然，最終因為沒有訂購到相同品質的小圓盤，只得取消接單計畫，但是自信心已因為這個project提升不少，知道我又往前邁進了一步。

我的天使諮商

2015年，和天使課的伊莉莎白老師（註1）約好天使諮商前，我很忐忑不安。

有過幾次算命的經驗，我不知「天使諮商」和算命有什麼差異？應該詢問哪些問題？後來，我向老師提出疑問：「天使會調閱我的生命藍圖

——阿卡西紀錄^{（註2）}嗎？」老師回答：「守護天使很了解你，祂可以不需要調閱你的生命藍圖喔！」

　　靜默中，伊莉莎白老師直接與我的守護天使溝通接收訊息（天使會透過畫面和文字傳遞訊息）。

　　首先，老師感應出，我的守護天使是在有明顯女性能量的「漢尼爾大天使」屬下工作，掌管和「美」相關主題。上帝指派掌管和美學、藝術相關的天使給我，感覺非常合理。漢尼爾大天使具有纖細敏感的特質，很適合引導我注重細節的藝術創作。

　　我也想知道我是否走在正確的道路上，天使有何建議給我？當時，我已經開始著手寫這本書，但僅止於紀錄與天使的頻繁互動，還未歸納分類。對於書名，何時出版，心中有太多的不確定。創作上則剛完成「聖誕手繪點心盤」，打算在聖誕節前接單訂製。

　　陶瓷彩繪令我迷於，也希望能發展成為副業-教學或是繪製餐盤販售。於是，老師請我抽張天使卡，我抽中了「隱藏的祝福」那張卡。老師的解讀是：「**天使要你知道，這一切都蘊含了祂們的祝福，是藉由祂們的牽引，讓你的人生提升到另一個新的境界。**」

　　我很開心也很感動這是來天使的祝福，更瞬間明白，為什麼在陶瓷彩繪體驗課的前一晚，我內心極度渴望畫個小天使。

　　瓷繪老師是大女兒同學的媽媽。與她相識，進而學習陶瓷彩繪，都讓我隱約感覺冥冥中有上天牽線。陶瓷彩繪創作，在面積不大的杯盤上，應用了「平面設計」的基礎，對我來說並不難。

　　關於藝術創作的大方向，「不要設限」是在那一次諮商中最重要訊息。坦白說，日後專注於捏製陶土天使時，我才明白這訊息帶來極大的意義。天使還特別叮嚀我：「**將自己的能量頻率調整好，維持祥和平靜的心情，依照你的想法去創作，不要限制自己或素材。過程中，先不管旁人是否會喜歡，或者作品能否有商業價值，只要你覺得美麗最重要。唯有秉持這樣的信念，才能創作出最好的作品。**」

「不管是設計天使飾品，或是依據其特質為12位大天使設計盤子都好，天使們也會希望你這麼做。」

「妳的藝術創作風格偏向注重細節、精緻化、重質不重量。妳的作品會讓人感覺到貼心，想要收藏並好好呵護！」伊莉莎白老師微偏著頭，試著想出適當詞句詮釋天使傳遞的訊息。那一刻，我完全相信老師的確與我的守護天使搭上線，正以意念溝通中。

作品的細節及質感確實是我最重視的。在藝術大學上課時，有位老師認為我的風格雖然簡約，但賦予細節上變化及和諧搭配，是有能力讓作品呈現出精緻度及和高級質感的。

當我閱讀《每一個否定，帶你更接近肯定》這本書時，我才理解天使希望我以正確的心態去創作是有原因的。朵琳夫人依據她二十年的創作經驗寫下這本書，她和我們分享：

「一個真正受啟發的藝術作品是直接來自藝術家的靈魂。它是純潔的眼光與靈性的表露，帶有完全投入的情感以及清晰的陳述。當人們期待因為他們的創作而得到獎賞（金錢、讚美、升遷），他們的創作能量會降低，帶走創作的內在喜悅。這是因為他們聚焦在成名獲利獎賞，而不是去聚焦他們內在的感受和靈感。」

諮商近尾聲時，發生了一件有趣的小插曲。來自天使的訊息，精準地令我和老師都訝異無比。伊莉莎白老師突然提起，上個個案的守護天使名字是「Fiona費奧納」。然而在那當下，老師並不確定是否有「費奧納」這麼現代的天使名字（天使有數以萬計個，要認識每個天使，知道他們的名字並不容易）。直到有一天，電子信箱中出現一封署名來自「費奧納天使」的郵件，她才確信真有「費奧納天使」的存在。

當時正值11月，我的聖誕彩繪盤已經擺在「Fiona cafe」費奧納咖啡店的櫥窗裡，準備接受訂製。我想徵詢天使的意見，是否該尋找其它地方擺放我的作品？

老師一臉恍然大悟的對我說：「哇！我懂了！原來是你的作品就擺

在「費奧納咖啡店」。我正納悶著，天使怎麼再次提起「費奧納」。天使的意思是：「你先把作品擺在那就好了！」天使認同我的決定，真是太棒了！我也放下心中的牽掛，不必另找不熟悉的咖啡店寄放作品。

最後我想知道，櫥窗裡那組餐盤，依當時一個盤子500元的訂價，是否有機會售出？Guess What? 天使秒懂我的心思，更一針見血說中我的堅持：「你是不是對價錢有些堅持？如果你願意稍微調降一下價位，應該可以售出。但是，這並不表示你永遠要維持在低價位。現在你還算是學徒的身分，日後當你的畫風更熟練精湛，你就可以將價錢調高了。」當我聽從天使的建議，將價位調降到300元，餐盤就賣給一位朋友了。

關於出版這本書，天使則希望我不要給自己太大壓力，急著在哪一年出版。因為，**天使們預知了，在未來我和祂們將會有更多的互動，可以記錄在書中。**

天使將繼續給予指引，守護著我的未來，這是多麼令人安心啊！天使還要我多多注意身邊的徵兆，我也會明白那些是來自祂們的訊息。

在2018年回顧起天使諮商，我才明白天使的建議對我的創作非常有益，切中要點並符合我該注意的事項，尤其是「不要設限」這個訊息帶來極大的意義。天使果真明瞭我的「生命藍圖」，祂早已預見我的創作會走向「療癒系」風格。

在諮商當時，我認為不可能的事，在學習陶土後慢慢的按部就班做到了。我很清楚並不想效法其他同學，只是捏捏杯盤或碗等日常器皿，只為滿足親手製作餐具，添加生活情趣的想法。我的目標是天使相關創作，最好是能夠成為這本書的周邊商品，以具體作品來引導大家將求助天使的意識帶入日常中。

「不限制自己或素材」這個絕佳建議，讓我勇於創新，有更多自由度，並思考如何組合不同材料，更適切地呈現出天使的純潔美感。至今我已完成6件天使作品，涵蓋了首飾盤、燭台和音樂盒。期盼我的作品與有緣人結緣，真正帶來療癒的效果。

註1：伊莉莎白老師（Elizabeth Chou，周珮羚）

    2010年與大天使麥可連結後，成為光之神聖國度的訊息管道。在台灣傳遞15為大天使與揚聲大師的訊息，帶領天使靈氣工作坊，並且提供天使與指導靈個案諮詢的服務。2014年前往英國取得天使靈氣（Angelic Reiki）教師認證，回台後帶領天使靈氣工作坊。2015年在大天使漢尼爾天使指導下，傳承了來自獨角獸王國的獨角獸靈氣（Unicorn Reiki），同年完成黛安娜‧庫柏白光學校的訓練，成為華人地區教師。

註2：阿卡西紀錄（Akashic Record）是宇宙進化和靈魂旅程的資料庫。其中的阿卡西一字，是由梵語Akasha音譯而來的，意譯為天空、空間或乙太。

「Tea Time with Angel」陶瓷彩繪

    靈魂深處的聲音告訴我，下個project不該只是配合節慶，不再只畫花花草草，也一直有想畫天使羽毛的念頭。我想創作更具意義的作品，提升到更高一點的層次。「Tea Time with Angel」杯盤，是因為感動於「天使之愛」而創作的，對我是件別具意義的作品。蝴蝶和羽毛都是天使在身邊的徵兆，因此，主角是蝴蝶和羽毛，花朵和藍天是配角。

    某個專心寫作的早晨，當我回到現實，外出至銀行辦事，才一出門，就見到一輛47車牌車子從隔壁棟大樓車道出來，我忍不住微笑謝謝天使的鼓勵。以天使卡詢問天使，請求賜予靈感。我滿心期待，希望與藝術創作相關的加百列大天使圖像會出現。果真，跳出加百列大天使的訊息，祂也希望我從藝術角度去引導大家正視天使的存在。

領導力Leadership：
「是承擔起你的領導力量與地位的時候，充滿愛地引導其他人」

天使支持我的選擇

構想初期，為了選擇描繪的花朵三心兩意。彩繪工具書翻了又翻，突然間，「荷包牡丹」的「心形花瓣」引起我的注意，心想以它來傳遞天使的溫柔之愛應該挺合適的。

隔天早晨，當我收到鄰居的早安問候圖時，忍不住開心微笑。因為，天使又送來徵兆了。圖片裡的花朵正是「荷包牡丹」！這，會不會太湊巧了點！這樣的巧合性，正是天使透過鄰居，傳來祂認同並支持我想法的訊息。

英國天使夫人，黛安娜‧庫柏（Dinna Cooper）在《啟動天使之光》告訴我們：「**當我們召喚天使的幫助時，祂們有時會給我們一個畫面或意象，告訴我們祂們正支持著我們的選擇。**」天使會透過同時性和巧合性的徵兆來暗示你，有關你的人生道路的訊息。祂們會以神祕又奇妙的方式來運作，讓事情順暢地往前推動。

羽毛頻繁地出現

天使不斷飄下羽毛給我們當作是一種信號。天使會引起我去注意當時的想法，並去祝福它。

完成杯子上的雲朵後，我為羽毛的畫法擔心了一下。送女兒上學時，心不在焉掛意著進度：「一定要排除萬難，抽空畫完羽毛。」雖然曾學過畫羽毛的技巧，但我早已忘記畫法了。回家路途中，發覺有輛333輛車緊緊跟在右方。於是，我知道天使在就身邊支持著，根本不必擔心羽毛不容易描繪。

說來神奇，我注意到羽毛開始頻繁地在身邊出現。

有紋理明顯，色澤清晰的大羽毛，也有毛茸茸的灰褐色小羽毛。每一次，羽毛的出現皆帶給我無限驚喜。彷彿是天使特意送來的禮物，好讓我拾起羽毛，近距離仔細研究羽毛的紋理，這是多麼實際的協助啊！不論是在日常活動範圍內，例如，附近大樓騎樓下，大樓中庭，走廊的紗窗上，

前往購物中心途中，於大馬路邊行走時……，天使都會把握機會將羽毛吹向我身邊，引起我的注意。

　　準備畫羽毛那個下午，我將天使贈與的羽毛全擺在桌上，細細觀察羽毛的方向紋理。聆聽著youtube上的天使樂聲，將自己的情緒、心思維持在最寧靜，平心靜氣的頻率，專注於創作上。

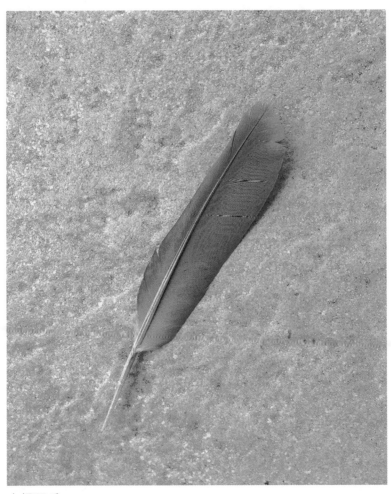

大根羽毛

橢圓筆適合畫羽毛前端的弧度；寬平筆的寬度和羽毛的寬度相近；細小的線筆帶出紋理細節。練習了幾回，終於抓住畫羽毛的訣竅。彷彿感覺到一個細微但清晰的聲音提醒我final touch：「配上幾筆金色小羽毛，添加天使溫暖金色光芒的意境。」最後，在盤子內側的邊緣寫上「angel is near」才算大功告成。進廚房準備晚餐前，我瞄了一眼手機。Guess whar?時間停留在4:47分。

447：天使們恭喜並鼓勵你，因為你走在讓你所有的夢想完全成真的正確路上。

備妥晚餐，天色還亮著，準備散步去安親班接Katie回家。出門前，下意識的期待會撿到羽毛。果真天使聽見了我內心的渴望，沒讓我失望。我幾乎是一路撿羽毛回家的。哇！一共有4根，從來沒這麼幸運過呢！包括今早看見的，我一共看見了6根羽毛。呵呵！這不是最佳印證嗎？羽毛出現時，是天使在身邊的徵兆。

發現白瓷天使雕像

作品完成後，準備拿到費奧納咖啡店和老闆分享，並討論擺放在櫥窗內的細節。老闆Jack顯然忘記與我有約，遲遲沒有出現。但我卻在咖啡店中有重大發現——一對白瓷天使雕像，竟然藏身在樓梯下方黑暗的角落裡。端倪了一會，越看越覺眼熟。那不是在多年前，當我的生活中僅只有柴米油鹽，曾經撫慰我低落心情的天使嗎？如今委屈在陰暗的角落，真是太可惜了。返家後，腦海中不斷浮現一個想法：「天使雕像應該和我的杯盤放一起。」筆記上寫下要和老闆商量的點子，也趕快加進這一筆。

準備將成品與大家分享前，不安與擔憂如烏雲般籠罩著我。擔心大家是否能接受有關守護天使的訊息。然而，天使再度透過手機時間，車牌號碼（114、147、144、475、111）和天使卡鼓勵我為信念勇往直前。

取出天使卡，想詢問天使們，是否有任何訊息要告知我？我很開心天使們即時為我打氣加油，支持著我。有了天使們的保證和鼓勵，我終於放下忐忑不安。

　　此刻正是我展翅高飛的時刻，不該退縮。保持樂觀正向的想法，將想法保持在最高的能量震動，釋放擔憂。我清楚考慮過，在決定與行動時，天使會保護著我。

　　大天使麥可：「清楚的知道你想要的，並以堅定不移的信念專注其中。」

　　大天使薩基爾：「柔軟你的心，帶著虔敬來看待這個情況，和涉及其中的所有人，包括你自己。」

　　再次和老闆Jack約時間聊聊我的新作品「Tea Time with Angel」，Jack微笑聽完我的創作理念。

　　「既然作品都帶來了，那就把它擺進櫥窗裡吧！」他這麼建議。

　　「可是，我還沒準備周全耶！描述天使的短文小卡，還不是高畫質輸出。」

　　「沒關係啊！等影印好再拿過來更換就好了。」

　　「那，可以將白瓷天使雕像挪到櫥窗邊，和我的杯盤擺在一起嗎？」

　　「當然可以。」他毫無異議馬上同意了。

　　Jack隨即起身，仔細將那對天使雕像擦拭乾淨，並拿了塊黏土黏在天使雕像的底座，讓它們穩穩立在櫥櫃上，擺在杯盤的兩旁。他還找到一個木製小畫架，讓我放置那張短文卡片。Jack友善的態度，讓我打從心底感到溫暖與感激。

　　白瓷天使雕像的翅膀是愛心形狀，擺在杯盤兩側，宛若慈愛的守護著我的作品。同樣材質的天使雕像和杯盤非常相襯，毫無違和感。這一切是如此的完美與順利，內心的喜悅真是難以言喻。

2016年5月20日，我悄悄為自己喝采，陶瓷彩繪的功力提升到另一個新層次。

深感與費奧納cafe的緣分真是奇妙。記得多年前，生活中僅只有柴米油鹽時，櫥窗邊的天使雕像，在我踏進咖啡店那瞬間溫暖了憂鬱的心情，撫慰了低落的靈魂。而今，那對有著愛心翅膀的天使雕像，成為「Tea Time with Angel」杯盤完美的陪襯。我為這一切由衷地感謝天使，沒有天使們的羽毛禮物和慈愛鼓勵，我是無法獨自完成這項創作的。

白瓷天使和Tea Time with Angel杯盤在Fiona cafe櫥窗

羅娜邀請天使喝茶

某個深秋早晨，我在羅娜夫人的第二本自傳《Angels at my Fingertips》中發現一段令我雀躍不已的文章。原來，羅娜也曾多次禮貌性地邀請天使一起喝茶。

有一回，羅娜和她的守護天使在臥房聊天。

「你願意和我下樓一起喝杯茶嗎？」羅娜對她的守護天使說。

「羅娜，我當然會和你一起去！你知道我一分鐘都不會離開你的。」羅娜的守護天使微笑回答。事實上，天使還將所有的聲音都暫時隔絕，好讓羅娜在喝茶時享有片刻的寧靜。

另一天早晨，羅娜意外看見2位美麗的天使來訪，祂們在庭院的椅子入座。羅娜帶著驚訝迎向祂們，拉開椅子坐下來詢問祂們為何來訪？天使回答：「我們前來告訴你關於我們的事。」

羅娜和天使們一同在餐桌坐下。當羅娜自顧自地喝起茶時，驚覺她忘了為天使們準備茶水而深感抱歉：「喔！真抱歉！你們想要喝杯茶嗎？我知道你們不需要喝茶的，是吧?!」2位天使微笑搖搖頭，其中一位還大顯幽默，瞬間變出一個茶杯並假裝喝茶。天使的模樣逗得羅娜開懷大笑。

羅娜建議大家：「下次，當你喝杯茶小憩時，不妨邀請你的守護天使坐在你身邊的椅子，請祂陪伴你，和你共享幾分鐘的寧靜。」

這正是我當初創作「Tea Time with Angel」的理念啊！

當下，我立刻放下書本，拿出我的羽毛杯輕輕擺在桌上，在心中虔誠邀請守護天使一起共度幾分鐘的時光。我試著深呼吸，讓自己平靜下來。不一會後，我感覺到身邊安靜無比，好似被一股深沉的寧靜的能量籠罩著。我百分百的相信，守護天使正在身旁陪伴著我。（作品圖376頁）

自從畫完羽毛天空杯盤後，我開始以另一個角度來看待藍天外的世界。內在深層已因為這次的創作發生改變，也相信和守護天使的連結更緊密了。當我望向天際，看見的不再只是變化多端的雲朵。我好想好想望穿天空，望進藍天外另一個次元。我已經明白，藍天外有慈愛的天父，有力量的天使們，摯愛的家人們，隨時看顧著地球上的我們，隨時傳遞訊息並伸出援手。愛，一直都在。

咖啡拉花版「愛一直都在」。咖啡越來越少，愛心笑臉依舊在杯底對我微笑

「秋之時尚」陶瓷彩繪

「秋之時尚」是另一個傾聽內心後的創作。

秋天是個多愁善感隨時埋伏的季節，該如何度過獨處的時光呢？對我而言，一杯茶，一本好書，戴上珍愛的飾品就已心滿意足。

看膩了花草杯盤，總想畫些不一樣的物件。五專時主修服裝設計，因此想挑戰自己畫些飾品元素。

翻閱服裝雜誌，細細觀察後，我在筆記本上畫下簡單墜子的項鍊和寬緣帽子。只是真正練習後，發覺帽子並不好畫，項鍊要注意長度的表現，在小碟子有限空間裡並不好拿捏。當我苦思還有什麼簡單的經典元素可畫時，天使提醒我問問從事服裝設計的朋友。朋友很快回覆我：「可以畫耳環啊！」我很開心接納這個絕佳建議。平日不戴耳環，難怪我沒想到。

對蝴蝶結情有獨鍾。在杯子上下筆後，發現難度在於保持對稱和大小的一致性（杯子的弧度較大，比盤子難畫一些）。書本是最容易畫的，以最寬的筆畫好書本長度即可。菱格紋包的線條練習了好久，才讓開合處的線條自然交錯。畫上菱形耳環，我很開心珠光色系顏料終於派上用場，完美展現飾品的光澤度。（作品圖377頁）

天使指點如何布置

準備將杯盤擺進費奧納咖啡店的櫥窗前，我煩惱著該如何布置。突然間「美的天使」捎來訊息，指點我去衣櫥翻出一件已塵封的格子短裙，我馬上順從。

端倪著那件珍愛過，但早已穿不下的淺褐色窄裙，我忍不住要讚嘆天使的美感和巧思。窄裙上也有蝴蝶結元素，裙襬上繡有一圈細緻典雅的蝴蝶結，淺褐色系的布料，搭配杯子上的褐色蝴蝶結真的很和諧。我把裙子當作桌布，將杯盤擺在上面，整體陳設呈現出一股溫柔氛圍，我非常滿意這樣的完美搭配。

「秋之時尚」創作於2016年初秋。然而，在2019年深秋一次催眠回溯中，我有重大發現。原來，我如此喜愛彩繪杯盤，和其它世的歐洲貴族身分，以及下午茶文化有極大關聯啊！

在這之前，我只知道有一世曾是英國貴族小男孩，然而這次催眠浮現的畫面，我是個貴族年輕女孩，這是我不知道的一世。

回溯時，我直覺那是下午茶時刻，身旁的小茶几上擺著漂亮茶杯。體質微虛弱的我，自己一個人捧著書，坐在洛可可風格的椅子上靜靜閱讀。身旁似乎傳來僕人在長廊走動的聲音，但皆與我保持一段距離不敢打擾我。

回溯之後，當我再次看著「秋之時尚」作品圖，一組雅緻的杯盤，一本攤開的書為背景，我忍不住輕輕嘆息。天啊！我的確是依循靈魂深處的記憶，畫出最喜愛的方式度過下午茶時光啊！

更令我訝異的是，一個個巧合接著出現。那幾天，因前世記憶的浮現而情緒翻湧，時而恍惚，時而沉思。當我尋求天使的訊息時，「記得你是誰」這張天使卡跳出來。是的，我真真實實的記起了我是誰。

就在記錄這一段時，我一時興起，起身去衣櫃翻出去年為自己選購的聖誕禮物。

看著那組粉紅色杯盤，忍不住要倒抽一口氣，更加確信那是由靈魂深處挑選的禮物。茶杯是由2種粉紅色塊拼接而成，還鑲有一圈金邊，既古典但又不失現代感。花瓣形狀的碟子很典雅，和我的「秋之時尚」小碟一模一樣。然後，我注意到包裝盒上印有一句廣告詞：「enjoy your me time」。這，不正是我最愛的「享受與自己獨處的時光」嗎？

當你有機會創作時，盡可能的聆聽內心及順從直覺。依心而行，不要猶豫也不要在意別人的眼光，或是過早擔心作品是否有商業價值。在創作過程中，好好地和「自己」待在一起，你會從創作過程中更認識自己，接納自己，這也是創作出個人風格作品的唯一方式。

天使祝福陶藝課

當我們召喚天使的幫助時，祂們有時會給我們一個畫面或意象，告訴我們祂們正支持著我們的選擇。

黛安娜・庫柏《啟動天使之光》

天使指引上陶藝課

不願意中秋連假只在吃喝玩樂中渡過，於是報名了「陶引工房」的剔花盤課程。雖然還沒空靜心創作，但我仍把握可以進修增強實力的機會。報名前，便期待能得到一些陶瓷創作的相關資訊，一解心中許多疑問。例如：釉上彩的作品是否能高溫窯燒？盤子是否會破裂？圖案和顏料是否會

溶解被破壞？

　　上課地點在百貨公司的開放空間。當天有許多攤位參展，不遠處的攤位還有歌仔戲載歌載舞，我完全無法靜下心來畫畫。課程僅有一小時，使用的工具及畫法都不熟悉，也未曾接觸過。一時間腦袋呆滯，實在毫無頭緒該畫些什麼？好不容易，想起練習多次的羽毛翅膀，於是勉強在盤子上刻畫了翅膀和幾個不同尺寸的愛心。

　　等待大女兒在隔壁攤位縫製皮件小靴子時，我正好可利用時間參觀「陶引工房」櫃上的作品。黃國維老師是「陶引工房」的負責人，他親切的為我解說陶藝的上色及製作技法。我把握機會，一股腦地提出陶瓷彩繪和陶藝的相異處，很開心得到更多知識。

　　連假後，孩子們上學了，我忙著四處採購，填飽冰箱，好讓它能善盡職責，餵飽下課後飢腸轆轆的女兒們。從7-11的麵包架上拿了原味貝果，折扣完正是47元。下一站，前往全聯超市。挑選肉品及豆漿後，總價一共是470元。47的暗號是再熟悉不過了。當我在街上匆匆行駛，車牌暗號似乎出現得更頻繁了，333、47全都冒出來。於是我知道，我踏出了正確的一步。

陶瓷小天使徵兆

　　我很快地打定主意隔周就開始上課。某天打開郵件時，發現有人儲存我喜歡的圖片，好奇之下，點進去一瞧究竟。

　　出現在眼前的是，一個圓型陶瓷掛飾，畫著簡單線條的可愛小天使。那瞬間我完全明白了。原來，這一切是來自天使的指引與祝福。前兩天才在五便士選購了2個白色陶瓷小物，打算用於聖誕節的創作。陶瓷吊飾和陶土課的關聯性真是再明顯不過了（天使會依照目前的情況，以你所能理解的方式或畫面顯示徵兆給你）。

　　接下來出現的天使卡，再次說明了我的直覺無誤。

　　「這一切，皆是來自於神聖的指點與安排。對於下一步，你有明確的

目標並持有信心。這是一個正面的大改變，你所該做的即是認知到你值得來自上帝的恩典與祝福。打該你的心，張開雙臂，以感恩的心去領受這一切祝福吧！」

午後3:33分，天使再度表明祂們的愛。所有的訊息，全都說明了一件事：**天使鼓勵我更多元的相關學習，所以指引我去上陶藝課。**

10月1日上陶藝課前，我抽了張天使卡。訊息如下：

「天使正傳達更多的鼓勵，祂們向你保證，在你的計劃裡，現在正是往前邁進的完美時刻。放輕鬆，每件事都照著你所希望的進行著。保持開放的眼界，繼續祈請天使們的協助會是好主意。」

接下來一周，天使們再次以天使卡的訊息鼓勵我上課。

「維持正向能量，樂觀想法，專注在你的夢想，並保持耐心，相信宇宙的神聖時刻。」

「現階段正是學習和收集資料的好時機。享受當一個學生的樂趣，因為在未來，你將把你的知識結合到行動中。時間就是一切，你的天使正指引你等待合適的時機。」

「一個來得正是時候，繼續往前邁進，做出正向改變的完美時機點。目前的狀況是你符合你的計劃和期待的。持續的保持開放心胸，並祈求天使的指引。騰出空間捐出不再使用的物品，為即將到來的正向改變做好是當的準備。」

哇！太精準了。天使卡的指引和生活中的現況太符合了。

陶藝課真的讓我暫時忘記全職媽媽角色，重拾當學生的樂趣啊！騰出空間放置新工具，積極找尋該用的工具，例如擀麵棍。或是進一步釐清顏料上使用的疑問，也想知道腦海中的靈感是否能夠確實進行。老師稱許我的認真，也肯定我在課餘時還抽空積極練習。這一周的天使卡，再次強調

我將經歷著被祝福的改變。

路上呼嘯而過的47、474、777車牌號碼，甚至是在人行道旁，驚鴻一瞥的小小褐色羽毛，我都清楚知道天使捎來了鼓勵與肯定。

周四上午的上課時間，是一周中我最空閒的時段。教室地點離家不遠，老師的作品風格是我喜愛的細膩、現代、簡潔，使用的日本白色瓷土也適合我的白色系天使創作（有些陶土是深棕色的不宜天使創作）。親切且有豐富教學經驗的老師，總是給予鼓勵，希望我持續練習，一試再試讓手感純熟，直到我可以獨力完成作品，不需要他任何幫忙。作品完成時，老師總是不吝於給出真誠的讚美。

有了陶瓷彩繪的基礎，如果學會陶土的應用，以後創作天使飾品的路線將更寬廣、更多元了。我衷心感謝天使的指引，讓我往前邁進一步。

我一直相信黃國維老師是上天派遣的貴人，也經驗到約爾牧師提到的：「你只需要對的人支持你。」老師是基督徒，總是相信我分享的天使事蹟。偶爾煩惱沒有靈感時，老師還會提醒我：「請天使給你靈感啊！」

在這個章節，我將描述在每件陶藝創作過程中，天使如何適時給出指引，協助我裝飾細節，或是在完美的時機向世界呈現我的作品。

相信我，天使的訊息，會以最適當的方法，你能了解的方式出現。

連結我的靈魂能量

你怎樣連結自己的靈魂能量，並找到在世上表達它的辦法？
——潘蜜拉・克里伯《靈性覺醒-使生命發光的約書亞與馬利亞靈訊》

在這一章，我將針對創作，如何依心而行和連結靈魂能量去創作的重要性。

我們必須捫心自問一個問題：「你怎樣連結自己的靈魂能量，並找到

在世上表達它的辦法？」

　　唯有靜下心來，和自己的內在好好對話，傾聽它的發言，我們才能真正一步步認識自己的想法、感覺、意念、經驗，然後讓靈感一次次重複出現，直到它越來越清晰，最後堅定地將它具體化呈現出來。久而久之，你會發現，追隨心的呼喚，留意內心的感動與聲音，會是阻力最小的創作捷徑。

忠於自己的本性

　　許添盛醫師在《我不只是我》這本著作中告訴我們：**忠於自己的本性，你做起來很自然的事，就是你擅長的事。**

　　上帝創造我們時，都賦予了每個人特殊的才華和天賦。找到這個特殊能力和興趣的方法，就是按照所謂的享樂原則或快樂原理。當一個人活在創造性的樂趣中時，他只是發揮他的能力。同樣的，如果人們找到生活中的興趣，發揮自己的才能，沉浸在創作的過程裡，那麼他會得到他所要的實質目的。

　　你來到人世間，並不是要為了你們有的東西而一直神傷，是要做讓你高興的事，並且把那些美好與其他人分享。我們都應該連結上自己的靈魂能量，找到自己的天賦，獨特的風格，專注發展它，然後將它和世界分享。

我的創作風格

　　我的作品偏向現代古典和療癒系風格，不喜歡在作品上添加過多色彩，盡量保留潔淨感。

　　創作理念是，和諧帶來平衡和寧靜，優雅是生活必備的質感和態度，簡約是在簡單中創造格調。

　　隨著規律分配時間在創作上，那些來自內心靈魂深處的微小聲音，似乎越來越清晰。

某天，我隨意瀏覽著Pinterest APP上的陶藝作品，為下個作品構思靈感。在眾多風格中，我特別鍾情一個造型簡單，純白色的愛心形狀戒指盤。突然間，靈魂打破靜默，明確的告訴我一句話：「我願意，將單純的美麗帶到大家眼前。」這清晰的訊息令我震撼了幾秒鐘。

一向喜歡白色的清新簡潔。好幾回，陶藝老師建議我多上點顏色時，我總是微笑搖頭拒絕，並堅定地回答：「我覺得維持白色比較素雅漂亮」。

獨創自我風格

在《別讓平庸埋沒你》這本書中，創意總監葛瑞・盧希娜（GolrizLucina）聊到「獨創自我」的定義：

當事物具有「真實性」，當你的創作來自「自己的藍圖」，當一切名副其實又真誠可靠時，這就是「獨創自我」的最佳寫照。

就在燕雪老師為我做「靈魂記憶解讀」那一天，重新喚起了靈魂深處我對天使的承諾。

在很久以前，我到底對天使承諾過些什麼呢？原來，是將天使品質的「真善美」和「療癒之光」帶到地球來。

多年來，天使和我親密互動的「真實」，總使我渴望著手與天使相關的創作，不論是哪一類型的創作，都來自於「自己的藍圖」。

開始上陶藝課時，先學習做簡單的盤子，然後陸續做了小碗、湯匙、花瓶等。看著樸拙的作品，我很快意識到必須作出抉擇。一周2小時的上課時間，沒有太多時間練習，唯有聚焦才能熟能生巧。我追隨心的呼喚，清楚知道我想創作和天使相關的作品。

對我而言，透過藝術創作來傳遞天使之愛是一件必做的事。我迫切希望和大家分享天使帶來的希望，平靜感和散發出的療癒能量。

剛學習陶瓷彩繪時，曾購買一隻身上有玫瑰花葉的白色瓷鳥。我在葉子上填上金色陶瓷顏料，但是刻意將玫瑰花留白，保持純白的色調。如今回首，原來當時早已為日後的天使作品塑造個人風格──白色的純淨，金色的神聖（金色圓點可以代表來自宇宙源頭的能量──黃金能量球）。

老師的工作室皆使用日本瓷土，素燒後是白色的，非常適合天使創作。技術上遇到瓶頸時，認真向老師學習，在不失美感的前提下，尋求更恰當的解決方式。作品還未成熟前，我不願放棄或僅滿足於次級品，一次又一次修正。不管是上釉的顏色，作品呈現的意象，一心想結合適當的技法，呈現出現代又精緻的美感，而不是一般陶藝的樸拙手感。

天使系列的創作，著重於簡約美感和細緻的裝飾，以表現天使純潔優雅的形象。在老師細心指導下，我一試再試，一共完成了6個大大小小的天使雕像。這份堅持，終於帶我走出一條獨創自我的道路，慢慢發展出偏向西方文化的風格-現代古典、優雅弧線、天使白色系。

這些創作過程，其實也幫助我完整接納自己。

五專時，順從媽媽，放棄美術科選修服裝科，我深知自己內向、保守低調的個性並不適合。我依然記得一位老師告訴過我：「你的風格太過素雅，不太適合讀服裝系。」我的手工真的不靈活，趕功課縫製衣服時還得請媽媽出手幫忙（媽媽比我還適合些，她可以將爸爸的西裝褲改成哥哥的短褲，碎布拼湊成一隻小熊）。

在舊金山藝術大學選修平面設計時，我完全沒有設計方面的基礎，因此學到的也是基本功力。學校同學來自世界各國，人才濟濟。每當課堂上，老師要求同學發言，提出對其他作品的建議時，我總是面紅耳赤不知該說什麼，因為我的能力比他們弱，實在無膽說出任何意見。

一直很喜歡包裝設計（Package design），也著迷於繁複的結構設計帶來的樂趣和視覺效果。喜愛輕柔淡雅的色調，曾讓我一度想往化妝品包裝這個方向努力。直到包裝設計課程的作品，漸漸展露出典雅簡約風格，也受到老師賞識，我才慢慢拋開自卑。

在校作品看似創造力普通，用色太柔和低調，這些特質都不易讓我的作品凸顯特色。然而這些缺點，在創作天使系列時卻成為優點，因為我能夠輕易駕馭白色系的美感，表現天使純潔又純粹的美。換言之，我終於將自己放在對的位置上，不再覺得自卑或自我批判創造力不足。透過選擇精緻的配件，裝飾細節去增添陶瓷天使的美感。我非常感激天使協助我看見潛藏的能力，也同時完全接納自己。

用藝術去感動人

嚴長壽的著作《做自己與別人生命中的天使》中，有幾段意義非凡的見解。

「用藝術去感動每一個需要的人，這時候你會發現工具不只是工具，生命從這一刻開始有了意義，世界這這一刻才是你的。」

「你們真正擁有的，不是一個謀生的工具，而是個感動人的工具。這個感動人的工具，除了用來謀生就業，真正重要的是，你自己是否曾被它感動？如果這感動人的工具，在你的胸中有股彭湃激昂的力量，你會不會急於將此工具用來感動別人，盡到感動人的責任？把藝術變成滋潤生命的工具？」

回顧這3年來的陶藝作品，不知不覺已發展出療癒系的風格。在聚焦練習下，我已經具備這樣的認知以及能力，將作品變成滋養生命的媒介，一個可以和大家分享，感動別人的工具。很顯然的，我自己的生命先被滋養了，並提升到另一個層次。

仔細回顧這些年來的各種創作，天使早已融入我的各式作品中。

2011年暑假，上了一堂劉旭恭老師的「手工立體書」課程。我製作了一整本「夢想中的家」的手工立體書，涵蓋所有房間，還刻意將小天使融入「庭院」那一頁，祈請天使守護我的家園。

與小蘑菇老師學插畫時，雖是以記錄女兒們的生點滴為主，但內心依然渴望畫出天使在日常生活上提供的協助，例如尋覓停車位，或是天使在耳邊低語提供方位指引的畫面。在那期間，剛好約了章老師諮商我的生命藍圖。看過我的素描本後，章老師馬上一針見血的指出，與天使一起的時候是我最開心的時刻。上陶瓷彩繪的體驗課時，我聆聽內心的直覺，在杯子上畫了小天使。創作這條路一路走來，我很幸運遇上多位親和，且保持開放態度的指導老師，讓我自由發揮創意，將天使融入創作中。

亞特蘭提斯的影響

閱讀《發現亞特蘭提斯》這本書後，偶然間發現，前世的思想依然存留在細胞裡，影響著今生的我。早在學生時代，我的創作風格似乎還保有「亞特蘭提斯」時期的記憶。

書中有一段話深深打動我：

「亞特蘭提斯的居民，包括祭司，都是愛家、重視家庭的人。他們的住家相當簡約，是圓形或長方形的房屋，並以自然材料建造。人們會運用風水學，所以一切都是弧形或圓形-因為人們相信這樣會使得人的心靈更為調和，也更能導入宇宙的能量。柔和的形狀同時也禮讚著陰性的法則：溫柔、關懷與包容。」

藝術大學期間，我的個人風格日益明顯，特別偏愛弧形曲線和圓形混搭。弧型的優美，圓形象徵圓滿和諧。當時，我僅以為是受到中國文化中圓融的影響。如今才察覺到這些元素，和亞特蘭提斯房子外型似乎有相同特色。

我曾經為開眼鏡店的長輩設計了一個眼鏡展示架，設計上結合了圓形、半圓形和弧線。我最喜愛的部分，是珍珠揹帶結合半圓形眼鏡盒，再以旗袍鈕扣結扣住。整體感很優雅也女人味十足，是我很喜歡的作品。

（詳見379頁）

歐洲貴族身分對我的創作影響

2019年秋天，在一次催眠回溯中，時空回到某一世歐洲貴族身分。

直覺到那是下午茶時刻，我是個年輕女孩。但身邊並沒有如油畫中，有一群盛裝，身穿蕾絲蓬裙，頭戴美麗寬帽子，在花園喝茶談天的女孩們。體質虛弱的我，一個人在書房捧著書安靜閱讀著。原來那時的我就怕吵，喜歡獨處，寧願安靜閱讀。

那一刻，我才後知後覺的領悟到，我喜歡彩繪金邊杯盤，陶藝創作大部分是點心盤，全和歐洲貴族的生活息息相關啊！那些高雅精緻的杯盤曾經在我生命裡佔了極大部分。直至今日，仍保有此習慣，享用小點心時，我會刻意拿出收藏的美麗小碟，或是換個精緻的骨瓷杯喝花茶。

靈媒蘇菲雅告訴我們：「不論我們投胎幾次，經歷了多少，在靈性上進展如何，我們永遠都是「我們」，每個人都是由全然的特質組成。我們的個性是我們本質的一部分，這些特質讓我們在「另一邊」的「家」和地球的每個轉世，認出彼此。」

光之工作者身分的影響

靈氣課上抽出的天使卡，明確告訴我，我是個「光之工作者」。

這個名詞讓我恍然大悟，為何總是莫名的鍾情於「光」，朝迷於「影子」。Photoshop課堂上，曾經做了一個人物的身分不同於影子的作業。其中一幅是Baby在地上爬行，但Baby的影子則是有翅膀的天使。融合以上這些特質後，終於明白我的創作總是淡雅色系或米白色居多的緣由，有時還略帶空靈感。

深信每一次的創作，都是讓我們更認識自己的機會，或是更接近自己的獨創風格，或者僅僅是釋放了內心深層的情感也無所謂。

冥想與創作

天使教導我，在一日之始便設定一天當中意念的重要性。

冥想適用於任何形式的創造。愛迪生與其他偉大發明家會進行冥想，直到他們接受到靈感為止。不少頂尖領導人，有每天早上數分鐘的「冥想」的習慣，蘋果創辦人史帝夫‧賈伯斯就是這方面的翹楚。

研究結果發現，受試者的心跳減緩，壓力感降低了，也變得較平靜放鬆。當大腦處於冥想狀態，就會和身體重新校準，協調同步，由心臟和所有器官接收療癒失衡所需要的能量。靜心冥想就和呼吸、睡眠一樣自然。只要花幾分鐘的時間，將心思從外面的世界拉回到自己的內在心靈，我們即能得到明顯的正面轉變。只約5至30分鐘的靜坐冥想，就足以幫助我們將心靈安頓下來，脫離日常雜事，減低壓力，進而提高專注力和提升創作力。

清晨時間充裕時，我會安靜坐在沙發上聽些冥想音樂，平靜地開啟新的一天。或是在忙碌的主婦生活中，聽聽冥想音樂，尋得片刻的喘息、放空，也調整自己的心情及思緒。我察覺，冥想後情緒變得較為平穩，可以感覺一股寧靜氛圍，也不再緊握負面思想和擔憂。換言之，冥想之後，正面思考就容易許多。

冥想是重拾元氣，幫助你調適心情的好方法。我非常認同香港首富李嘉誠這麼說：「先處理心情，再處理事情」。

無數個早晨，孩子們上學前的突發狀況，打亂原先的計畫，甚至亂了思緒無法專心開車時，我必須在返家後盡快微調好步調，暫時放下家事，聆聽冥想音樂將心緒穩定下來。接下來向上天禱告，祈求上帝天使們為我的日常生活提供協助，然後交託出當天的擔憂，信任祂們會在完美時機提供指引、解決大大小小問題，帶著正面心態相信一天能順暢度過。

養成冥想的習慣後，我漸漸體會到《天堂頻率》這本書中的理論。

如果你信任有一個更高的神聖力量正在引導這個流，相信這對你是件

正確的事，放下了一切掙扎去接納你所需要的經歷，那麼你身體的頻率、情緒的頻率及心智的頻率都會提升，並且體驗到每個階段帶來的好處。

頻率會依我們的思想與情緒做調整，經常靜心和祈禱的人有較高的頻率。當情緒穩定下來，我們的敏感度就會提高，比較容易感知到我們真實的感受。除了可以和自己的靈魂連結、對話，更有機會連結創造我們的造物主，甚至可以感覺到守護天使的指引，得到啓示的答案。

當我們冥想或聆聽冥想音樂時，意識拓展了，你會發覺似乎被一個寬廣空靈的世界環繞著、包圍著，你感覺到安全、放心，然後進一步的，一股純淨神聖的能量開始流向你（我發覺注視一些星空的圖案，有助於想像我們和宇宙的源頭連結）。

有許多人感覺到來自宇宙的靈感和慈愛的訊息，甚至察覺到這些高等訊息和他們原有的想法有關連性。所以，當我們接收到訊息時，不應感到畏懼或遲疑，除非心術不正，雜念太多，吸引到負能量或是訊息讓你感到不舒服，就該立刻暫停。

你可以找一個時間較從容的時段試試看，讓身體以放鬆自在的方式坐著即可。不妨在周末早晨試試看，姿勢不拘，也不必在意一定得盤腿而坐（上信義老師線上課程時，我們會盤腿而坐深呼吸，蓮花指的手勢就可以數深呼吸的次數）。

下載來自宇宙的靈感

當我刻意為創作冥想時，找的確多次接收到意想不到的靈感。朵琳夫人在《每一個否定但更接近肯定》這本書中，將這個道理講得很清楚。

「我們全透過我們直覺、頓悟、夢境，從天而降的暗示，從上帝、我們更高的自我，以及我們的守護天使那裡，領受有關創作計畫的信息與能量。想像你的頭頂有個碟型天線，它調到了慈愛與純潔的能量頻道。你收集那些能量，分別發送到你的大腦、情緒與身體。然後經由你的雙手集中

與巧變，成為你的創作計畫。」

《找到自己內在的光》這本書中的一句話更簡要精闢。

聽見，是你接收到訊息。聽見，是你真的採取行動做了一些事情。

靈媒蘇菲亞在著作《天堂之旅》中告訴我們，我們在「另一邊」的世界時，仍會持續關注地球上的生活。因為我們摯愛的親人仍在這裡生活，有一天我們也會再次回來。為了讓地球上的生活品質更好，我們會持續學習研究，然後將這些好點子灌注給地球上的人們。

當我們透過冥想調整身心靈，讓腦袋和身體處於一個放空敞開的狀態，就是將自己接收的天線校準好。當我們的天線連上浩瀚的宇宙，我們就能抓住這些來自「另一邊」的靈感，然後實際付諸行動讓點子開花結果。例如：新的醫學理論、新藥品、新的建築工法、更方便的交通工具等等.

先生在年輕時也曾有過這個經驗。他的手很巧，也富有實驗精神，小時候經常自己動手做玩具，學校的訓練讓他有能力畫出完整的設計圖和結構圖。學生時代某個深夜，他感應到一個吸塵器的設計。他將設計結構圖詳細畫下來後便擱在一邊，因為年輕的他並無經費、資源或足夠時間去開發這個設計。後來，這個吸塵器的點子也被其他有能力的人接收到了，並採取行動生產製造出來。我還記得，當他看見吸塵器的實體產品時，還找出他畫的設計圖出來比對結構，根本就是一模一樣啊！

我們每個人都來自宇宙源頭，因此每個人都有資格接收來自宇宙的靈感。當你下載到一個好點子，別人也有可能會接收到，所以請勇於付諸行動，讓好點子盡快實際成形，才不會讓其他人搶先一步，成為他人的專利。

某天早晨，在等待洗衣機停止運轉的空檔，我決定聆聽一下冥想音樂。聽著聽著，我感覺到身體逐漸放鬆了，並開始想像信義老師課程上提

到的方法——**觀想自己坐在宇宙中心的螺旋，匯集了無限的愛與能量，觀想來自宇宙的金黃色光芒，從頭頂灑落，往下流動充滿全身的細胞。**

這和朵琳夫人教導的，請求上帝將神聖的光填滿整個身體的概念非常相似，我感覺到祥和、寧靜與我同在，腦中似乎若隱若現浮出什麼念頭。此刻，洗衣機發出嗶嗶聲響停止運轉，但當下的美好感覺，讓我想再多聽一會。

腦袋催促著：「要把握晨間時光，趕快晾好衣服，專心寫作。」但是，我的心挺身而出戰勝了頭腦：「**冥想的重點不是時間長短而是時間的品質。**繼續聽音樂，這會讓你的寫作更流暢。」許多次，為藝術創作或是書寫而冥想時，我的確突然領受到一個想法、畫面，或是回憶起一段書上閱讀過的佳句。

2019年，當我再次回顧章老師的通靈諮商記錄下的筆記時，才發現，早在5年前，章老師就曾指出，當我放空時是有能力接收到靈感或構圖的。還有，我和黃色的天使有緣分，可以請求祂的指點。

這不正是放空冥想，下載靈感的概念嗎？那時的創作方向還聚焦在女兒們生活點滴上的插畫，尚未開始天使經驗的寫作，更不懂得冥想。如今我才明白，黃色的天使就是掌管藝術創作的加百列天使啊！

陶藝教室播放冥想音樂

冥想音樂可以開啟不活躍的脈輪，並有一股激發創造力的頻率，和繪畫寫作時聆聽的天使音樂的頻率很相似。陶藝老師也曾和我聊起冥想的好處：「有沒有冥想的習慣？我還下載了冥想音樂的APP。」自此，老師總在上課時播放冥想音樂，偶爾更換成其他音樂時，我們都會一致感覺不對勁，老師就會馬上改回冥想音樂。

有一天，教室中僅有我、倩誼和老師三人，我非常喜歡教室裡的氛圍。沒有日本媽媽的閒話家常，沒有過於活潑的廣播主持人和流行音樂，或是令人沮喪的負面新聞（這些都不容易專注創作）。明亮的空間裡，流

瀉著高音旋律特有的淡淡空靈感，我們被一股安靜、沉穩、和諧的能量環繞著。緩慢的旋律，讓我們不急不徐地很放鬆，而放鬆正是最適宜創作的狀態。

倩誼和我都是工作室裡的設計師。倩誼擅長童趣風格插畫，正在捏塑她插畫裡的小怪獸。我則想挑戰自己，盡可能的獨立完成第3個天使雕像。彷彿透過音樂，我們隨時可以感覺、接收到來自宇宙的靈感。在這樣和諧，隱約有神聖力量牽引著的氛圍中，我們三人各自安安靜靜，專注地沉浸在創作的小天地裡，偶有交談也僅與創作細節相關。

自從某一次，察覺加百列天使指引我以金色圓點，完美詮釋出祂的形象後，上陶藝課我總會刻意戴著黃色水晶項鍊，期盼在上課時隨時與祂連結，賜予我靈感。

那一天，大天使加百列似乎在輕柔的冥想音樂中翩然到來。

當我端倪著天使的裙襬皺褶及弧度是否自然優美，就在那瞬間，加百列天使傳送一個清晰的訊息給我：「音樂盒」。哇！天使建議我將第3個天使雕像設計為「天使音樂盒」。

這個我從沒想到過idea非常可行，主修產品設計的老師也認同「天使音樂盒」和「天使燭台」一樣具有療癒功效。我開心地遵循神聖的指引，老師指導我依照音樂盒的體積去決定裙襬的大小，黏合音樂盒在裙襬裡時才不會有太大的落差。我還特地挑選了〈You are my Sunshine〉這首樂曲，象徵天使帶來希望與光明。

另一回，在陶藝課上，天使又在完美時刻捎來好點子。

當時，我剛完成花蝴蝶系列餐盤，想要延伸花朵的曲線，設計成不同尺寸的小碟子。心中有明確的點子，是蛋型形狀，不對稱弧度。具體捏製出心中的構思後，老師稱讚我將弧線展現的很細緻優雅。完成3個小碟後，我將碟子隨意擺放在教室大桌子上，就在那瞬間，天使將「一朵花」這個主意印在我腦海中。

我接收到了，立即和老師分享這個好點子。老師也贊同小碟的外形曲線，的確很像一片花瓣，將5個小碟擺成一朵花的視覺效果會很美麗。

這個訊息的關聯性很強，完全和我的想法相關。再次地，懷著喜悅和感恩的心情，我立刻遵循這個值得信賴的指引並採取行動。

當你願意全然信任這些慈愛又有智慧的信息，若在創作中途遇上瓶頸，就會有繼續請求上天的指引的念頭和意願。那麼，你就能夠完整的，有始有終的完成一件好的創作。即使一時不明白該拿這些創作計畫做什麼，我們依然有可能會在過程中練習到新技巧，產生不一樣的洞見，結交一位新朋友，或是完成一個小夢想，增強自信心等等。

別太早否定或放棄任何一個點子。讓靈感有時間在心中發酵，更要信任心中的直覺。我們必須試著相信自己的創作是有意義的，甚至有可能是具有使命感的。

我深深地體會這句話：「當上帝給你一個好的想法的時候，它是整個一起來的，包括將這個想法付諸行動所需要的每件事和每一個人。」

聖誕手作

旅居美國多年，很喜歡學學國外主婦，在聖誕節期間玩手作。每到10月底我就開始蒐集材料，並盡量保留充裕的時間玩聖誕手作，滿足靈魂深處對創作的渴望。剛學習陶藝時，先以餅乾模型製作簡單的聖誕吊飾。我享受拜師學習和自學的過程，將陶瓷吊飾結合不同素材，創造不同風格的作品。

鍾情於白色之美，搭配低調有質感的緞帶，呈現樸實或優雅的美感。此時已有發展天使系創作的想法，因此以愛心、天使元素居多，也有象徵和平的鳥兒。請見書後作品圖378、379頁。

鄉村風愛心掛飾

純白的色調是天使系列創作的最佳色調。白色陶瓷吊飾的簡單樸實，搭配麻繩營造出鄉村風的風格。翻出珍藏的緞帶，小飾品，只留下大小適中，質感相襯的飾品。最後選擇布質感及蕾絲的立體愛心，和蕾絲花紋的陶土吊飾結合。當然少不了天使的祝福！藍色的透明絲帶有畫龍點睛的效果。樹葉上的片片白雪，銀色、半透明、藍色的緞帶皆屬冷色系，加上麻繩的暖色系，剛好達到平衡。

森林系花圈

蕾絲陶瓷鳥兒，木質小鹿，星星樹皮，和透明晶亮，顏色飽和的塑膠果實搭配出童話中的森林。創作期間隱隱聽見內心的初衷。搭配鳥兒時，「平靜」這二個字一直浮現腦海，使用紅色緞帶增添聖誕色彩。

羽毛花圈

在五便士發現這個絕美的白色羽毛花圈。裝飾的難度在於必須凸顯羽毛的質感，不可遮蔽太多羽毛。搭配華麗的透明葉片和白色布面小鳥，整體感依然潔白輕盈。

小天使戒指台

小天使戒指台是天使系列的第一件作品。

好幾回，祈求夏彌爾大天使找回失物奏效，也明白大天使麥可能夠守護我們的財產後，我萌發了製作「天使首飾盤」想法，讓天使守護珍愛飾品的概念。

戒指可以套在天使頭上，翅膀剛好卡住。雲朵盤上可以放置項鍊、耳環、手鍊等小物件。詳見382頁。

完成第一件天使創作後，天使便不斷在手機上稍來鼓勵的訊息。彷彿知道我會繼續天使創作，222的暗號表明這是個好的開始，並為我帶來神聖的祝福。555的暗號，代表了天使將協助我以創作改變我的生命。944暗號是強調我的生命目的，和天使們共同合作協助其他人有關。

222：信任所有一切都完全依所應然的方式運作著，為其中所涉及的每個人帶來神聖的祝福。放下並保持信心。

944：你的神聖生命目的，與和天使及大天使們共同合作協助其他人有關。

555：巨大的改變正在你整個生命中隆隆作響！要確實將你的想法保持正向，並在祈禱語肯定語中歸於中心，使這些改變維持在朝最高可能的方向運行。

一天當中看到這麼多次暗號，我深深感覺被天使之愛環繞著。祂們一次次地表達，我決定聚焦投入天使創作是正確的。不論這是針對天使商品的創作，或是生活上、靈性上，我都可以感覺到我正領受到祝福的指引。

向世界展現作品的時機

一直很喜歡《每一個肯定，帶你更接近肯》書中的幾句話：**靈感是神聖的吸入，向其他人展示，即是神聖的吐出。**

瓷繪創作累積而來的自信，我不再是以往那個不主動開口和陌生人說話的羞怯女孩。現在的我，可以自在秀出手機裡的作品，看著他們眼睛一亮地說：「好漂亮喔！」

帶著一抹微笑，我快樂地接受他們真心的讚美。我慢慢意識到，和世界分享我的創作所帶來的快樂是雙向的。那瞬間的氛圍是愉悅的，有股平靜溫和的能量在空間中流動著。

我深刻體會了這句話：「我找到內在的平衡，並與他人分享因此而獲得的平靜與單純。跟世界分享的能量可以輕易的流動，不再有曾經存在的抵抗。」

2017年10月，經由天使卡，天使預告「天時」到了，我已完成不少作品，是正式展現我的創作的時機了。

和世界分享你的作品，不要再隱藏你的光芒！發光吧！

Share your art with the world, you can no longer hide your light from the world. Shine!

果真，在11月左右，作品開始有一連串曝光機會。我的開心雀躍是難以言喻的，也對上蒼的預告感到神奇。

學習陶藝一年後，老師稱讚我的個人風格已明確顯現，作品也具有一定的水準，因此邀請我成為陶引工房的設計師。老師這麼解釋：「個人風格，是大家決定是否喜歡這件藝術品的第一元素，作品的精緻度則是其次的。」我很開心得到老師的認同，因為學習陶藝而提升到另一個層次。我的身分晉升為「設計師」，再也不只是個全職家庭主婦，只能在職業欄填上令我自卑的「家管」。

首先，雲朵盤在陶引工房臉書曝光。接著，雲朵盤和小天使首飾盤參加器皿市集。最後，在平安夜當天一早，老師以小天使首飾盤來祝賀大家平安夜快樂！是的，天使一直很適合聖誕節。對我來說，這是上天送給我最完美的聖誕禮物。

當天下午，天使提醒我看見2:22分的暗號。

222：信任一切都完全依其所應然的方式運作著，為其中所涉及的每個人帶來神聖的祝福，保持信心。

天使燭台

內心一直有捏製天使燭台的想法，直到體驗了燕雪老師的「靈魂記憶閱讀」，憶起我曾經承諾天使要帶來「光」與「愛」，我才恍然大悟為何

會有創作天使燭台的念頭。原來，那是我的「思想」和「靈魂」連結，是來自靈魂深處的聲音啊！

其實，陶藝老師一開始認為，初學的我是無法勝任難度高的立體燭台。然而，我沒有打消念頭，傳簡訊試圖說服老師：「身為一個光行者，我的任務是要帶來光與愛。所以，對於光與影子情有獨鍾。燭台雖然費時不好做，但是仍然不想放棄。目標是要呈現天使帶來的『希望之光』。」

此刻的我，已經知道在情緒波濤洶湧時，如何以適當的方式找回內心的寧靜。因此，我期許自己以具體的作品帶來療癒效果，將平靜的漣漪，透過創作療癒系作品散發出去，為這個對立的世界帶來和平，一絲絲微小的貢獻。

製作燭台的整個過程中，我明顯察覺到天使的指引及鼓勵。

某一天，天使指示我去找出北海道購買的天使音樂盒。靈光一閃，心想可以在天使的蓬裙上挖幾個洞，讓燭光透出光影來。我先和老師討論，確定可以使用吸管狀的陶土工具挖出一樣的形狀，製造簍空的效果。於是，天使有了優雅的波浪裙，乘坐在白雲上。白雲的底座可以放置LED蠟燭，也隔絕桌上的顏色，讓光影純淨些。

製作燭台的過程中，天使多次捎來訊息。當老師在7:47分傳訊息通知我，天使已素燒可以上色了，我同時看見天使的數字暗號。祂們一如以往的鼓勵著我，要我繼續朝夢想前進。

當我開始構思文宣時，444和羽毛出現了。在公園散步祈禱，望向天邊的雲朵，我注意到雲朵邊緣約一公分寬的地方，透著一圈明亮的光。突然間，一段關於光的句子浮現，很適合當作燭台的文宣。我往鞦韆走去，坐下來在手機上打草稿。然後，目光被眼前一片淡灰色吸引。一片約5公分長，精緻且無懈可擊的羽毛，靜靜的躺在陽光下。這樣的巧合，我馬上明白其中的訊息。

天使一直支持我燭台的創作，因此再次賜予我靈感，指引我如何描述燭台的文宣。以往，羽毛從來不曾出現於陽光下。那一天，當我正思考著

光、觀察著光，天使引導我往光走去，看見陽光下的羽毛，並將靈感灌注至我腦海中。這些片刻瞬間的相關連結，對我有極大的意義。

光，是靈魂，是希望，也是療癒之光

點盞燭光，靜靜的沉澱心靈，重拾平靜，找回自己

當我們點燃內在的光，燃起希望，天使會陪伴我們再次勇敢出發

2017年暑假某個傍晚，發生無預警的全台大停電時，我的思緒飛快奔騰著，同時思考著許多事。大女兒機靈鎮定，很快的指揮Katie找出所有會發光的東西——手電筒、露營燈、行動電源、Led冷光條全都登場了。

我暗自慶幸內心還有天使可以依靠。走向玄關，平靜地點亮了天使燭台，沒理會Katie嚷嚷著：「燭光太微弱啦！」。此時，我點燃的是一份心靈寄託啊！

站在窗邊，我好奇打量鄰居們如何反應。確定家人都安全無恙後，不禁開始擔心外面世界的狀況。「也許有人趁火打劫。」心中的小惡魔先發聲。但是羅娜的生活故事讓我明白天使們可能正忙著。

小天使知道真相：「天使們正在街上幫忙指揮交通，安撫大家的情緒。」此刻，最焦慮不安的應該是那些獨居老人、幼童及孕婦吧！天色開始昏暗，燭光晚餐的心情有些複雜，直到我默默請求天使陪伴每一位孤獨在黑暗中的長者、稚齡幼童，心情才平靜下來。

每當感覺心情不佳，或是家中充斥著負面氛圍時，我就會走到窗邊點亮天使燭台，祈求天使協助我轉換情緒和家中能量。希望能夠連結上祂們充滿愛的高頻率，轉化我的思想，也賜與力量和希望。

結合天使與光就能帶來療癒的效果，我很開心成功挑戰天使燭台的創作。詳見383頁。

書中附有天使燭台的書籤，建議大家可以看著書籤或是書上的燭台作品圖，放上天使音樂，坐下來靜靜深呼吸，試著與天使連結。期望天使燭

台的療癒之光，能協助你找回一絲平靜。

蕾絲翅膀天使

　　製作天使燭台時，我發現要修飾出翅膀的細微弧度並不容易。在瓷土變乾之前，翅膀要儘快和天使的身體結合，也感覺有時間上的壓力。回憶起天使諮商時，天使希望我在創作上不要「自我設限」，因此決定嘗試其他材質。

　　在蕾絲店發現蕾絲蝴蝶，便有結合蕾絲與陶瓷的想法。視覺上，米白色的蕾絲和溫潤的陶瓷色很搭，透出一股和諧感。輕透的蕾絲，展現了天使的典雅和翅膀的輕盈感。再以金色的陶瓷顏料，畫些小花和圓點裝飾天使的裙襬。

　　我很喜歡這樣的搭配，也充分學以致用，綜合了服裝設計、陶土捏塑和陶瓷彩繪的技巧。詳見385頁。

設計理念

　　蝴蝶的出現象徵天使就在我們身邊，祂們看顧著我們的轉變，協助我們從舊有模式轉化，然後破繭重生，如同蝴蝶般絢麗。天使愛的滋養協助我全面脫胎換骨。學習陶藝，與天使合作的新方向，讓我深刻體會「破繭重生」啊！

　　完成作品後才知道，蝴蝶也是和平、自由、美好吉祥、幸福生活的象徵，展現了人類對「真善美」的追求。

　　你知道一個源自古老印地安的傳說嗎？據說，成婚的新人或者祝福的人，會將自己的心願告訴手中的蝴蝶。翩翩飛舞的蝴蝶就會把你的心願傳達給天使。蝴蝶將見證愛的訊息以及天長地久的承諾，實現你的願望。這是多麼美好傳說啊！

雲朵餐盤上架Pinkoi

創作理念

　　自從畫完羽毛杯盤後，我對天空的感覺完全不同了。公園散步時，不忘仰望天空，偶見美麗的雲朵現身，總令我雀躍不已，於是晨光、雲朵一同喚醒睡眼惺忪。

　　雲，是人間與天堂的交界。站在地球表面凝視著雲朵，我多麼想望穿這片天空啊！我們來自藍天外的宇宙，那是我們永遠的「家」，有天父、天使和摯愛親人永恆的眷顧。來自源頭的愛與恩典，從來不曾間斷。

　　因為深刻體會到上帝與天使之愛，帶著這份愛的意識，製作了雲朵餐盤，希望藉由溫潤的陶土創作，傳達療癒效果和沉澱心靈。

　　2017年10月時，我積極製作雲朵餐盤，磨練手感。老師指導我呈現美麗弧度的技巧，控制盤子深度，窯燒後縮小或往下塌的比例，也提醒我紀錄每一步驟，日後就可以獨立完成。不論是第一步驟-拍土決定盤子厚度，第二步驟拿捏好雲的弧線，盤子的深度，到整個製作時間的掌控，各方面都因多次練習達到最順暢的時候。

　　熟悉技巧後，我開始買土回家，在忙碌的主婦時間中抽空製作餐盤，學習掌控時間，並在小孩放學前收拾好所有東西。有一回，我在廚房的大理石流理台拍土，在餐桌上切出雲朵形狀，然後進廚房煮一鍋水下水餃當晚餐，利用等水滾的時間收拾工具。水餃煮好後，再專心潤飾餐盤的弧度，拿吹風機吹乾盤子定型。詳見381頁。

在Pinkoi上販售（亞洲領先設計購物網站）

　　連續製作10個雲朵盤後，老師稱讚我將每個弧度都處理得很流暢，厚薄度也剛剛好，已達可以販售的職業水平。手感正處於最純熟的巔峰，如果雲朵盤能夠在此時上架接訂單，製作上不僅最不容易失敗，質感及弧度也會是最漂亮的。為了讓作品的品質接近完美一致，我還請老師製作石膏

模。

某天上課時，老師對我說：「你可以加入Pinkoi「陶引工房」設計館，試試看販售你的雲朵盤。」

「什麼？真的嗎？」我簡直不敢相信，更倍覺受寵若驚。

老師的學生眾多，個個手巧，也都具一定美術水平。自覺資質普通，僅會捏製簡單的盤子和碗，但一直以認真的態度學習。我是第一個以設計師的身分，加入「陶引工房」設計館的學生，這真是莫大的榮譽呀！

和老師討論多回，將文字的敘述修改至最適當的描述。自己鑽研拍照技巧，拍了一張野餐情境作品圖。光線很自然，麵包和蘋果的陪襯恰到好處，相當符合作品文字介紹。

以雲朵餐盤盛裝美味的食物點心
沉澱疲憊的心靈

嚮往與朋友一起野餐的惬意
但天氣難以捉摸
就在室內鋪上野餐墊
讓雲朵盤營造出藍天下野餐的氛圍

聖誕節前上架？

文稿和餐盤都準備就緒，然而老師忙於人生大事，遲遲沒空將我的作品上架。

等待在Pinkoi上架的漫長時光，讓我深刻體會一切都會依其神聖秩序發生。全知全能的上帝絕對知道，何時是和世界分享作品的最適當時機。

11月初，我提醒老師，此時是聖誕禮品上架的最好時機。如果雲朵盤能盡快上架，趕上這波聖誕節時機最棒了。一天天過了，我三不五時的就上網站瀏覽，但總是大失所望。看著繽紛的聖誕節應景作品，沮喪湧上心

頭，信心開始流失，甚至有打消接訂單的想法。

我只能相信上帝掌權，祂一定會在最完美的時機，讓我的作品登上亞洲設計網站。唯一支持我繼續耐心等待的信念是：**相信一切都會依其神聖秩序發生。**

朵琳夫人教導過一個重要觀念：「**別以自己安排的時間去做每件事，當事情有所耽擱時，要將擔憂交託給上天。上帝掌權，掌管宇宙，要堅定不移地相信天父早已安排好所有的解決方法，和牽涉其中的貴人，等待他們的自由意志，願意採取行動。天使們在幕後奔走協助，等時機成熟，天時地利人和，事情自會有轉機。**」

約爾牧師也說過：「這段時間，正是考驗我們對天父是否有足夠的信心，是否繼續持有正面思考，盡好自己的本分，努力往前邁進。你得讓上帝知道，你沒有因此而放棄。」（因為沒有放棄，中途而廢，所以上天會繼續為我們安排貴人或資源。）

天使轉化我的思想

接下來，我經歷另一階段頗為重要的心路歷程，開始轉變心態，也逐漸釋懷聖誕節的確不是最佳時機。大概是慈愛的天使，不忍心我憂心忡忡度過歲末佳節，某一天突然捎來訊息，試著改變我的想法，平息我的焦慮，讓我能夠釋懷，以正面思考去分析看待這件事（守護天使一直貼身守護我們，我們的念頭想法祂們都一清二楚，所以知道如何協助我們轉化思考）。

接單訂製一定會帶來壓力，我可不想讓我的聖誕節因此緊張兮兮。

Pinkoi上全是繽紛的應景作品，相較之下，我的單色雲盤是素雅風格，完全不敵它們的五顏六色。還有其他因素也很不利，讓我察覺，真的沒有必要急於在聖誕節前上架。

1. 聖誕節的包裹運送量非常大——郵局工作人員給我一張表格，是保證能在聖誕節前收到包裹的最後寄件期限。他們一站站收包裹，一件件不

分重量地往上堆疊。

2. 高價運費—陶瓷易碎物品最好以快捷郵寄。快捷是最安全的郵寄方式，因為會另外放。但相對的，郵資也會提高許多。老師提醒我，買家一看到高價運費，通常會打消購買的念頭。

3. 包裹容易遺失—雲盤以泡泡袋多層包裝後，會塞進一個小型紙箱。我可不想冒著作品被寄丟，然後得到負面評價的風險啊！

雲朵盤終於在春天上架

2018年3月，雲朵盤終於在Pinkoi上架了。那一天我十分開心，不停查看有多少點閱率。唯一美中不足的是，老師po出由他拍攝的作品圖，背景是白色的。但是，雲盤也是白色的，因此並無法凸顯出雲朵盤的質感。儘管如此，天使依然傳送一連串的暗號，恭喜我終於心想事成。

除此之外，天使再度暗示我，袍們還避開了另一個節日-情人節。對耶！要是選在2月上架，一定也被繽紛的巧克力淹沒了！

春天會是最佳時機。寒冬離去，花兒繽紛綻放，人們開始外出賞花，再次徜徉於大自然，在藍天下和家人好友一起野餐。此時，少了聖誕節應景作品，我的作品點閱率應該會提高許多。那段時間，連續出現的944和755天使數字，明確的肯定我，創作這個作品的初衷是正確的。

944是再次提醒我的創作是與天使們合作，也鼓勵我繼續在創作上努力。755代表我的生命已經不同以往，也提升到另一個階段。

944：你的神聖生命目的，與和天使及大天使們共同協助其他人有關。

755：你正經歷一場重要的生命改變，這會為你的生命帶來莫大的祝福。

接下來，隱隱感覺到天使指點我該設IG帳號，觸及國際了，我當然順從指示。如今，我的粉絲有注重餐桌美學的主婦、日韓陶瓷彩繪創作者、歐洲居家裝飾店、日本選物店、身心靈領導者，和餐館主廚等。

雲朵盤上架2年了，在2020年春節時，老師終於傳來好消息。有位買家

下單，將白色和藍色的雲朵盤一起買走了。歐耶！其實，我曾一度不抱賣出的希望，差點請老師將雲朵盤下架呢！（基於限量因素，雲朵餐盤售出後已下架，日後再視有否機會再製作。）

這3年來的陶藝學習，專注在天使創作和餐盤設計，意識到我的確經歷了一段很重要的生命改變。從一個初學者，到達到職業水平可以販售作品，至今一共售出4套餐盤作品，我親身驗證了未來是可以由自己創造的。

海洋圓盤拍照

大女兒出生後，我們移居到舊金山近郊，距離海邊僅有10分鐘車程的Daly City。奔向海，眺望海天一色，是日常的一部分。隔著太平洋，蜿蜒的海岸邊是離家鄉最近的距離。我總是走向沙灘，靜靜地向遼闊的海傾吐鄉愁。

海洋點心盤，是紀念旅居舊金山的作品。

我很滿意海洋點心盤的曲線、弧度和顏色。蒂芬藍和淺綠色堆疊出自然的層次，白浪花隱隱約約的不突兀。乳白色沙灘的色調剛剛好，慕白色釉藥的光澤完美呈現出「波光潾潾」的效果。

一開始拍成品照時，挑選了淺藍色背景布，搭上貝殼不失清爽。但是因為顏色太相近，拍攝效果不佳，我有小小的失望。

住在ㄇ型的大樓社區，冬日的陽光可遇不可求，中庭的陽光一向被隔壁高樓攔截。

某天早晨，從玄關瞧見陽光在霧氣中姍姍來遲，我趕緊帶著海洋點心盤和相機衝向中庭，想試試自然光的效果和不同的背景拍攝。調整好圓盤，貝殼的角度，快速按下快門多拍幾張。確認照片清晰度ok後，準備收拾東西上樓前，我環顧了一下整個中庭，是否有適合拍照的角落。突然間，我查覺到天使捎來訊息：「正前方台子。」

收回望向遠處的視線，仔細端倪眼前的台子，發現灰褐色小石頭的大小、紋理皆很自然，和海洋圓盤應該滿搭的。再次取出盤子，擺好貝殼，效果竟然出奇的完美。石頭有海邊的fu，也將藍綠色的海洋盤襯托出來，一切渾然天成，無可挑剔。（詳見386頁）

略有潔癖的我，一向層層包裹好作品，絕不會讓作品接觸到不乾淨的的地方。把作品直接放在戶外真的不是我的作風，因此這絕不是來自我的想法。於是明白，就在這一刻，負責美感的天使再次指引了我。

傍晚7:33分，天使再度捎來訊息，嘉許我遵循他們的建議。

733：揚昇大師們非常高興你遵循直覺的神聖指引，這是對你祈禱的回應。

旅居美國14年期間，身分不停的轉換著，居留的方式也因此不斷更改。身分轉換期間不得離開美國，或是遇上懷孕期間不方便旅行。異鄉遊子最大的遺憾，莫過於錯過親人的大事。遺憾一回回的發生。哥哥的婚禮缺席了，爺爺的喪禮再度缺席。媽媽的腳因水腫，蜂窩性組織炎數度入院，只有爸爸陪伴身邊照顧，而我卻只能在電話那端，簡短又充滿內疚的問候。

於是，我拾筆寫寫日記、短詩，抒發在遙遠的海外當個旁觀者的憂愁與想念。

一次次奔向海邊，聽海、看海、擁抱海，請海浪帶上零時差的思念。

愛隔著海

愛隔著海有些不著邊際
飄洋過海的快遞有如慢了半個世紀
趕功課的深夜牢記電話那端愛的叮嚀

愛隔著海想念總得加上想像

我身著毛衣努力想像穿短袖冒汗的暖冬
媽媽的心情是晴是雨
兩個世界的愛隔著時差但心心相繫

電話那端有時傳來壞消息
著急如浪潮只能在沙灘徘迴無法上岸
手握話筒陪著悲傷哽咽
牽掛伴我持續失眠
至少還醒著分擔一些心痛

漫遊濱海公路
只想盡可能接近太平洋岸邊
那個離家鄉最短距離的方位
請海浪帶上零時差的思念

隔著海的愛您收到了嗎

天使主題聖誕餐桌

　　2018年歲末，我意識到必須將時間用於寫作上。腦袋想著該放棄聖誕手作，好專注於趕稿，但是心中不免遺憾少了創作的樂趣。上陶藝課前，還未有任何點子出現，於是照例在晨禱時請求天使賜予靈感。就在瀏覽Pinterest APP時，靈光一閃，何不將這2年來的聖誕手作，以及天使燭台結合，以天使為主題，擺設一桌聖誕擺盤？

和陶藝老師討論這個想法，老師稱讚這個點子可行，指點我做些調整。下課後，天使開始傳遞一連串暗號。綜合了所有暗號含意，我得到以下的訊息。

　　祂們深愛著我，支持著我的想法。我正走正確的方向上，祈禱已得到回報，要保持信心，計畫會依造神聖的時間點進行的。

　　我很快採取行動。在朋友的服飾店購入長條型的韓國蕾絲當桌巾，帶上所有相關作品到費奧納咖啡店，店裡的長桌和溫暖燈光提供了最佳場地。整體布置雖然是單色系，但很優雅且有一份靜謐的和諧感。感謝天使提議了絕佳好點子，它宛如是今年陶藝作品的小小成果展，是個完美的ending，也為推廣「餐桌美學」的理念跨出了第一步。（詳見384頁）

　　期盼和摯愛家人在節慶相聚的時刻，也能邀請天使們一起入席。祈求天使為新的一年帶來祝福和新希望，並且為我們療癒節慶的忙碌和緊湊。

　　點亮天使燭台
　　將美味佳肴盛裝於雲朵盤和翅膀盤
　　享用美食也和天使之愛同在
　　願祥和與寧靜常駐內心

　　蕾絲翅膀輕輕飄飄動
　　天使們悄悄現身
　　將幸福賜予每個人
　　以溫柔的羽翼擁抱呵護我們
　　灑落一室藍天外永恆的祝福
　　讓我們帶著宇宙的愛與正能量
　　迎接嶄新的一年

瓷繪陶藝創作心得

努力取悅別人不會成功，但為了滿足自己所做的事，倒有可能引起他人興趣。

——馬賽爾·普魯斯特（法國意識流作家）

「我想最合理的推測是：我信任內心渴望的行動，而非心裡認為會成功的事情。我做自己有興趣的事情，然後把回饋效果留給老天爺評斷。」

——作家史蒂芬·普雷斯菲爾

有一陣子，我將祈禱文的焦點放在請求上帝的指引，帶領我發揮自己潛藏的才華。

約爾牧師要我們相信，每一個人都是上帝精心的傑作，是有才華有創意的個體。那麼我的才華會是什麼？在哪個領域呢？也許，上帝已經給了我答案。

聽見約爾牧師這一席話，更加確信我該珍惜這份祝福。

「上帝賜予每個人不同的才能，接納所擁有的，要主動積極、專注、花時間去發展它，否則會被收回，失去，或交給別人。」

對陶瓷彩繪的著迷，是上帝為我開啟的另一扇門，它填滿了許多零碎時間，也充實了主婦生活。我期許它成為發揮平面設計的另一個媒介，將生活美學輕鬆融入日常生活。

從一開始到餐具店挑選合宜的杯盤，即是一番樂趣。最適合彩繪的是白色杯盤小碟或茶壺，弧度不宜太大，需有足夠空間作畫（弧度太大不容易畫）。

只需輕輕上一層薄薄的陶瓷顏料，再慢慢堆疊增加顏色飽和度。若是不滿意筆觸或顏色，以沾濕的紙巾，或棉花棒擦掉後即可重新畫，非常容易修正。杯子盤子的面積不大，並不須太多時間即可完成，是時間被切割

得零碎的家庭主婦可以勝任的。作品好收納不佔空間，也可作為居家裝飾增添美感。

在課堂上學習花卉及水果的畫法後，漸漸的不再只想描繪漂亮的花朵，想嘗試節慶相關主題或是自己喜愛的元素。深覺應用上平面設計學到的基礎，空間的拿捏非常重要。有空暇時，我開始自己練習摸索，畫些不同物件的小作品贈送親朋好友。一次次的練習，一次次增加了自信心，讓我發覺自己似乎有設計餐盤方面的天賦。

我想和所有媽媽分享的是，在育兒之餘抽空發覺自己潛藏的天賦吧！很多媽媽在寶寶出生後，必須重新思考如何在兼顧家庭下轉換跑道，其實這是個認識自己，發覺自己其他才華的大好機會。

當你有空閒參加課程時，先問問你的內心想要哪一類的課程，不論是抒壓或是哪一類型的學習都好。保留且好好把握那段專屬於自己的時間是非常重要的。

最好的方式是，先和你的「心」先確認過後，再經由「頭腦」沉思觀察、選擇，再取捨決定。仔細思考並自我觀察，當你有時間時，想把時間投注在何處？睡眠不足，精神不濟時，如果可以克服這些暫時的不適感，你會願意將時間花在哪裡？有那些興趣可以讓你廢寢忘食？

你必須不斷傾聽自己內心的渴望，而不是只聽從別人的建議：應該去「上瑜珈放鬆」，「學點樂器，唱歌可以讓心情變好」，或是去「上烘培課為家人煮點新菜色」。

信義老師常說的「依心而行」就是這個道理，而不是落入頭腦的「應該」怎麼做。

另一個方法是，思考哪一類的課程可以讓你得到快樂，或是自學學不來的。我們在課堂中獲得新的友誼，老師同學的鼓勵，創作成品的成就感和進步的喜悅。這和整天在育兒，繁瑣家務中的忙碌、挫折、疲憊、沮喪是完全不同的能量。這股正能量能為我們補充了生活的動力，讓身心靈得到不同層次的滋養。

在生活中保留時間練習新才藝是必要的，多多觀察別人的成品，投入你的心思、風格、喜好，並好好享受整個過程。你的創作愈接近你本身的興趣，你便愈願意為它奉獻時間。你的創作對你越療癒，你將會愈期待投入這些工作。假以時日必能探索出你的喜好，擅長的領域，甚至發展出獨特性。堅持將時間付出在自己喜歡的事物上，更是愛自己的一種方式，這也會協助我們的能量維持在平穩愉悅的狀態。

我非常享受上陶藝課的氛圍。在那2小時中，我的身分是藝術家。

當我覺知到創作可以轉移注意力，將情緒由負面調整為正面，尤其是成品得到老師的讚賞時，創作的需求也是自我照顧的方法之一了。我需要挪出、分配時間去創作，因為創作已經成為生命的精神糧食。除了知道那是可以得到療癒與成就感的時段，但我更渴望，也必須將浮現心中的靈感創作出來，具體呈現在面前，而不是虛幻的漂浮在心靈之眼。

上陶藝課的日子，是我透過創作完整認識自己，接納自己的重要過程。我不再和別人的才華比較，自卑感慢慢消失了，也找到自我價值。

因為一再練習天使的波浪裙襬，而越來越喜歡波浪的效果。我也專注學習不同的技法，去展現盤子的設計感和現代感，延伸對波浪和弧形曲線的進一步應用。這是選擇我最喜歡的元素練習，並嘗試重新組合成新的元素（小天使的波浪裙襬，花瓣系列餐盤都是著重在曲線弧度的細節呈現）。

一次次的練習，一次次的進步，我很快就能拿捏出美麗的弧度，打破規則感但保持自然的律動。除了熟能生巧這個技法，也將這個技巧內化成為我的獨特風格。我很開心能夠將陶藝作品表現出優雅的樣貌，而不是僅有樸質手感，這些都無形中增強自信心。

2020年3月，新冠肺炎鬧的全球人心惶惶時，我在陶藝課上捏製第6個天使雕像，也尋求心靈寄託。

這一回嘗試用「絞胎」技法，添加藍色瓷土進去，只在裙襬增添一些藍色，就不必再上色。「絞胎」技法在裙襬是全新嘗試，再加上好幾個月

沒做天使，我擔心早已忘記做法或手感不佳。然而，那天的胚土完成品，天使的每一部位和弧度都挺完美，還突破自己紀錄，在一堂課的時間就完成，所有同學都圍過來稱讚天使很美。

我感覺到發自內心的喜悅，知道自己又進步了，也有感而發寫下這段文字。

你必需找尋到一個方向，契而不捨的努力，把重心放在過程中穩定的發展。你將體會到進步的愉悅，那是發自內心的純粹喜悅，只要一想到就忍不住嘴角上揚。

無論世界多麼紛擾，有多少令人擔憂的壞消息，你可以隨時回到你的小宇宙為自己的成果歡喜。

儘管知道日後藝術創作方向將有所變動，但不變的是，我將持續走在創作這條路上，先與自己心中的渴望連結，再決定創作的方向。覺得方向不確定時，就靜下心來和「美的天使」連結，讓祂們帶領我的下一步。

「我感到相對的自在，還有一種力量驅動我全然的展現自己。我們與神連結，在心靈上，我們也同時彼此連結。」從創意的表現來思考以上這段話，是很容易產生連結的，也是我完全可以理解的。當我們的創意、特質觸碰到其他人的心或啟發想法時，這個世界就會變得不同，如同曲家瑞說的：「我們每個人都有影響力。」

期待更多人為自己及整體去發揮個人的獨特創造力，造福人類。

4.12 天使與物質

你一定好奇，是否能夠請求天使協助物質方面的需求？

如同我們購物前，需要謹慎思考是否「需要」這個物品，還是慾望的「想要」。約爾牧師向我們強調：「神會給予我們『需要的』，但不一定是我們『想要的』。當我們專注在我們的天賦與貢獻這個世界時，我們的物質所需，就會依神聖法則來到生命中，也被滿足。」只要是我們「真心渴望」且「需要」的，神與天使就會盡力滿足我們。

羅娜在《我一直看見天使》這本書提到：

「天使通常不會介入人間的物質事務，但是天使可以在特殊狀況下有實質的介入。」

朵琳夫人的經驗則是：「物質與否並不重要。神與天使並不像急診室醫生，會依治療類選法（triage fashion）去評論誰最有迫切的需要。神也希望天使幫助我們去實現我們較高自我的目的。如果我們的心智與時間，全被焦慮、擔憂、害怕物質或生活供應不足所佔滿的話，我們就沒有時間或精力去完成使命。當然，天使並不會因此幫助我們去過名利具足的生活，他們只是要讓我們安心。他們會緩減我們對物質或經濟狀況過度的擔憂，但並不能夠解救我們的不負責任，奪去我們學習的機會。」

有些人會有想要天使暗示樂透號碼的心態，這念頭從未出現在我的思緒裡，也希望大家打消這種想法。如果天使給每個人幸運數字，讓人人都中大獎過著名利雙收的生活，那麼這個世界的「施」與「得」不就失去平衡了嗎？

信義老師也曾解釋過，有些人抱持做善事心態去請求神讓他們發財。他們心想，如果請求神或天使讓我中大獎，我就可以拿這些錢來幫助貧困的人。那麼他也不會如願，因為幫助貧困的方式很多，也不一定是由你來做，因此神不會答應你的請求。

　　曾在某本天使書上讀到這段話：

　　「神與天使要我們知道，如果你需要任何事，請召喚我們的協助，將任何造成你們壓力或內心失去平靜的問題移除。我們會安慰你，並影響物質世界，使它在目前所處的情形中可以支持你。」

　　換句話說，確定你所祈禱的不是不切實際的妄想，而是真正的「願望」和「渴望」，那麼你的心願就有希望實現。記得有一回，我告訴天使，想要贏得某個抽獎的名牌鍋子。那對我來說可有可無，所以當然沒有如願啦！

　　下一篇，是關於天使介入物質能量，達成我生日心願的小故事。

小天使介入淘汰舊電腦

　　平日我多半祈求天使協助身心靈上的療癒，神聖的保護或是創作的靈感指引，並不會特別要求物質上的需求。我並不是個物慾需求多的人，也算是理智消費型。直到2018年生日前夕，我第一次經驗到「天使介入物質」，也明白前因後果，和其中蘊含的上天恩典。

　　一開始，我的電腦無預警的當機無法維修。接著天使送一小片羽毛給我，暗示祂們將會介入，然後購買新電腦。這一連串的發生與巧合，依其順序流暢地發生，完美達成我想在生日時換台新電腦的願望。幾天後，我由「靈乩」紫紜口中親耳聽見，其實天使們參與了整個過程。這才明白，原來是祂們帶著關愛我的心態介入，從中協助整個事件順利發展。以下是電腦事件的詳細描述。

電腦放置在餐桌的右邊，長時間以來，重心偏右打字的習慣，導致我右側神經肌肉緊繃，整個右邊肩膀和背部三不五時的疼痛不適，極度困擾著我。服用肌肉鬆弛劑和止痛劑已是家常便飯。我深知，如果電腦的位置不調整，疼痛是無法根治的，服藥只是治標不治本。

電腦壽命已有10年，算是老舊機型，記憶體容量早已不夠，以往送修時，部分零件已損壞無法修理。但根據先生判斷，應該還可以使用一段時間。

另一台小筆電機型更老舊，有更多問題，偶爾想帶出去在圖書館或咖啡店寫文章。然而，只要一想到，得浪費好多時間連上網路，或是回家後得再轉換檔案，就打退堂鼓了。

11月時，先生陪我看了幾台筆電。回家後拉了延長線，電腦的位置可稍作調整，暫時解決問題，因此換筆電的事就暫且擱著。

12月生日前幾天，腦袋裡的潛意識出聲了：「真希望生日禮物是台新電腦啊！」

12月11日一早，在電腦上播放輕音樂後便忙著大掃除。等我坐下來準備寫作時，螢幕瞬間一片黑暗，整個大當機，不論重新啟動幾次都無法修復。焦慮、緊張、不安蜂擁而上，趕快求助先生。先生初步判斷可能是「顯示卡」過熱，需送修處理。

慌亂中，我沒忘記向擅長修理機械的大天使麥可求助，但這回，連祂也愛莫能助了。

隔天一早將電腦送修時，工程師竟然告知我一個晴天霹靂的壞消息：「機型太舊了，目前無零件維修，就算是送到台北總公司維修，也不一定能修好，還得支付5000元。」電腦就這麼一夕間徹底掛了，我真是無比震驚。萬分慶幸，前一天才將資料全備分到雲端硬碟。

那幾天，天使向我重複顯現247暗號，暗示我所有的祈禱都會得到回報，要保持信心。幸好先生接下來休假2天，迅速幫我買了電腦，熬夜灌裝程式，在生日前搞定大部分細節。

宇宙在完美的時機點，讓我心想事成，達成擁有一台新電腦的生日願望，右側肌肉疼痛問題也迎刃而解。最重要的是，讓我更有效率地繼續書寫，將所讀知識與大家分享。

　　幾天後，我恰巧找「靈乩」紫紜[註]問事。具「靈視力」的紫紜告訴我，大約有5個迷你如小精靈般的小小天使跟隨在我身邊，祂們有如幼稚園小朋友般活潑可愛。其實，是祂們參與了讓電腦「故障」和「淘汰更新」的過程。

　　這已不是第一次有人告訴我，身邊有天使圍繞著，只是我非常驚訝祂們的尺寸僅有巴掌大。

　　「我們常常在她耳邊提醒她趕快換電腦。機型真的太老舊了，早就該換了。」我才剛提起「換電腦」這件事，小小天使馬上七嘴八舌，迫不及待跟紫紜告狀。

　　小天使們顯示一個畫面給紫紜看——祂們一邊拿著小棒子敲打電腦四周，一邊念念有詞：「我打你」、「我打你」，嫌棄它是過氣的「爛電腦」。

　　紫紜補充說明：「祂們的棒子小小一根，非常迷你，可是花了好多時間敲打，才終於讓電腦掛點。」這些敘述讓我訝異到下巴都快掉下來。（電腦終究會壞，只是小天使們讓它提早壽終正寢）

　　紫紜微笑看著我，繼續轉達祂們的訊息：「雖然，祂們也知道這麼做不是很恰當，但祂們實在不忍心看妳忍痛完成書寫的任務，這樣太辛苦也委屈妳了。」

　　小天使們向紫紜投訴我的執著：「要不是電腦終於壞了，她還是會撐著繼續使用它的。」身體的疼痛會拖延寫作進度，但心急的我顯然沒有好好照顧自己。

　　聽到這些奇幻又溫馨的敘述，我情不自禁地又笑又哭，感動得一把鼻涕一把眼淚的。用盡我的想像力，想像這些深愛我的小天使們的樣貌和貼心舉動。

紫紜說，小小天使和她熟悉後，姿態自然地趴在桌上和她說話。紫紜還模仿小小天使說話的語氣：「姐姐，你跟她說……」

曾在黛安娜‧庫柏的書上讀過，有一群小小的金色天使帶著掃把，飛進某人家中，將室內的「負能量」都掃走。和小玉兒見面時，她曾拿著一根「天使棒」（一根樹枝狀的棒子）在我身上輕輕敲打，將天使的正能量傳遞給我，為我療癒身心。因此，當紫紜描述小小天使的迷你尺寸和「天使棒」時，我毫不質疑訊息的真實性。

我很感恩藉由紫紜的「靈視力」，再次證明天使真正存在著。祂們的確會在我們耳邊低語給予指引，也能夠真正協助我們物質上的需求。

註：夏紫紜

加拿大MBHT國際芳療及按摩培訓高階講師，加拿大Joyessemce芳療學院按摩講師。具靈視力，可預約問事。

上天指引購屋過程

聽人說過一句台語諺語：「買厝要有厝緣」。就在2019年，我體會到確實如此，並且應證了約爾牧師說過的話：「屬於你的福分是別人奪不走的」。

計畫要搬回家鄉後，我開始向宇宙下訂單，希望上帝協助我找到合適的新居。我開出合理的基本條件如下：四房空間大小，光線佳，生活機能佳，最重要的是必須是我們負擔得起的價位。看屋過程中，我深深感受到上帝應許我的禱告，除了派遣值得信賴的房仲筱耘協助我們，上天安排的「天時」，也讓整個流程順利不少。

整個過程中，經歷許多不確定和意見分歧，資金不足的恐懼等諸多的複雜情緒。同時，我也為新生活感到憂慮，畢竟這是很大的變動。經濟

上，先生要創業，同時又要負擔房貸，不免讓人擔憂恐懼。我自己則是責任重大，除了自己的家庭，還要幫忙照顧娘家和婆家的長輩。大女兒即將離家上大學，我將少個好幫手，這一切的大變動讓我無法不往最糟情況假設。

某天晚上，我為了買房資金感到十分焦慮，默默請求上帝向我顯現財富上的恩典。突然間，腦海中清楚浮現一句話：**神會接手**（意思是神會協助你）。

我愣了一下，隨即想起信義老師的教導：**不要硬撐，要祈求神的協助，帶著一份信任，讓神的智慧幫你**。我立即覺得安心多了，不再帶著緊繃的心情入睡。

隔天早晨送女兒上學後，回家途中，思緒開始紛飛。快抵達家前，一輛222車牌的轎車從附近大樓出來，插入我的正前方。於是明白，上天要我不用過度焦慮擔心，一切都依其神聖順序進行著。

過濾再過濾，分析再分析後，終於看中一棟合適的大樓。

高價刊登一年賣不出後，屋主在農曆7月降價到我的預算，筱耘立刻通知我們去看房。農曆7月看房，少了很多競爭者，這也成為我們的優勢。（也因此，我們成為下斡旋的第一組客人。7月過後，陸續有多組客人看過此案件後，也都因它的好條件列入考慮。）

仔細評估後，這棟大樓的空間與條件最符合我們需求。風水上沒有大問題，公設比低，位置佳，光線通風度皆良好，樓層剛剛好，應該是很適合的。

就在敲打這段文字時，天使忽然提醒我一件事：「禱告詞」。我明白天使的意思，仔細回想我向宇宙祈禱的內容，這棟大樓果真符合向宇宙下訂單時提出的所有條件呢！

還在評估階段，尚未做決定前，我照例尋求天使的指引，並且維持對上帝的信任及一份盼望，知道我值得擁有一間好房子。天使卡指示我該傾聽內心直覺，也貼切地要我考慮清楚實際狀況再下決定。

這個房子雖不是新建案，但是所有條件都很適合我們，幾乎找不到缺點來殺價。於是，我開始在睡前運用老師教導的潛意識運作，想像我已經住在這個房子裡，在光線充足的書房中自在創作。當然，我們也到廟裡抽過詩籤請求神明指示。很酷的是，詩籤上「移居」那部分，直接寫個「好」字。

暗號適時出現

那陣子我一直看見心想事成的111暗號。和搬離同社區的朋友聊起換屋的經驗，天使還透過她傳遞心想事成的111暗號。朋友提起對面的工廠，確定會在民國111年遷走。天使向我顯現3次11:11分，再加上朋友說出的111年，在2天內我一共覺察到4次「111」數字的出現。

確定想買這間房子後，一切發生得快速又流暢。10月16日下午我們付了斡旋金，當晚房仲就去找屋主談，想要說服屋主降低價錢，符合我們能夠負擔的數目。沒想到過程出乎意料地順利，屋主雖沒降價，但也沒讓我們再加價，當天晚上隨即斡旋成功，願意割愛賣屋。

約定好11月20日簽約。那天出門前，長輩還打電話來反對。於是，我們帶著壞情緒出門。先生認為還沒買這間房子就有這麼多紛爭是非，是不是不應該買？要我趕快決定到底要不要簽約。

我實在為難極了，因為我早已明白這房子是上帝協助我找到的，它不僅符合我需求的所有條件，甚至是更好。屋主不常住，屋況還非常新，不須拆任何裝潢。離婆家很近，是在我們熟悉的區域，的確是最適合的物件，我怎能在這關鍵時刻放棄它。

說時遲那時快，一上高速公路後，明白我心思的天使馬上捎來2個我很熟悉的暗號。「你看你看，是47的暗號。」一輛47卡車開到我們正前方，我馬上叫先生看這個暗號。47是我的幸運數字，在重要事件都曾出現過，也是表示我在正確方向上。

幾分鐘後，右後方另一輛卡車趕上我們，車上的車牌是347。347的意思是嘉許我遵循神聖的指引。我向宇宙下訂單，老天爺依據我的需求幫我找到這間房子。當我採取行動，正是遵循神聖的指引。於是心上的大石頭終於放下，知道可以前往簽約。

儘管計畫在2021年6月才會正式搬家，所有家人一致認為時間還久，我們太早買房。然而我心中清楚這樣的時間是剛剛好的。因為這段期間，我肩負許多責任，有多樣事情必須同步進行。

首先，這本書得交稿。在2020年3月初，當我準備將書稿寄給出版社前，我更明白了上天安排先購屋，的確是最順暢的順序。

不必再配合老公休假時間和房仲約時間，耗掉半天以上時間奔波台南高雄之間看房，或搞懂購屋所有不熟悉的流程。購屋後，我可以心無旁騖，長時間全神貫注在準備交稿，然後約有2個月時間，得聚焦在繁複的出版過程。出書後還須有空間儲放印刷廠寄給我的部分書籍，而新家正有空間存放書籍。

女兒接下來要上高中和大學，必須搞懂她們的意願，了解科系和選擇學校。先生身為主管，工作非常忙碌，也需要更多時間打點裝潢及搬家所有繁瑣細節。除此之外，還得顧忌到農曆7月不施工等。在這一年半時間，要完成這麼多事，時間真的是剛剛好。

這件事讓我深深體會到，誠如信義老師的教導：「**我們必須帶著恐懼往前走，然後請求神的協助，神一定會接手的。**」

上帝必定派遣對的，有力量的貴人支持我們，讓我們達成心願。上帝不希望我們將時間精力浪費在擔憂上，因為這樣一來，我們就沒有餘力好好發揮天賦，讓這個世界更美好（我真實體會過那些擔憂的日子，是毫無餘力思考寫作的，也因此耽擱了進度）。

上帝賜予我們的祝福和豐盛，遠遠超過我們需要的。上帝掌權，祂永遠知道什麼是對我們最好的安排，也會讓這些恩典在最恰當的時機發生。

5
天使陪我們面對死亡

守護天使帶我們返回天堂

　　閱讀羅娜的著作，不僅讓我理解天使如何在生活中守護我們，也對死亡前的過程有些認知。原來，當病人看似處於意識不清的狀況中，或是死亡時刻來臨前，天使早已開始協助病人的靈魂離開肉身，慢慢地為返回天堂的旅程做準備。**將主人的靈魂安全護送回天堂，是守護天使最喜悅的時刻。**

　　天使會向羅娜預告家人即將往生的時間。雖然，心理上可以提早做準備，但無疑是椎心的折磨。婆婆去世前那段時間，羅娜親眼見到，守護天使小心翼翼、充滿愛意又輕柔地擁抱著、托著婆婆的靈魂，為返回天堂的過程慢慢轉化。

　　婆婆的靈魂約只有20歲那般年輕。守護天使和婆婆的靈魂，皆散發著耀眼無比的光芒，有如鑽石一般明亮。天使告訴羅娜，婆婆已經跨越任何疼痛，因此顯現一臉平靜的模樣。羅娜的爸爸陽壽已近時，她看見連結她自己和爸爸的能量鍊條慢慢抽離。爸爸的靈魂緩緩升起離開身體時，還平靜地轉頭微笑向羅娜致意。

　　另一回，羅娜在醫院也見到類似的景象。某天當她行經醫院的病房時，天使指示她放緩腳步，往病房內瞧。只見一位婦人獨自待在床上，被天使們圍繞著，整個房間充滿了金色的光芒。她的守護天使帶著無限的愛意，將她的靈魂輕柔地托起，稍微離開肉身。一位已逝家人的靈魂站在床尾，微笑著，伸長雙手似乎要擁抱床上的婦人。知道她的時刻到了，即將前往天堂，婦人的靈魂是愉悅的，沒有任何焦慮或是恐懼。

　　旅居美國時，很遺憾無法見到爺爺最後一面。讀著這些令人欣慰的描述，我的心中充滿平靜與感恩。

　　羅娜在《在我一直看見天使》中提起，她曾經在街上親眼目睹了嚴重車禍的發生——幾位騎腳踏車的男孩命喪大卡車輪下。那瞬間，羅娜的靈視力卻讓她看見美好的另一面——街上充滿了天使，男孩們的靈魂平靜地

朝著光芒前進。

　　天使們告訴悲痛的羅娜：「生命就是這樣，對多數人而言，死亡是讓生命持續流動到另一個生命的完美和諧過程。一個人即使因病所苦，死亡的剎那他們卻不會覺得痛苦。」

羅娜的瀕死經驗

　　羅娜曾多次被不同的天使帶領，返回天堂。對天堂不陌生的她，在瀕死過程中的觀察和描述特別讓人信服。在《A Message of Hope from the Angels》書中，羅娜提起她在一次大手術後的瀕死經驗。

　　天使早就預告羅娜，手術會成功，但是會有點「小問題」。天使陪羅娜一起進到手術房，站在醫師身邊，靜默地告訴羅娜這位醫師經驗豐富。然而，回到恢復室後，羅娜的心跳卻停止約10分鐘，因此有醫護人員也無法救回她的短暫時刻。

　　她回憶起那次造訪天堂的感覺：「我站在寬大明亮的階梯上，一位天使握著我的手催促我加快腳步。知道正要前往天堂，我感到非常開心喜悅，有一股感覺不到肉身的輕盈。拋下地球上的孩子們一點也不令我悲傷。我看見數以百計的靈魂在我身邊，一同前往天堂。這些靈魂具有人類的外形，穿著耀眼的白色長袍，靈魂的光芒遠比在世時更純淨明亮。

　　每個靈魂身邊都有守護天使陪伴著，還圍繞著許多天使，祂們的臉龐散發出純粹的愛。有的守護天使握住主人的手，少部分的守護天使溫柔地將主人的靈魂抱在懷中，有如抱著寶寶一樣。我完全被眼前的景象迷住。

　　前往天堂的靈魂們是快樂的，全然的平靜，他們的臉龐沒有眼淚或焦慮的表情。抵達天堂時，有些靈魂前來迎接他們，似乎以人類的語言興奮地交談著。」

　　另一回的瀕死經驗是因為流產。早在懷孕前，天使就預告羅娜何時會懷有寶寶，但不幸的是，寶寶將無法留下來，以流產的方式回到上帝身邊。

在流產的時刻，她的靈魂抱著寶寶的靈魂，穿過隧道，一起飛向天堂。在穿越次元的飛行中，她是喜悅的，並不想回到地球上。然而，美麗的天使在天堂大門前溫柔地阻擋她繼續前進，因為羅娜還不屬於那裡。羅娜只好將不情願地將寶寶交給天使，重返地球上的肉身，忍痛承受肉身的不適。

　　有過瀕死經驗的人，總說他們看見隧道，朝著光走去。隧道的洞口很寬，看得見摯愛的親人站在洞口迎接他，身後的美麗草原，顏色翠綠無比。

　　當羅娜造訪天堂時，她甚至可以感覺到腳下溫暖的沙子流動著，樹上的每一片葉片都十分翠綠完美。她還在山坡上玩起翻滾的遊戲，有如重回孩提時候。只是沒多久後，一個巨大的聲音響起：「羅娜，你必須回到地球。」羅娜清楚的知道那是上帝的聲音。

　　《天堂之旅》這本書中提到，當我們通過隧道時，我們的靈魂之光會開始閃爍傳送訊號，通知「另一邊」的親友。

　　我們是回到「家」，回到我們來自的次元，被許多我們在今生與累世，在人間及「另一邊」認識，想念和珍愛的靈體圍繞著。當我們在回「家」的路上，我們的光會開始忽明忽滅的閃爍。每個靈魂內有的上帝之光，確實就如「導航燈」的字面意義，它使我們的靈魂發光發亮，它是我們永恆的炬光，而當我們的光開始閃爍時，「另一邊」的靈魂會注意到這個現象，他們於是知道，我們正在回「家」的路上。

　　在交稿前幾個月，有幸閱讀了魏斯博士的著作《前世的因，今生的果》。許多個案的回溯經驗，整合並印證了所有我想和大家分享的觀點。雖感覺相見恨晚，但也為能完全理解其內容感到開心欣慰。

　　靈魂不死，我們每個人都曾經輪迴多世。靈魂離開肉身後的感覺是輕鬆、平靜的，並被一股難以言喻的愛包圍著，那即是上帝宏偉的愛。不論何種宗教（或是沒有），種族，每一個人在每個轉世之間都會回到天上的「家」。摯愛的親人們一定會在天堂門口迎接我們，引領我們走進那道耀

眼的光中，踏進天國那片美麗得無法形容的草原。一如孩童回憶起或羅娜親眼所見，天使們也會在那裡。

一位個案回憶起，在某一世往生後，她進入那道光裡，許多人等著迎接她。她的母親走上前安慰她，她的指導靈則恭喜她的卓越表現，已經完成了在那一世的任務。

靈媒蘇菲亞向我們強調，回到天上後，是由我們自己評斷那一世的作為。

是誰在判定我們剛走完的一生？不是上帝，也不是我們的指導靈，是我們自己。是我們評斷自己，評斷自己的勝利與失敗，評斷是否懂得關懷，評斷我們仁慈與自私的行為，我們充滿勇氣和怯懦的時刻，以及最重要的，我們是否成功地實現了既定的目標。

既然有這麼多的例子告訴我們，親人和天使、指導靈都會在另一個美好世界迎接我們，那麼對死亡還有什麼畏懼的呢？我們是不是更該把握時間學習計畫中的課題，好好的體驗愛，以慈悲心盡一己之力協助別人。那麼當我們回溯這一生時，就不會留下遺憾悔恨。

2019年秋天，就在書寫這個章節時，守護天使悄悄提醒我：第一個寶寶胎死腹中時，也有守護天使陪同她返回天堂。我很感謝天使的貼心，因為這一點是我未曾意識到的。

墓園裡的靈魂與天使

已逝者的靈魂可能會出現在自己的喪禮。他們並不會在意花圈的數量，追思致詞的讚美多不多。他們出現，是為了想關心摯愛的親友是否安好，他們的靈魂也不忍心所愛的人因他們的離去而痛苦。

當我們到墓園哀悼思念親人時，上帝會允許靈魂短暫的回到墓園安撫親人。

羅娜在墓園參加喪禮時，看見許多天使站在哀傷的親戚之間。天使非常溫柔、慈愛，祂們把手搭在眾人的肩上，在他們耳邊輕聲細語，輕柔的撫摸他們的頭，安撫他們。

　　我在《Memoories of Heaven》書中讀到類似的故事。

　　一位小女孩和母親一起探望祖母的墓園。母親察覺小女孩在一旁咯咯笑著，於是問她和誰說話。

　　「是Grandma。」

　　「那她長什麼樣子？」

　　「她看起來很美，有頭髮。」（祖母因癌症過世時頭髮都掉光了。）

　　「她穿什麼衣服？」

　　「白色長袍，她還親吻我，抱抱我。」

　　我的美國朋友史蒂芬和我分享了他的真實故事。我毫不懷疑，是他母親的靈魂在墓園現身了。

　　史蒂芬的母親生前很喜歡蝴蝶，所以他帶著蝴蝶氣球和鮮花到母親墓園探望。他將墓園上的雜草拔除乾淨後，才插上鮮花和蝴蝶氣球。當史蒂芬道出對母親的思念後，他見到有一群蝴蝶翩翩飛舞圍繞著他。

　　接下來，他赫然發現，剛除過草的墓碑上有一枚閃亮的硬幣。巧合的是，硬幣年分就是他的出生那一年。他非常訝異這樣的巧合，環顧四周後仍不明白會是誰將硬幣放置在那。最後，他解讀為這是來自母親的訊息，告知她依然會在天上看顧著他。

已逝親友的眷顧

　　「死亡，是生命中最大的禮物。那些離世的人，雖然走了，卻成為我們未盡人生旅途上最溫柔的陪伴者，日常生活裡最忠誠的指引者。」

　　　　　　　　20世紀靈修作家，天主教神父，盧雲（Henri Novwen）

在203電視台，有個節目是關於一位靈媒泰勒（Tyler Henry）的通靈過程，他專為好萊鎢影星們和逝去的親人通靈。只收看過一次後，我便著迷了。

泰勒是位笑容可掬的大男孩，就如鄰家大哥哥般親和，他的獨特天賦是可以和另一個世界的亡靈溝通。

通靈開始時，他先在隨身攜帶的筆記本上塗鴉，試著解讀亡靈想要傳遞的訊息。亡靈知道有機會藉由靈媒傳遞訊息給摯愛的家人，無不爭先恐後地前來和他說話。因此，泰勒必須請求他們一次一個人發言，才能聽清楚訊息。

亡靈通常會先自我介紹，先向泰勒表明他的身分，例如：來自爸爸那邊家族的男性身分，和名字的開頭字母，好讓家人知道是誰現身了。此時，泰勒會和求助者先確認亡靈的身分。

家人通常會準備一樣往生親人的遺物，讓泰勒握著，感應殘留在物件上主人的能量，或是聽聽靈魂想表達什麼。

有一個案的通靈過程讓我感到不可思議。因為，很不尋常的，竟然是由亡靈主動向泰勒提起一個屬於她的物件──「腳趾環」。一位女性家人聽了立即明白，起身去拿「腳趾環」。她說那是已逝親友贈送給她的，她還將「腳趾環」穿成項鍊，戴著參加葬禮。

已逝親友的靈魂陪伴著我們

另一個案也讓我印象深刻。一位奧林匹克游泳好手，在最後衝刺階段時，心中默禱著，期盼天上的爺爺能在那關鍵時刻鼓勵他。果然，爺爺的亡靈現身告訴泰勒，在那一刻，他的確陪伴在他的孫子身旁為他打氣，也十分欣慰他不負眾望奪得金牌。

也有父母親的靈魂一同現身（這證明了親人會在天堂相聚）。

一位年輕女孩相繼失去父母親，很遺憾的都來不及向他們道別。通靈開始時，父親母親的靈魂一起現身，先恭喜女兒生下可愛的小男孩，並

向女兒保證他們會在天上守護著她，指引她。母親說她會坐在家中椅子上守護著小孫子。在那當下，泰勒看見母親的靈魂，正俯身溫柔親吻她的女兒。

這些訊息帶給女孩難以言喻的安慰和感動，也深深觸動電視機前的我。

最酷的是，有一回，亡靈透過另一位靈媒的「自動書寫」，寫下一封信給在世的家人，傳達他們不變的愛，最後還署明這封信是「來自天堂的擁抱」。

亡靈最希望地球上的家人安心，他們目前很平靜，並不受病痛困擾。

意外離開人世，死因撲朔迷離的亡靈，則會告知家人真正的死因，有時甚至自己承擔起死亡的責任。在意外發生的瞬間，他們的靈魂其實早已脫離肉體了，所以並不覺得痛苦。家人們得知這些訊息，心靈莫不感到莫大的解脫，也終於能平息內疚，重新過生活。

還有亡靈提到，家中的狗狗正在他的身邊（家中已離世的寵物也會興奮地歡迎我們回到天家）。

這些觀念，全都和靈媒蘇菲亞的著作《天堂之旅》及羅娜多本著作中的理論相符合。

在另一本著作《Angels at my fingertips》，羅娜提到，天上的家人最想傳遞給我們的訊息是：「**告訴他們，當他們需要我們時，我們就在身邊陪伴他們，我們依然愛著，關心著他們。**」（Tell them we are right there with them when they need us and that we love them）

羅娜曾親眼見過往生的靈魂回到親人身邊的景象。

一位20歲左右的女孩，獨自坐在咖啡廳裡，身邊被眾多天使環繞著。夾雜在天使中的，還有一位有著人形輪廓，透著光芒的靈魂。天使告訴羅娜，那是女孩父親的靈魂。

他傾身向前，在女兒耳邊慈愛的耳語，不斷鼓勵她重拾意志力。

「我很好，我愛你」

「我希望你打起精神過你的生活，我不想看到你消沉，回學校考試吧！」

「我非常以你為榮！」

來自爺爺的指引

2018年春天，我明確感受到天上爺爺的指引，順利解決一件棘手的事。

當時媽媽正在精神病房療養躁鬱症。喜愛旅遊的媽媽，收拾好衣物，不停吵著要出院，想回家整理行李，參加入院前早已報名的日本旅遊。但是，療程尚未告一段落，醫院不會輕易放人。爸爸和我十分頭痛，不知該如何勸阻媽媽打消出國的念頭。

從高雄搭火車回台南的途中，我突然靈光一閃，快速在筆記本上寫了一封信給媽媽，告訴媽媽昨夜爺爺託夢給我，想轉達一些話。

信的內容是基於對家人的理解、愛與尊敬，並結合我已理解的靈性概念去寫的。

首先，爺爺向媽媽表達謝意，感謝媽媽在忌日時用心祭拜他和奶奶，他們都收到她的心意了。然後再勸媽媽，那一年爸爸犯太歲，凡事皆須謹慎小心，不宜出國。若執意出遊，極有可能會遇上危險。爺爺還提起，爸爸媽媽曾經幸運躲過日本一場火災那件事。最後一段，以時辰未到，他還不準備在天上和爸爸媽媽相聚收尾。

靈感很快湧現，每個環節都顧及到。我流暢的依序寫下所有想法，只花了半小時，在計程車抵達醫院前一刻完成這封信。踏進醫院前，我將信Line給遠在美國的哥哥過目，他也贊同這個方法可行。

在病房見到媽媽後，我緊張萬分直冒冷汗。等到一個好時機，深深吸口氣後才將筆記本遞給媽媽。媽媽平靜的看完這封信，二話不說，馬上答應不去日本了，認同安全最重要，不該冒險出遊。所有的家人都鬆了一大口氣，連護理師都稱讚我做得很棒，解決了他們的困擾。

其實前一晚，我本來計畫以苦肉計勸媽媽的。若不是有天上爺爺的指引，怎麼可能在最後一刻想到這個好方法。

就在校稿時，突然憶起信義老師的教導名言：「**如果我就是愛，那還有什麼問題？**」不論是對爺爺和我，都是以「愛」為出發點去「寫」這封信，果然順利解決了一個問題。

朋友的公公為她擋「車關」

我的朋友瓊，和我分享她受到天上親人的眷顧，令人動容的小故事。

每一回，只要瓊的先生載著她，行經住家附近某段路程，車子一定會在某個定點突然熄火拋錨。事發多次後，每每靠近那路段，瓊就緊張萬分車子即將要熄火。幸好，熄火後只要再次發動即可再次上路。家人察覺事有蹊蹺，詢問過通靈老師，才知道那一年瓊有「車關」，得特別注意行車安全。

瓊的公公已往生，生前頗疼愛兒媳婦。原來，是公公的靈魂和先生一同協力製造「熄火」機會，為她趨吉避凶抵擋「車關」。通靈老師勸告瓊，還是不宜獨自一人走那段路，沒有公公在天之靈的保佑，可能會相當危險。有一天，車禍終究發生了。幸好，只是後面的車來不及煞車，撞壞了車子保險桿。

我們在「靈魂生前計畫中」寫下的「計畫」依然會發生，只是依據我們警覺性、面對這件事的處理態度，事件發生時可大可小。已往生的親人，依然能夠保佑地球上的家人，因為他們看見我們生活中的現況。有天上親人的介入保護，事件的危險性也有可能降低。（上帝允許靈魂短暫回到地球上）

你想聽聽這些已往生的摯愛親人怎麼說嗎？我在《靈魂的出生前計畫》這本書中讀到這一段。

要知道，雖然你看不到我們，但我們還是活著。我們經常去探訪自己所愛的人，把我們的手放在他們的心上，用我們的形體包圍著他們，好讓

他們感覺到我們的愛，這麼做可能會讓他們發現到，生命是永恆的。他們看不到我們，並不代表我們就不存在。生命永遠不會結束，生命即是一切存在，生命無所不在，就像我跟母親距離只有幾步之遙一樣。其實我們距離所愛的人也只有幾步之遙。

　　思想的速度是很有力量的連結，無論你是否感覺到我們存在，只要想著你深愛但已經不在你身邊的人，就能立刻把我們帶到你身邊來。

　　愛永不止息，我們必須試著相信已逝親人回到身邊的直覺，或是真的聞到熟悉的特殊香味，而不是誤以為那只是幻覺或錯覺。唯有如此，我們才能相信他們的確會穿越時空，適時給出愛的指引。

後記

　　相信上帝的存在，領受過祂和天使賜予的大大小小恩典後，我的內心越來越平靜。

　　平靜，來自於知道，每一個人都是天父摯愛的孩子，祂給予我們無條件又豐盛的愛。上帝的恩典隨時有可能出現，或許就在今天。有了希望，盼望已成為生活的一部分，樂觀能夠輕易趕走偶爾現身的負面情緒，重新找回正面思想。

　　平靜，因為知道守護天使是最好的人生旅伴。祂時時刻刻在身邊守護，並適時伸出援手相助。走完人生旅途時，祂會護送我們安全回到天堂那永恆的「家」，和摯愛的親人再次相聚。

　　平靜，因為明白孩子們的貴人會在正確時機出現，給予正向指導和影響，陪伴她們成長。

　　平靜，來自於了解上帝將每個人創造為有才華、創意的個體。在我們靈魂中植入夢想，指引我們踏出每一步，讓早已安排好的貴人拉我們一把，一步步實現夢想。

　　平靜，來自於知道，天使們也會守護年邁雙親，讓他們的身邊環繞著善良的人間天使，適時提供實際的協助與溫暖的關照。面對生老病死奔波醫院時，療癒天使們會帶來「療癒之光」，協助家人親友早日康復，或療癒心靈層面的情緒。

　　平靜，來自於領悟不論我們在天涯何處旅遊，天使們依然如影隨形，全程保護安全，維持良好健康狀態，好讓我們快樂出門，放鬆玩樂，並平安返家。因為，天使希望我們好好享受生命，不只是忙碌過生活。

　　這些一點一滴累積起來，在日常上得來不易的平靜，經常協助我穩定起伏的心思，轉化焦慮情緒後平靜下來，或減少對未來的恐懼。

　　我明白只要走入大自然，就可以釋放負能量，也從自然界中得到療癒能量與淨化心靈。內心重拾寧靜平和，自身的能量就被提升了，漸漸往高

頻的方向走，也更容易和上帝、揚升大師和天使等高等生命連結上，聽見祂們愛的指示。

我也發現，書中的生活小故事，好幾篇都發生於國內重大事件後。在那些焦慮時刻，天使一再成為心靈上堅強的倚靠。正如同某本書上所說：**祥和來自心和生命總體的連結。**

隨著書寫接近尾聲，我更自在也更容易維持平靜了。

蔡康永曾經在一個訪談中表示，他認為平靜比快樂來得重要。我非常認同這一點。讓自己盡量處於平靜的狀態，似乎比時常追求「小確幸」的快樂較有可能。

我深深領悟到，萬事萬物皆依循一定時序運轉出現，無需強求任何事的發生。只要盡力做好自己本分，自律的生活著，持續學習，專注發展天賦的同時，不忘好好照顧自己的身體。

隨時給出祝福，讓世界的正能量多於負能量。時常廣結善緣，因為任何人都有可能是上天安排來協助你的人間天使。

清理負面情緒，或卸除不屬於我的低頻能量，靈魂就能乾淨、輕盈、健康自在，並依循「吸引力法則」吸引更多美好的人、事、物來到我生命中。

因為不強求任何事，焦慮不再輕易找上門，我只需按部就班，照該有的進度向未來的新生活做準備，踏實朝夢想前進，宇宙和貴人必會在完美時機點助我一臂之力。

當陽光只在陽台，玄關的花葉上短暫逗留，我總是提醒自己，只要迎向陽光，走向公園，就能夠轉換心情及提升能量。在綠意微風中散步，看看藍天和雲彩千變萬化。在長椅上休憩，以意念和上帝天使談心，傾訴我的悲與喜和需求，也感恩上帝創造一個美麗和諧的世界。

天使們一定會帶著滿滿的愛圍繞著我。只要我請求，天使就會帶走身上的負能量，為我灌注勇氣和元氣，填滿宇宙的智慧和正能量。當我起身時，就能帶著正能量、勇氣與愛繼續往前，解決一天中大大小小的任務。

回到我的岡位上，再次全力以赴，面對自己訂下在地球上的功課。

除了感恩雙親的栽培，家人親友的支持，在各領域協助過我的所有好朋友們，醫護人員，我特別感謝這些年來有緣遇見的靈性老師。你們的獨特天賦，揭開了我已遺忘的「過去式」，也預見我的「未來式」。感謝你們讓我明白，我的靈魂曾在時間的河流經歷過些什麼，以及與家人的深厚緣分。

這2年來，信義老師的線上課程亦是最好的安排，似乎真如一句諺語：「當學生準備好了，老師就會出現。」信義老師深入簡出的講課，一次次印證了我在書中讀到的理論。雖然，這些理論大部分來自國外作者，但也證實了真理就是真理，不會因時間、國界而改變的。經由老師的講課，我更明確知道哪些重要觀念必須在書中提起和大家分享。

還要感恩陶瓷彩繪老師、陶藝老師的傾囊相授與鼓勵。這3年來密集的陶藝課程，宛如藝術課程的碩士學位，這本書就如同我的論文，以天使為主題。這個與天使合作的新方向，為我的生命賦予了更深一層的意義。

最後，也想感謝全身每個細胞、神經的全力配合，讓體能維持在最佳狀態，在領受上天的指引後，能以健康的身體採取行動，完成此書及天使系列創作。

在2020年初，新型冠狀病毒疫情開始蔓延後，隱約感覺到天使催促我加快腳步，盡快送出稿子，因為大家急需找到、得到心靈上的寄託和安撫。於是，漫長的寒假結束後，還沒放鬆喘口氣就聯繫出版社，投入整理稿子。整合所有稿子後，才知資料是如此龐大，花上整整一個禮拜時間，日以繼夜地在電腦前修正和排列。

過程中，我幾乎是出動所有認識的天使來支援我。

加百列大天使是此書的經紀人，祂最清楚哪個章節該加入什麼訊息。

身心俱疲，還是想繼續整理稿子的晚間，就請力量天使補充一下元氣吧！臨睡前，用腦過度的腦袋還無法安靜下來休息，就呼喚拉斐爾大天使帶走我的肩頸酸痛，才能一夜好眠。睡眠不足，頭腦昏沉的清晨還是得送

女兒們上學，當然要請求大天使麥可隨行保護行車安全。第一次寫書，校稿過程不熟悉。守護天使提醒我，羅娜夫人的著作準備出版前，她的女兒邀請教導天使來家中協助她幫母親校稿的畫面——天使們在板子上一項項列出該修改的地方。我立刻照做，果真感覺到教導天使臨在，腦海中不時浮現哪些該修正，趕快條列下來。

今年3月8日整理好所有書稿，準備傳給出版社時，我赫然發現一個極大巧合。2020年3月8日這一天，和2001年3月8日第一個寶寶離世那天，正巧是同一天，整整相隔了19年。這本書的誕生是緣起於寶寶的離世，如今在同一天完成書寫，正是她帶給我最珍貴的實質禮物。

就在交稿前，我注意到數字暗號依然有222，但多了555和777。

555的含意是我正面臨著「改變」，777指出我在我生命的各個領域都走在正確的道路上。事實上似乎是如此啊！當我憶起了「生命藍圖」寫下的今生任務，全力以赴追求夢想的過程，每一個階段都得到完美的指引，每一個片刻也都是與神和天使的邂逅！

衷心期盼你們也會領受到與神連結的幸福感。

汝療癒天使的祈禱

由天使長麥可為上帝所帶來

傾注，汝療癒天使

汝天堂之主降臨於我

於我所愛的人們

使我愛的人們

使我感受汝

療癒天使之光於我身上

你療癒之手的光芒

我將令汝的療癒開始

以上帝所賜之道

阿們

天使暗號

222號碼牌

333車牌

天使隨行至北海道，手機顯示日本網路

舊金山海景，大女兒兩歲時

東京行，雪花的六角形結構清晰可見

北海道，雪國美景

北海道，雪國美景

Tea Time with Angel

每個人都有專屬的守護天使
在身後約三步遠的地方
默默守護不離不棄

蝴蝶和羽毛是天使在身邊的徵兆
天使以巨大的翅膀
擁抱、安撫、支持鼓勵我們

何不從忙碌中抽離
靜下心來緩緩深呼吸
和天使喝杯茶
感覺來自宇宙的慈愛
讓天使帶領我們的心回到寧靜的角落

攝影／沈俊廷

聖誕手繪點心盤

秋之時尚彩繪

Love is everything!

鍾情於白色之美，搭配低調有質感的緞帶，呈現樸實或優雅的美感。

此時已有發展天使系列的想法，因此有愛心、天使、鳥兒的元素。

鄉村風愛心掛飾

羽毛花圈

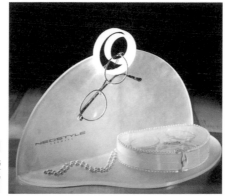

眼鏡展示架

鄉村風天使掛飾

天使羽翼盤

想製作一只
曲線優雅的天使羽翼盤
每一次使用都是一次提醒
我們被天使之愛環繞著

蝴蝶結點心盤

以剃花技法刻出蝴蝶結
注重曲線的和諧度

天使之愛方盤

嘗試製作方盤
簡化洛可可風格的漩渦線條

雲朵餐盤

想送你一朵白雲
不讓烏雲闖進你心裡
記得為自己留白
願你天天都有好心情
無論是晴或雨
我都在這裡祝福你

小天使首飾盤

天使可以保護我們的物品
珍愛的飾品就交給天使守護

攝影／沈俊廷

天使燭台

光 是靈魂 是希望 也是療癒之光
點盞燭光 靜靜的沉澱心靈
重拾平靜 找回自己
當我們點燃內在的光 燃起希望
天使會陪伴我們再次勇敢出發

天使主題聖誕餐桌

點亮天使燭台
將佳肴盛裝於雲朵盤和翅膀盤
享用美食也和天使之愛同在
願祥和與寧靜常駐內心

蕾絲翅膀輕輕飄動
天使們悄悄現身
將幸福賜予每個人
以溫柔的羽翼擁抱我們
灑落一室藍天外永恆的祝福
讓我們帶著宇宙的愛與正能量
迎接嶄新的一年

蕾絲翅膀天使

海洋點心盤

愛隔著海 有些不著邊際

飄洋過海 有如慢了半個世紀

愛隔著海 思念總得加上想像

兩個世界的愛 隔著時差但心心相繫

電話那端 有時傳來壞消息

著急如浪潮 在沙灘徘迴無法上岸

手握話筒 陪著悲傷哽咽

牽掛伴我持續失眠

至少 還醒著分擔一些心痛

請海浪帶上零時差的想念

隔著海的愛 您收到了嗎

花蝴蝶系列餐盤

花瓣雅致的曲線，蝴蝶翩翩飛舞其中，我忍不住暫緩腳步，品味春天的美好。嘗試以印章做一系列的餐盤。

貼心小天使

妹妹8歲時的可愛模樣，由爸爸掌鏡